国际孔孟学刊

[第二辑]

International Journal of Confucius and Mencius

主　编　曾振宇

副主编　冯　兵　杨少涵

执行主编　冯　兵

中国孔子基金会　华侨大学国际儒学研究院　主办

社会科学文献出版社
SOCIAL SCIENCES ACADEMIC PRESS (CHINA)

目　录

仁体与时空

杨泽波[*]

摘　要　在儒家学理系统中，仁是作为道德本体存在的。但以往的研究未将仁体与时间、空间联系在一起，似乎仁体完全在时间和空间之外。如果对仁进行深层次的解读，不难看出，仁体有着丰富的时间和空间因子，是一个不断发展的过程，始终在路上。明确这个道理，不仅可以打破空头讲仁体的传统做法，更有助于检讨西方哲学本体观念的缺陷，在本体论研究上拓展一个新的方向。

关键词　仁体　时间　空间　伦理心境

仁是儒家道德哲学的根基，又称为仁体。[①] 历史上很少有人将其与时间和空间联系起来，似乎这个道德根基与时间和空间无关，完全不受其影响。如果打破传统，对

---

[*]　杨泽波，河北石家庄人，哲学博士，复旦大学哲学系教授，博士生导师，主要从事先秦儒学与现代新儒家哲学研究。

[①]　仁体的说法至少北宋的大程就有了，其后绵延不断。（见陈来《仁学本体论》，生活·读书·新知三联书店，2014，第169页）牟宗三十分重视这一概念，常与本心并提："就本心仁体说，察是先识仁之体，是察识此本心，是逆觉此仁体，察识同于逆觉；养亦是存养此本心仁体。是则察养唯施于本心仁体也。"（《牟宗三先生全集》第6卷，台湾联合报系文化基金会、联经出版公司，2003，第461页）陈来近期的重要著作《仁学本体论》，目的就是将儒家仁的学说发展成一个新仁学的哲学体系，"此新仁学之要义在'仁体'之肯定与发扬，从而成为一仁学本体论，或仁体论哲学"。（第1页）"以仁为本体的理论即是仁学本体论，亦即仁体论，亦可称仁本体论。"（第30页）笔者充分尊重前人的研究成果，但对仁体这一概念的理解，既不同于牟宗三，也不同于陈来，敬请读者留意。

仁体进行新的理论解读，就会看到仁体含有丰富的时间和空间因素，哲学研究中很多习以为常的观念都会随之发生改变。

一　历史上儒家对于这个问题的看法

自孔子提出仁的学说之后，仁便成了儒家的核心话题之一，但其相关论述与时间的关系却一直未能正式进入议事日程，使其成为一个重要话题。孔子面临最重要的任务是发现仁，倡导仁，仁与时间的关系问题尚未进入其视野。《论语》关于仁的论述众多，但其中并没有关于时间的论述，可为明证。

这种情况到孟子有了一个转变。孟子为了解决仁是何物、来自何方这两大问题进一步提出了良心的说法，创立了性善论。由此，仁和良心成了同等的概念。为了说明善性的合理性，孟子提出了"才"的说法。才即草木之初，每个人生而即有才。因为才是草木之初，所以它自然可以生长。这一说法与"端"具有同等的意义。端即端倪，意即头绪。人初生即有善端，顺其方向发展，扩而充之，即可成为圣贤，这种情况同草木之初即有参天的潜能，充其发展，即可成为参天之木是一样的。孟子的这些说法旨在说明这样一个道理：性善论并不是"性本善论""性善完成论"，而是"心有善端可以为善论"。在孟子看来，人的良心本心最初只是仁义礼智之端，只有经过扩而充之，才能成为仁义礼智之完成；当然，心的善端也有不断完善的趋向，只要好好滋养，不去破坏砍伐，最终也可以达到目的。① 从这个意义上说，性善是一个过程。既然性善是一个过程，那么这个过程就离不开时间。性善论与时间有着天然的关联。

可惜的是，孟子这一思想并没有引起后人足够的重视。汉代儒学研究集中于注疏，在义理上进展不大。宋明时期，儒学有了很大的发展，再次复兴。无论是以伊川、朱子为代表的理学，还是以象山、阳明为代表的心学，对孔子和孟子的思想都有推进，将儒学发展到了新的高度。但是，他们都没有讨论过仁的时间性问题，好像仁与时间完全没有关联似的。象山的看法最具代表性。关于良心他有一个很有名的讲法，叫做"墟墓兴衰宗庙钦，斯人千古不磨心"②。人见墟墓便兴起悲哀之感，见宗庙即兴起钦

---

① 杨泽波：《孟子性善论研究》（再修订版），上海人民出版社，2016，第45～46页。
② 陆九渊：《鹅湖和教授兄韵》，《陆象山全集》，中国书店，1992，第193页。

敬之心。这悲哀钦敬之心是人所共有的千古不磨不灭之心。所谓"不磨不灭"从哲学上分析，就是说良心没有时间性，不受时间的限制，时间对其没有意义。象山另一段论述表达了同样的意思："千百世之上有圣人出焉，此心同也，此理同也；千百世之下有圣人出焉，此心同也，此理同也。"① 千百世之上之下圣人的心是同的，理也是同的，时间对其并不构成任何影响。

空间性的情况略有不同。儒家历史上对于仁和空间的关系曾有所涉及。孟子在谈到圣人之异同的时候有这样一段论述："禹稷颜回同道。禹思天下有溺者，由己溺之也；稷思天下有饥者，由己饥之也。是以如是其急也。禹稷颜回，易地则皆然。"② 禹稷生于太平之世，三过其门而不入，颜回生于动乱之世，居于陋巷，一箪食，一瓢饮，虽然他们的做法有所差异，但心是相同的，都得到了孔子的赞许。如果互换位置，禹稷和颜回的做法也将一致，不会有什么不同。这就叫做"易地则皆然"。孟子这个说法表达了这样一个道理：圣人所处具体环境不同，面对的问题亦有差异，但其心是相同的，并无区别。孟子这一思想与其凸显的才的观念并不一致。按理说，既然性善是才，是端倪，就说明性善是发展的，有其时间性，既然有时间性，当然也就有空间性，因为具体事物的时间总是离不开空间的。可能是受到当时文化地域观念比较狭窄的影响，孟子并没有将重点放在这里，而是强调良心相同的一面，即所谓"人同此心，心同此理"。这一思想对后人有重大的影响。仍以象山为例。象山并不关注良心本心的空间差异性，明言："东海有圣人出焉，此心同也，此理同也；西海有圣人出焉，此心同也，此理同也；南海北海有圣人出焉，此心同也，此理同也。"③ 这就是说，在象山看来，不管哪个地方有圣人出现，心的具体表现是相同的，没有原则性分别。这个说法表面上涉及了仁与空间性的关系，但其重点是强调圣人之心不受空间的限制，不受地域的限制，放之四海而皆准。这样的空间性其实没有空间性。

这种情况到宋明之后越来越严重。为了应对佛教的挑战，宋儒积极努力为自己的学说寻找可靠的形上根据。濂溪的太极图说、横渠的气论，都是沿着这个方向走的，做出了自己的贡献。但能够作为其标志的，还应归于大程"天理"概念的提出。"明

① 陆九渊：《年谱》，《陆象山全集》，中国书店，1992，第317页。
② 《孟子·离娄下》第二十九章。《孟子》中还曾以曾子和子思论说"易地则皆然"的道理，详见《离娄下》第三十一章。
③ 陆九渊：《年谱》，《陆象山全集》，中国书店，1992，第317页。

道尝曰：'吾学虽有所受，天理二字却是自家体贴出来。'"[1] 大程颇为自豪地这样讲，可见其对这一概念的看重。"天理"概念的提出，是一块实实在在的碑石，不仅表明儒家形上意识已经十分清晰，而且寻得的结论也非常明确，这就是"天理"。朱子顺着这个路线进一步发展，大讲"天理"，大讲"理一分殊"，以确立儒家学理的终极根据，协调这个终极根据与具体万物的关系。三百年后，阳明在成德路线上与朱子的思路有异，但在坚守"天理"至上性这一点上却并无二致。宋明时期，以"天理"为核心的儒学形上系统已建构完成，难以动摇。

儒家建构自身的形上系统有着深远的意义，因为只有具备了完善的形上根据，其理论才有完整性，才有力量与佛教相抗衡。但以"天理"为核心的这套形上理论也隐含着弊端。在中国文化系统中，天居于最高层面，是一切事物的形上源头，而根据传统观念，天并不具有变化性。董仲舒"天不变道亦不变"[2] 的说法最能表达这一思想。所谓"天不变"其实是说天不具有时间性，不受时间的限制。既然如此，作为其赋予之物的以仁为代表的道德根据，当然也就不变，没有时间性。时间与空间紧密相关，没有时间也就没有空间，仁不受空间的限制由此成了必然的结论。这种思想后来渐渐成为一种定式，以致后来人们几乎完全忘记了仁还有时间性和空间性这一回事。

在这个过程中王船山的地位较为特殊。由于对宋明理学不满，船山从"生"的角度对人性问题进行了新的思考，指出："天日命于人，而人日受于天。故曰性者生也，日生而日成也。""命日受则性日生矣。"[3] 这里最值得关注之处，一是重新恢复了性字生的原义，二是强调了性是日生日成的。既然性日生日成，那么当然就有时间性。船山相关思想受到学界广泛关注，这是一个重要原因。[4] 但必须看到，船山所论直接针对的是性，而不是仁，尽管二者密切相关，但毕竟不能画等号。另外，船山"日生日

[1] 程颢、程颐：《河南程氏外书》第十二卷，《二程集》，中华书局，1981，第424页。

[2] 董仲舒：《举贤良对策》三。

[3] 王船山：《尚书引义》，《船山全书》第二册，岳麓书社，2011，第300、301页。

[4] 嵇文甫认为："船山对于性命问题有精卓独到的见解，这就是所谓'命日受，性日成'。"（嵇文甫：《王船山学术论丛》，生活·读书·新知三联书店，1962，第95页）冯契接受这一看法，进一步指出：王船山"提出了'性日生而日成'的命题，把人性了解为一个过程，超出了以往任何一种人性理论，是向真理迈进了一大步。"（冯契：《中国古代哲学的逻辑发展（下）》，《冯契文集》第六卷，华东师范大学出版社，2016，第278页）

成"这一说法的理论基础是气善论①，而从气的角度很难有力说明仁的来源。由于这些缺陷，再加上明末清初的特殊背景，船山思想的火花闪耀了一下之后很快就熄灭了，未能产生实质性的影响。近些年来，仁学研究有了较大进步，不断有重要成果问世。② 但这些新成果仍然没有能够对仁做出系统的理论说明，只是空头讲一个仁，好像仁是从天上掉下来的一样，更没有将仁与时间和空间联系起来。

二　关于仁含有时间和空间因子的证明

为了弥补这个不足，笔者从事儒学研究伊始特别着意的一个方向，就是以自己的方式对孔子的仁进行哲学层面的解读。在我看来，"一个人在成长过程中总要受到社会生活的熏习和影响，与此同时，人们也必须不断动用智性思维进行学习和认知，智性思维的进行也会在内心留下一些痕迹。在社会生活和智性思维的双重作用下，在伦理道德领域，就是结晶为一定的伦理心境，这就是孔子所谓的仁"。③ 人生下来

① 陈来：《诠释与重建——王船山的哲学精神》（生活·读书·新知三联书店，2010）对船山以气论性善的思想进行了详细分析，指出："船山在此篇的论释是针对于朱子学中的这些观点的，而船山所集中阐发和欲证明的，不是性本善说，而是气本善说。"（第167页）"在经历了元明理学在'理'的理解上的去实体化转向之后，理不再是首出的第一实体，而变为气的条理，因此人性的善和理本身的善，需要在气为首出的体系下来重新定义，气善论在这个意义上正是为人性和理提供了一个新的终极的保证。这使得北宋前期以来发展的气本论，作为儒家思想的体系，终于获得了其完整的意义。"（第194页）但问题在于，在中国哲学传统中，气是与理相对的一个概念，主要指后人称为物质性的那个东西，这种意义的气如何能够成为善的来源，在船山那里并没有得到令人信服的说明。
② 近年来，仁学研究成果不断，牟钟鉴的《新仁学构想》（人民出版社，2013）和陈来的《仁学本体论》（生活·读书·新知三联书店，2014）最具代表性。前者提出了以仁为体，以和为用；以生为本，以诚为魂；以道为归，以通为路的三大命题。后者对仁进行了系统的说明，全面梳理了仁学发展的历史，并对李泽厚的情本论提出了批评。这两部著作尤其是《仁学本体论》代表了近一阶段仁学研究的最高水准。
③ 以伦理心境解说孔子之仁和孟子之良心，是我从事儒学研究以来一直坚持的做法。最早表现在《孟子性善论研究》（中国社会科学出版社，1995）之中。随着研究的深入，认识的加深，后来又出了修订版（中国人民大学出版社，2010），对具体提法做了很大修改。这种修订工作一直没有停止，直到出再修订版（上海人民出版社，2016）的时候，相关提法才基本固定了下来。以上引文见该书再修订版第7~8页。

就要同周围的人发生联系，这些人的生活方式会对其发生重要影响。这种影响不会消失得无影无踪，总会在内心留下某些痕迹。比如，道德的一项内容是不说谎，讲诚信，其来源就是社会生活。在正常情况下，儿童在成长过程中，大人总是教育他们不要说谎。随着这种教育的反复进行，在儿童内心会留下某种结晶体，形成"说谎是不好的"，"好孩子不能说谎"的印象。另外，人在具备一定的智性思维能力之后，这种思维的过程同样会对内心产生一定的作用。儿童从小受到不说谎的教育，随着教育的深入和智性思维的发展，进一步了解到现代社会重视契约关系，而要维持契约的健康发展，政治诚信、经济诚信、伦理诚信必不可少。这种教育的进行，会对内心原先已有的内容加以改进，使诚信意识大为增强，行动更加自觉。社会生活和智性思维对内心影响而形成的结晶物，就是我所说的伦理心境。

与此同时我又注意到，以伦理心境解说仁，尚不是究竟之法。因为如果仅有这一步，我们既没有办法说明伦理心境是以什么为依托的，也没有办法回答伦理心境何以对人天生就有吸引力的问题。因此，我又提出，除伦理心境之外，我们还必须承认人天生就有一种自然生长的倾向（简称"生长倾向"）。我提出这个概念旨在说明，人作为有生命的物不是孤立而来的，自降临到这个世间的那一刻起，便已带有了其前辈的痕迹，其本身就具有某种倾向性，不可能是一块白板。承认这种倾向十分必要，不然我们无法理解，在自然条件下，任凭自己的发展，人就可以成为自身，而不会成为其他的物，而人作为一个类也可以得到延续，而不会突然灭亡。生长倾向是伦理心境最初的那个附着之地，也是伦理心境对人天生具有吸引力的最初原因。①

总之，仁由两个要件组成，一个是生长倾向，一个是伦理心境。这两个要件有主次之分，需要分开来讲：生长倾向来自天生，是人的自然属性；伦理心境来自社会生活和智性思维的影响，是人的社会属性。生长倾向是仁不可缺少的部分，没有它，我

---

① 提到生长倾向，人们很容易想到生物遗传，这方面的研究在海外时有所见。在这方面我们必须有清醒的意识，我愿意再次指明，我讲生长倾向不是通过自然科学，而是以哲学的方式来证明的。如果将证明生长倾向的任务交给自然科学，不仅要陷入论证的恶性循环之中，无法脱身，而且还会丧失哲学自身的基础，沦为自然科学的附属品。（参见拙著《孟子性善论研究》（再修订版），第90~95页）

们没有办法对人最初的向善动因以及伦理心境的附着之地等问题给出合理的说明；伦理心境是仁最为重要的部分，是整个研究的枢纽，没有它，我们也没有办法说明仁为什么能够成为道德的根据。这两个方面不能截然分割，当我们说伦理心境的时候，已经包含了生长倾向的因素，而生长倾向也必然会发展为伦理心境。由此说来，伦理心境当有广义和狭义之分。狭义的伦理心境特指社会生活和智性思维在内心的结晶，广义的伦理心境则包括生长倾向在内。仁就是建基于生长倾向之上的伦理心境，这里只有一本，没有二本。

以伦理心境（广义）解说仁，在逻辑上必然可以得出仁有时间性①这样一个重要结论。如上所说，从哲学上分析，仁首先来源于生长倾向。这种生长倾向只能归之于历史发展，而这个历史发展就是一种时间性。生长倾向不可能离开时间，离开时间也不可能有生长倾向。当然，对于个体而言，其生长倾向来自自己所属那个类的漫长历史发展。这个过程是如此之长，它的变化对个体的影响十分微弱，以至于我们可以暂时忽略它，但这并不能代表生长倾向没有时间因子。

仁之所以有时间，更重要的当从伦理心境（狭义）的角度来理解。伦理心境的一个重要来源是社会生活。社会生活特指人所在的那个世界，意即人从事生产、生活的那个特定的环境。社会生活的一个重要特点是具有变化性，这一点恐怕没有人可以否认。不要说孔子生活的两千多年之前的春秋时代，就是一百年前的社会生活和现在也已经有了很大的区别。社会生活不断发展，受其影响，作为道德根据的仁也会随之发展。这种发展就是时间性。伦理心境的另一个来源是智性思维。智性思维同样包括时间因素。智性思维离不开语言，语言是发展变化的。既然智性思维离不开语言，那么智性思维当然也会因语言的变化而变化。伴随着智性思维的变化，伦理心境当然也就是变化的。这种变化就是一种时间性。另外还应看到，世界上并不存在一个抽象的智性思维，智性思维必须通过个体进行，而个体思维都有时间性。我今天的思维不同于昨天的思维，昨天的思维又不同于前天的思维。我今天的思维是由昨天、前天的思维一步步发展而来的。年轻时考虑的问题与年老时考虑的问题不可能完全一样，前年思考的问题与今年也会不同。这些不同同样是一种

---

① 这里所说的时间以及下面将要提到的空间，均是在一般意义上使用的，并不涉及所谓源始时间和源始空间问题。关于源始时间和源始空间的问题，将另文详论。

时间性。①

　　仁的空间性也当如是观。如上所说，生长倾向的空间性相对而言不是特别明显。因为人作为一个类来说，其生长倾向应该有较强的相通性。从这个意义上说，生长倾向的空间性并不特别重要。但这种空间性又不能完全忽略不计。因为即使人作为一个类而言，其生长倾向差不太多，在这个意义上谈空间性意义不大，但如果其他星球上也存在具有生命的类，其生长倾向是否与我们相同，仍然有待讨论。

　　仁的空间性主要表现在狭义的伦理心境上。社会生活都是具体的，不可能有抽象的社会生活。用海德格尔的话说，每个人都是一个"在世存在"（in-der-Welt-sein）。这个"在世"必须有一个具体的空间的点。在这个具体的点中，人必须与周围的人打交道，从而形成伦理心境。甲生活的这个具体的点与乙生活的那个具体的点可能不同。如果这两个点相距不远，问题不大。如果距离大到一定程度，两个具体的点的生活方式可能就会有所差别，由此形成的伦理心境因而也就会有所不同。智性思维属于同样道理。人的智性思维必须在特定的文化背景下展开，什么样的文化背景决定人有什么样的智性思维。这其中一个重要因素还是语言。人的智性思维必须通过语言进行，而语言都是具体的。世界上并不存在一个完全统一的语言，因而也不可能存在一个完全统一的智性思维。语言不同，决定智性思维方式的不同，进而决定了伦理心境的不同。这同样表现为一种空间性。

　　由此说来，仁始终处在时间和空间两个维度所形成的夹角之中。时间和空间是变化的，处于这两个维度夹角中的仁也是变化的。仁绝非僵死之物，是一个不断流动发展的过程，始终在路上。

　　仁始终在路上首先是说仁始终在时间的发展过程之中。仁的基础是生长倾向。这种生长倾向本身就表明了它有时间性。因为我来自我的父母，我的父母又来自他们的

---

① 学界往往不大重视这个问题。在一些人看来，讨论仁的时间性完全多余，因为儒家论仁从来都和生密切相关，相关的学说即为生生之学，因为生生有时间性，仁自然也就有时间性。这里必须分清两个不同问题：究竟是仁的创生之生生，还是仁本身之生生？前者是说仁创生宇宙万物的存在，宇宙万物从而有了生命，这是一个历史的过程。后者是讲仁本身是发展变化的，这种发展变化即是一种时间性。我从来不反对儒家以仁论创生的意义，承认这种创生是一个生生不已的过程，但这并不能说明人们已经充分意识到了仁本身是有时间性的。学界之所以不重视仁体的时间（空间）问题，与上述混淆不无关系。

父母。以此上推，这是一个极其漫长的过程。社会生活和智性思维的情况与此相似。社会生活并非静止不动，而是不断发展变化的，伦理心境因此也是不断发展变化的。比如，孔子那个时代人们性格质朴，以至于孔子直言"刚毅木讷近仁"①。时至今日，人们不再固守这个标准，认为培养良好的言说能力，适当表现自己，不一定是坏事。又如，春秋时期流行三年之丧的做法，宰我为此有异议，还受孔子的批评。今天随着社会生活的发展变化，人们早就不这样做了。同样道理，智性思维也不是静止的，而是不断发展的。这些变化都会对内心产生影响，决定伦理心境的细微变化。

另外，仁始终在路上还有空间的含义。上面讲了，生长倾向的空间性对个人来说并非十分重要，仁的空间意义，主要是针对狭义的伦理心境而言的。不管取什么含义，社会生活这个概念本身就意味着它是具体的，意即是在空间中的这一点或那一点上的生活，随着这个空间的点的转移或扩大，仁的内容也会变化。这个道理同样可以用来说明智性思维。智性思维必须在某个空间的点上，随着这个点的扩展，一定会遇到新的情况，接受新的事物，人的视野也会随之扩大，从而影响仁性的内容发生细微的变化。②

至此，仁性有时间性和空间性这一命题就得到了证明。根据这种证明，仁性有丰富的时间和空间因子，始终在路上，是一个不断流动的过程。这种证明的目的不是说中国历史悠久，随着历史的发展仁性的内涵会不断丰富，而是要打破仁性作为道德本体千古不变的陈旧观念。我相信，一旦这种证明得到认可，那种将仁体视为僵死不变的传统看法就没有立足之地了，而我们对儒家道德哲学的认识也会提升到一个新的高度。

---

① 《论语·子路》第二十七章。
② 仁始终在路上还有另一层意思。与一般将与道德相关的因素分为理性和感性的传统做法不同，根据对孔子思想的解读，我认为与道德相关的要素共有三个，即欲性、仁性、智性。欲性不是成就道德的根据，暂且不论。与道德根据相关的是仁性和智性。既然二者都是道德的根据，而仁性含有时间和空间因子，智性也有时间和空间因子，那么这两个同时具有时空因子部分的关联互动自然也有时间性和空间性。换言之，仁性和智性的关联互动必须在时间和空间的序列中进行，没有时间和空间，这种关联互动不可能成为现实。在我对于儒家道德哲学的解读中，这种关联互动发挥着极为重要的作用，展现出一番生机勃勃、充满活力的景象。一旦这个道理得以确立，人们明白了这个道理，我们便可以彻底告别那种每个人都有仁，都有良心，仁和良心是道德的本体，依此而行就可以成德的陈旧模式。这个问题十分重要，但与本文主题略有间隔，这里只是提及而已。

三　有时空性的仁何以能够成为道德本体

以伦理心境解读仁，强调仁有时空因子，必然会引出一个严重的理论问题：既然仁有时间性和空间性，处在不断的流动变化之中，那么它是如何成为道德本体的呢？

首先申明，此处"本体"一词是在中国哲学的意义上使用的。本体的说法在中国起源甚早，据现在一般的看法，汉代就有了。① 中国哲学讲本体，主要取本根之意。张岱年1937年完成的《中国哲学大纲》中设有一节，标题即为"本根论"。文中引《庄子·知北游》"惛然若亡而存，油然不形而神，万物畜而不知，此之谓本根"之语，指出"宇宙中之最究竟者，古代哲学中谓之为'本根'"②。这一看法后来为学界广为接受，渐成共识。陈来《仁学本体论》即云："本指本根、本来，体指实体、状态、体段等。""中文中'本'的原义是根，'体'字有从骨者，有从肉者，指整个身体。"③ 由此可知，本体在中国哲学系统中主要指那个"最究竟者"，意即事物的本根、本源。儒家特别关注道德问题，在其学理系统中，本体专指道德的本根、本源，亦即道德根据。因为自孔子开始，儒家即将仁视为道德根据，由此仁就成了道德本体，即所谓仁体。

儒家重视道德本体，一个重要用意是以其本根、本源的含义讲发用。将体用联系在一起，一般认为始于唐代易学家崔憬。其《周易探玄》云："凡天地万物皆有形质，就形质之中，有体有用。体者即形质也。用者即形质上之妙也。假令天地圆盖方轸为体，以万物资始资生为用。动物以形躯为体，以灵识为用；植物以枝干为体，以生性为用。"④ 这是从天地生成的角度讲体用。天地万物皆有其体，而其体必资万物之用，从而形成万千事物形质之妙。自宋代起，一些学者开始以体用说明伦理政治问题。胡瑗的"明体达用"即是一例："君臣父子，仁义礼乐，历世不可变者，其体也。诗书

---

① 强昱：《本体考原》，《中国哲学与易学》，北京大学出版社，2004，第284页。

② 张岱年：《中国哲学大纲》，《张岱年文集》第二卷，清华大学出版社，1990，第38页。

③ 陈来：《仁学本体论》，生活·读书·新知三联书店，2014，第11、12页。

④ 李鼎祚：《周易集解》引，见张岱年《中国哲学大纲》，《张岱年文集》第二卷，第39页。

史传子集，垂法后世者，其文也。举而措之天下，能润泽斯民，归于皇极者，其用也。"① 这是以不变的原理为体，以实际的措施为用。体为第一性，用为第二性。君臣父子之仁义礼乐为体，运于实际措之天下润泽斯民为用。宋代之后，以体讲用，以用见体，已成为儒学研究的一个固定模式，直到近现代，鲜有例外。

尽管儒家这种说法在历史上影响很大，但有两个问题一直未能解决：第一，仁为什么可以成为道德的根据？第二，仁体为什么有发用的功能？② 在我看来，这是儒家传统本体论的最大不足。为了将儒学研究推进一步，我们不能停留在前人的说法之上，必须对此做出自己的回答。

要回答这两个问题，先要从道德标准的来源说起。道德学说一般都有自己的标准，按照这个标准去行即为道德，反之即为非道德。在孔子学说中这个标准离不开仁。后来孟子将是非之心作为良心的一项重要内容，与恻隐之心、羞恶之心、恭敬（辞让）之心并列③，也是出于同样的考虑。仁之所以能够成为道德的标准，根据上面的分析，首先是因为人作为有生命的物来到世间的那一刻起，便不是空无所有的，一定带有某种倾向性。这种倾向性有其特有的指向，作为这个类的一员只能向这个方面，而不能向其他方向发展。这种特定的指向，就是人来到世间所带有的最初的行为标准。虽然这些标准还只是自然性的，严格说来还不能用善恶来表达，但这个因素绝对不可忽略不计。另外，人不可能独自生活，必须依靠周围其他的人才能生存，周围人的生活方式会在潜移默化中对其产生影响。社会生活都有自己的是非标准，当周围人的生活方式结晶到人的内心时，这些是非标准也就固化在了人的内心。随着生命的发展，思虑

① 黄宗羲：《宋元学案》，《安定学案》，中华书局，1986，第25页。

② 仁体之发用有两个方面的意义。牟宗三分别称为"道德实践地说"和"本体宇宙论地说"，指出："性体之知能，本体宇宙论地说，即是虚明照鉴之神之明；神之明即是知，而神之妙、通，即是能，知能俱从神说。若是道德实践地说，知能即是本心。心知之，即是能之。"（《牟宗三先生全集》第5卷，第532页）此处"道德实践地说"指的是道德的践行，"本体宇宙论地说"指的是道德的存有，即道德之心对宇宙万物的创生。限于篇幅，这里所谈仅指前者，即道德践行意义之发用，但切不可误认为，儒家仁体之发用只有道德践行这一种意义。

③ 孟子曰："由是观之，无恻隐之心，非人也；无羞恶之心，非人也；无辞让之心，非人也；无是非之心，非人也。恻隐之心，仁之端也；羞恶之心，义之端也；辞让之心，礼之端也；是非之心，智之端也。人之有是四端也，犹其有四体也。"（《孟子·公孙丑上》第六章）

的成熟，智性思维又会对原先已有的这些是非标准进行再认识、再思考，这个过程同样可以对是非标准产生一定的影响，在内心留下一定的痕迹。这样一来，我们就对人何以有道德是非的标准，做出了自己的说明，打破了"我固有之"传统说法的局限。

有人可能对此持有异议。他们会说，你以生长倾向解说仁，生长倾向是天生的，这一点似乎还可以接受，但你又以狭义的伦理心境解说仁，而伦理心境是后天的，怎么能够以这种后天之物作为道德标准的先天依据呢？这确实是一个很大的问题。要消除这方面的顾虑，必须明白这样一个道理：伦理心境虽然是后天的，但它同时又是先在的。所谓"先在的"是说它在时间上是在先的，具有先在性。伦理心境之所以来自后天但同时又是先在的，有先在性，是因为在人生的任何一个时间截面上，都存在着一个交叉点：从形成的过程看，伦理心境是后天的；从处理伦理道德问题的角度看，它又是先在的。这个时间的交叉点，笔者称为"时间之叉"。笔者提出这个说法意在表明，"伦理心境总是处在时间的交叉点之上：对于具有一定思维能力的人而言，在人生的任何一个时间断面当中，作为后天形成的伦理心境总是'先在的'，或者说总具有在先的性质"。① 这种由后天而形成但又具有先在性的情况，就是笔者一再提及的"后天

---

① 这是笔者以伦理心境解说仁和良心面临的最大挑战。常见一些学者对笔者的思路不解，甚至不屑一顾。在他们看来，既然我以社会生活和智性思维解说仁和良心，那就说明伦理心境是后天的，怎么能够用这种后天的东西来说明孟子的性善论呢？我注意到了这个问题，意识到了它的严重性，在修订《孟子性善论研究》（中国人民大学出版社，2010）时，增加了一个附录《性的困惑——以西方哲学研究儒学所遇困难的一个例证》，予以了初步解答。后来在写作《贡献与终结——牟宗三儒学思想研究》时，又对这个问题进行了更为具体的说明。（参见《贡献与终结——牟宗三儒学思想研究》第二卷，上海人民出版社，2014，以上引文见该书第 86～87 页）往深处说，这个问题同李泽厚近些年特别强调的"经验变先验"（李泽厚：《历史本体论序》，《历史本体论·己卯五说》，生活·读书·新知三联书店，2013）有密切的联系。照我的理解，李泽厚学术思想最重要的贡献之一，是试图对康德的先验概念进行新的解说，直到晚年直接将相关思想概括为"经验变先验"。笔者高度评价李泽厚在这方向的努力。笔者对仁和良心进行理论解读便是沿着这个方向走的。环顾四周，平心而论，在中国哲学范围内，笔者可能是坚持这一方向并具有自觉意识的唯一学者了。但笔者的看法与李泽厚又不完全一致，有些地方甚至有根本性的差异。为此笔者已撰文《仍是一偏：论李泽厚的新旁出说》（《探索与争鸣》2017 年第 7 期）、《我们应该如何确认自己的欲性——关于儒家生生伦理学逻辑起点的思考之二》（《复旦学报》2017 年第 6 期）、《结晶说与积淀说之同异——我与李泽厚的分别之一》（《哲学研究》将于近期刊发），敬请垂注。

而先在"。明白了这个道理，伦理心境为什么可以成为道德标准就不难理解了。伦理心境尽管来自后天，但又先于问题而存在；因为它先于问题而存在，所以人们在处理伦理道德问题的时候，必然经过这个环节，受到它的影响，从而成为是非的标准。

一些学者心中可能还有一个疑问：既然你将时间和空间加到仁体之中，强调仁始终处在流动变化之中，那么这种不断流动变化的仁怎么能够成为道德本体呢？我很能理解这些学者的疑问。在传统观念中，仁之所以能够成为道德本体，就在于它有稳定性。一个变动不居的东西无法成为道德的本体，否则道德就无从谈起了。我承认将仁与时空联系起来，必然会得出仁是不断变化的结论。需要注意的是，尽管仁是变化的，但在面临具体伦理道德问题的那个瞬间，它却是成型的、相对稳定的。正是这种成型和相对稳定，仁可以作为道德的标准，而不会陷入无标准可依的状况之中。比如，在现实生活中，我们常常会遇到公共卫生间水龙头没有关紧不断淌水的情况。此时我们内心都会有一个道德的标准：关上为是，不关为非。这个标准根据上面的分析，不可能是天生的，只能来自后天的养成，即我说的伦理心境。但重要的是，这个标准在面临要不要关水龙头这件具体事情的时候，不仅已经存在了，而且已经成型了，是相对稳定的。因为在具体道德境遇的那一刻它是成型的、相对稳定的，所以可以成为这件具体事情的是非标准。

仁性不仅可以提供是非的标准，而且遇事必然当下呈现，表现自己。熊十力对冯友兰的批评，指明良知不是假说而是实在，是当下呈现的典故，经牟宗三的介绍和阐发，现已广为人知。① 仁性（良知）为什么能够当下呈现，根据上面的思路，同样可以做出合理的说明。

人作为一种生物来到世间，天生就有其本能，如吸吮、抓握等等。这些都不需要

---

① 当下呈现是牟宗三受教于熊十力，导致思想发生转折的一个重要契机，一生常讲不断。最重要的出处有两个。一是《五十自述》："良知是真实，是呈现，这在当时，是从所未闻的。这霹雳一声，直是振聋发聩，把人的觉悟提升到宋明儒者的层次。""由熊先生的霹雳一声，直复活了中国的学脉。"（《牟宗三先生全集》第32卷，第78页）二是《心体与性体》："是以三十年前，当吾在北大时，一日熊先生与冯友兰氏谈，冯氏谓王阳明所讲的良知是一个假设，熊先生听之，即大为惊讶说：'良知是呈现，你怎么说是假设！'吾当时在旁静听，知冯氏之语的根据是康德。（冯氏终生不解康德，亦只是这样学着说而已。至对于良知，则更茫然。）而闻熊先生言，则大为震动，耳目一新。吾当时虽不甚了了，然'良知是呈现'之义，则总牢记心中，从未忘也。今乃知其必然。"（《牟宗三先生全集》第5卷，第184页）

后天的学习，是生而即有的。需要注意的是，人在学会了一种本领之后，随着熟练程度的提升，这种本领也会演变成一种本能。比如，开车作为一种技能必须经过后天学习。但车开得多了，时间久了，这种技能也会上升为一种本能。有了这种本能，不需要新的学习和训练，该踩油门的时候踩油门，该转弯的时候转弯，该刹车的时候刹车，自己就会做出反应，好像完全不需要经过大脑思考一样。为了便于区分，我分别将这两种本能叫做第一本能和第二本能。第一本能是天生的，不依赖后天的学习和训练。第二本能是后天的，必须依赖后天的学习和训练，但它又是一种本能，在特定场景中，自己就会呈现出来，表现自身。

这个道理可以用来解释伦理心境何以能够当下呈现。仁来自社会生活和智性思维对内心的影响，是一种伦理心境。这种伦理心境是后天养成的，不是天生的。但随着后天养成活动的不断进行，熟练程度的不断提高，它也可以渐渐上升为一种本能。尽管这种情况只能归为第二本能，但它同样有本能的特性：平时处于潜存状态，一旦遇到特定情况，又会自己冒出来，告诉什么为是，什么为非，何者可以做，何者不可做。恰如开车的技能升华为本能之后，遇到特定情况自然就会踩油门、转弯、刹车一样。仁性有当下呈现的特性，根本道理即在于此。

仁性不仅可以当下呈现，而且会在呈现的同时提供动力，要求人必须按它的要求去做。道德动力是一个价值度很高的问题。牟宗三已经注意到了这个问题。与传统将儒学分为理学和心学两系不同，牟宗三将其分为三系，分别以五峰、蕺山，象山、阳明，伊川、朱子为代表。在这三系中，五峰、蕺山一系价值最高，其次是象山、阳明，最差是伊川、朱子。牟宗三做出这种判断，很重要的一个理由是伊川、朱子一系的理论缺乏活动性，无法保证理论直接变为实践。为了弥补这个缺陷，他提出了在一个道德理论中一定要有孟子的本心之义，这样写道："此意志就是本心。它自给法则就是它悦这法则，它自己决定自己就是它甘愿这样决定。它愿它悦，它自身就是兴趣，就是兴发的力量，就能生效起作用，并不须要外来的兴趣来激发它。如果还须要外来的低层的兴趣来激发它，则它就不是本心，不是真能自律自给法则的意志。康德言意志自律本已函着这个意思。只是他不反身正视这自律的意志就是心，就是兴趣、兴发力，遂把意志弄虚脱了，而只着实于客观的法则与低层的主观的兴趣。"①

---

① 牟宗三：《牟宗三先生全集》第 5 卷，第 171 页。

牟宗三虽然看到了道德动力问题之重要，由此展开的对朱子的批评鞭辟入里，催人警醒，但他并没有回答道德学说为什么有了孟子本心之义就可以具有活动性这一问题。要破解这个难题，还是要回到前面对于仁的诠释。上面讲过，仁有两方面来源，一是生长倾向，二是伦理心境。这两个方面来源的意义有所不同。生长倾向的意义在于告诉我们，人来到这个世界上不是一张白纸，原本就带有某种倾向性。伦理心境则是在生长倾向基础上的进一步发展。虽然有此区别，但二者的目的一致，都是为了人这个类的不断健康发展。这两个来源合在一起，说明道德并不是外面强加给我们的，人有道德的要求是非常自然的事情。如同人有物欲的要求，是物欲的存在，饿了要吃饭，渴了要喝水，冷了要穿衣，本身就有动力一样，人同样有道德的要求，是道德的存在，遇到道德的场景，仁体当下呈现，发出道德命令，迫使人们必须满足它的要求，按它的指令去做。仁体之所以动力十足，皆因于此。将上面的内容综合起来，我们可以得出这样一个重要判断：人天生是一个道德的存在。这个判断有两层意思。首先，人是一个道德的存在，本身就有道德的要求；其次，这种存在是天生的，所以人的道德要求本身是自然的，不是外力强加于人的（在一些特殊情况下，道德也可能蜕变为不合人性的外力强制，但不能因为有这种现象而得出结论说，任何道德都不合人性，都不是自然的）。这个判断有着重要的价值。因为人是道德的存在，所以自己就有道德的要求，自然向道德而趋；因为人天生是一个道德的存在，所以道德是自己分内的事，不是屈从于外力的强迫。从这个角度我们就可以解释仁为什么不仅可以提供道德是非的标准，而且本身就有动能动力，从而在牟宗三的基础上前进了一步。

总之，仁性虽有时间和空间的因子，但因为始终处在时间之叉的那个点上，具有先在性，是先在的，所以遇事可以当下呈现，显露自身，同时提供强大动能，要求人必须服从它的要求，按照它的指令去做，从而完成由体到用的完整过程。这样我们就可以理解了为什么有着时空因素、始终在路上的仁，却能够成为道德本体。

四　将仁体置于 ontology 背景之下的思考

在将仁作为道德本体进行解读之后，再来看它和 ontology 的关系。我们知道，ontology 由 ont 和 logy 两个部分构成，是一门关于 ont 的学问。ont 是希腊文 on 的变化式，与英文的 to be 相对应，on 即相当于英文中的 being，于是，ontology 也就是一套关于

being 的学问。这一学问最早来自巴门尼德。希腊哲学从神话分化出来之后，便以追求真理为己任，热衷于认识世界的本原，希望在千变万化的事物背后寻找一个统一的确定的始基或本原。在这个过程中，他们找到了不同的答案，如泰勒斯的水，阿那克西美尼的气，赫拉克利特的火，毕达哥拉斯的数。巴门尼德反对这些做法，区分了两条完全不同的研究途径：一是主张"存在者存在，它不可能不存在"，这是一条"真理之路"，必须遵循的路；一是主张"存在者不存在，非存在必然存在"，这是一条"意见之路"，不可遵循的路。巴门尼德认为，只有抽象的存在（是）才是真实的实在，而且是唯一、永恒的实在。这种实在具有思维与存在的同一性，只有它才能够提供真理，提供存在，达到思维与存在的同一。① 柏拉图借助其理念论，第一次建构了完整的本体论系统。亚里士多德一方面继承了其师的路线，对自然哲学和智者学说提出批评；另一方面又坚持经验论立场，对其师的理念论有所保留。虽然柏拉图和亚里士多德本体论的进路有异，但至少有一点是一致的，这就是本体必须是普遍的。这种致思取向对西方哲学的发展有着决定性的影响。近代认识论转向后，笛卡尔通过天赋观念解说这种普遍性的来源。休谟则从经验的考察证实普遍的观念（如因果律）不能从经验的概括中得到，从而怀疑运用这种观念构成的绝对普遍必然知识的有效性。康德对旧有的本体论进行了批判，认为这种本体超出了经验的范围，必然导致思想的矛盾，但他以先天形式加上后天质料以形成认识的基本思路，仍然可以看到柏拉图理念论的影子。

由此不难明白，ontology 与仁体是完全不同的两套理论。ontology 的核心是努力寻找那个绝对的普遍性，那个恒定不变的一，以此作为认识可感世界的基础。仁体完全不关心这类问题，它关注的中心是道德，旨在说明仁即是成就道德的根据。更为重要的是，根据上面对于仁的诠释，仁体有时间性和空间性，是一个发展变化的过程，并不具有 ontology 所要求的那种绝对普遍性，不是那个恒定不变的一。对此，站在西方哲学立场上的学者可能会指责说：你关于仁体的分析在中国哲学的意义上或许可以成立，但不符合西方哲学的标准，因为按照西方哲学的传统，ontology 不能包含时间性和空间

---

① 汪子嵩清楚表达了巴门尼德存在概念的重要性。他说，以巴门尼德为代表的爱利亚学派，又提出了存在的学说。存在这个哲学概念的提出，在西方哲学思想的发展上十分重要。"如果没有存在这个概念，后来的希腊哲学，特别是柏拉图和亚里士多德的哲学，可能就不会形成像我们知道的这样的体系。"（汪子嵩：《亚里士多德关于本体的学说》，人民出版社，1983，第 8 页）

性，否则就无法确保其普遍性了。面对这种挑战，我们当然可以说，中国哲学和西方哲学性质不同，我们谈我们的仁体，你们谈你们的 ontology，两者可以互不干涉，同时共存。但我们也不妨换一个角度，从根本上思考这样一个问题：儒家讲仁体为什么要以 ontology 为标准呢？难道 ontology 那套讲法就不值得检讨吗？

我提出这个问题并非出于义气之争，有着很强的学理意义。长期以来，受西方文化中心论的影响，我们似乎养成了一种习惯，总是认为凡是中国哲学能够与西方哲学相符的内容，都是好的，反之，则一定是不好的，不合格的。殊不知，在我们眼中西方那种所谓好的东西，西方人自己也在检讨。海德格尔是一个很好的例子。不管对其具体观点是否有异议，无人能够否认《存在与时间》是一部具有里程碑性质的著作。海德格尔反复讲，他一生最关注的问题就是存在。为了阐明这个问题，他对存在的基本结构进行了详尽分析。与当时相关研究往往从意识本身或主体观念入手不同，《存在与时间》找到了一个新的出发点，这就是"此在"（Dasein）。Dasein 由 Da 和 sein 两部分组成。Sein 指存在或是。Da 在德文中语义丰富，有这里、那里、那时、因为、但是、那么，等等多重意思。海德格尔将这两个部分联系起来作为一个专属概念，意在表示，人这种存在者一定要处在解释学的生活情境之中，是有限的、具体的。此在这个概念本身即意味着它必须是"在世存在"，即总是已经在世界之中的。因为是"在世存在"，所以人的生活必然要受到他人的影响，处于"共在"之中，从而沦为"常人"。与此同时，此在总是要死亡的，面对死亡，此在又不满意这种状态，希望追求本真的存在。死亡是将来的事，面对死亡也就是面对将来。"整体时间性的视野规定着实际生存着的存在者本质上向何处展开。随着实际的在此，向来在将来的视野就有一种能在得到筹划，在曾在状态的视野就有'已经存在'得到展开，在当前的视野就有所操劳之事得到揭示。"① "我们把如此这般作为曾在着的有所当前化的将来而统一起来的现象称作时间性。"② 海德格尔这一思想的意义可以从多个角度来分析，我特别关注的是，它确定无疑地证明了这样一个道理：此在是有时间的。这个命题有着惊人的理论意义，等于宣告了传统 ontology 的死刑。《存在与时间》之后，再来讨论那个没有时

---

① 〔德〕海德格尔：《存在与时间》（修订译本），陈嘉映、王庆节译，生活·读书·新知三联书店，2012，第 414 页。

② 〔德〕海德格尔：《存在与时间》（修订译本），陈嘉映、王庆节译，生活·读书·新知三联书店，2012，第 372 页。

间和空间的 ontology，已经没有任何可能了。

海德格尔证明了此在有时间性，我同样证明了仁体有时间性（以及空间性），这两点是相通的。既然海德格尔的分析已经宣告西方传统的 ontology 的思路出了问题，我们为什么偏要回过头去，以传统的 ontology 为标准来衡定我关于仁体含有时空因子的分析是否合理，可否成立呢？证明仁体有时间性，并不是矮化了儒家仁的学说，恰恰说明了我的这种解说有很强的合理性，前景远大而辉煌。

五　后形而上学时代一个颇具潜质的方向

尽管《存在与时间》有助于证明我将时空加入仁体这一做法是合理的，但必须指明，我与海德格尔的学术立场并不相同。海德格尔写作该书的一个重要目的，是批评两千年西方哲学史的发展忘记了存在，关注的只是存有者，郑重宣告这种本体论传统必须放弃，为此甚至不再使用本体这类字眼儿。这个转向对西方哲学的发展产生了重要影响，以致后来虽然有人意图恢复形而上学传统，但包括哈贝马斯在内的不少重要哲学家，对此都抱有怀疑的态度，信心不足。①

与此相反，我从时空角度检查仁的特性，并不是不讲本体了，而是要把本体讲得更合理，更扎实。以仁为本体，是儒家道德哲学的根基。不讲仁体，等于拆毁了这个根基，丢弃了儒家道德哲学的特色。本体仍然要讲，但又不能像传统那样讲，这便成了一个难题。这个难题前人已经遇到了。冯友兰 20 世纪初在美国留学时，正赶上西方拒斥形上学的热潮。维也纳学派认为，哲学最重要的工作是提供证明。凡是无法提供证明的对象，如上帝、本体，统统没有意义，必须清除出哲学研究领域。冯友兰对此有充分的了解，但并没有盲目跟着走，仍然坚持中国哲学的传统，大谈形上学。在他看来，西方拒斥的那个形上学有问题，是"坏底形上学"，但这并不能代表"好底形上学"也不能讲了。为此他下了很大气力，写了"贞元六书"，以建构自己理想的形上学。尽管学界普遍认为，冯友兰建构"好底形上学"的努力存在着诸多瑕疵，很难

---

① 　参见哈贝马斯《后形而上学思想》，曹卫东、付德根译，译林出版社，2001。在该书中，哈贝马斯对形而上学的不同意义进行了区分，分析了哲学在当今社会中的作用与历史的不同，认为"康德之后，不可能还有什么'终极性'和'整合性'的形而上学思想"。（第18 页）

说取得了成功，但这并不能代表建构"好底形上学"这条道路不能再走下去了。①

从一定意义上说，我前面关于仁体的分析，正是沿着这个方向作的进一步努力，以建构一种新的形上学。因为这种新的形上学完全从生活本身出发，我把它叫作"生活形上学"。② 传统儒学只是肯定了仁是道德的本体，并以上天作为其终极的根源，但对仁的来源缺乏一个合理的说明。而我的研究发现，仁有两方面的来源。首先来自生长倾向。生长倾向是天生的，所以是先在的，即所谓"先天而先在"。其次来自社会生活和智性思维对内心的影响，即伦理心境。伦理心境虽然是后天的，但同样具有先在性，即所谓"后天而先在"。正是这种双重先在性，仁可以提供是非标准，可以呈现自身，可以发布命令，最终成为道德的根据。

以伦理心境解说仁体，自然会明白仁体是有时空性的。从理论上说，凡是有时空性的东西都是特殊的，不可能成为那个绝对普遍性的化身。但奇妙的是，这种有着时空因子的仁体，又不完全是特殊的，同样又具有普遍性，只不过是与柏拉图所希望的那种绝对普遍不同的普遍。比如，孔子曾直接以"爱人"回答樊迟问仁。③ 由此"爱人"便成了仁的一个不可缺少的内容。这一思想可以从孔子生活的特定背景即鲁国文化得到理解。自周王封周公于鲁地之后，鲁国文化一直比较发达，以重礼仁爱闻名各国。孔子生活于其间，自然要受到影响，因而有爱人的德性。这就说明，孔子讲爱人不是从爱人的理念，而是从生活本身出发的。这一特殊的出发点决定了孔子讲的爱人是特殊的、相对的，但这种特殊的、相对的爱人同样具有普遍的意义。孟子生于邹国，尽管与鲁国十分相近，但毕竟是不同的国家。值得注意的是，孟子并没有因为这个不同而不讲爱人，其学说中这方面的内容较之孔子有过之而无不及。不仅如此，其他各国，如齐国、楚国、秦国也都可以讲爱人，不然我们就没有办法理解孔、孟二人何以能够周游列国，宣传他们的道德主张了。又如，孔子在回答什么是仁的时候曾讲过"己所不欲勿施于人"，④ 甚至更进一步要求"己欲立而立人，己欲达而达人"。⑤ 同其

---

① 冯友兰：《冯友兰全集》，河南人民出版社，1986，第219页。
② "生活形上学"的建构是一项重大工程，需要长期不懈的努力才能完成，这里只是提出初步观点而已。
③ "樊迟问仁。子曰：'爱人。'"《论语·颜渊》第二十二章。
④ 《论语·卫灵公》第二十四章。
⑤ 《论语·雍也》第三十章。

讲爱人一样，这些说法也不是从某个理念来的，只能在孔子生活的鲁国文化背景中寻找原因。但孔子这一思想又并非仅仅局限于鲁国，同样有其普遍性，可以在其他各国推广，甚至在两千多年之后，受到世界不同文化的尊重，成为伦理学普遍认可的银律和金律。这个事实告诉我们这样一个道理：生活都是具体的，如孔子生活的鲁国，孟子生活的邹国，但这种具体生活也包含着普遍的意义。

在这方面黑格尔的辩证法思想可以为我们提供一些启示。黑格尔之前的哲学家一般遵循柏拉图的传统，将世界划分为现实世界和理念世界两个部分，现实世界是变动的、特殊的，理念世界是不变的、普遍的。要认识现实世界，必须首先把握理念世界，找到那个不变的支点。黑格尔对这一思想提出了严厉的批评。他从抽象的无内容的"自我"出发，通过内在的否定因素，在世界进程中实现了自身的运动。在这一进程中，作为主体的实体是自在的，同时也是自为的，在自身发展中完成了自我的实现。"自在性并不是一种尚未展开的没有具体存在的抽象的普遍；它本身直接就是个体性的历程的现在和实现。"① "现实性与普遍性的东西是在分不开的统一体里。"② 这样，黑格尔便从抽象的直接的普遍性过渡到了具体的现实的普遍性。黑格尔还从有限和无限的角度来阐发这个道理："实有在它的自在之有之中，把自己规定为有限物并超出限制，这就发生了无限概念。超出自身，否定其否定，变为无限，乃是有限物的本性。所以无限物并不是在有限物之上的一个本身现成的东西，以致有限物都仍然长留在、或保持在无限物之外或之下。"③ 在黑格尔看来，任何一个具体物的存在都是有限的、相对的；但这种具体物又具备着超出限制以达到无限的潜质，同时又是绝对的。有限与无限，相对与绝对，二者相互依存，共同存在于具体事物之中。黑格尔这一思想帮助我们明白了这样一个道理：普遍性不能离开特殊性，无限不能离开有限；普遍性就在特殊性之中，无限就在有限之中。希望首先确定一个绝对普遍的理念或形式，以此来保证认识的可靠性这一思路，从一开始就值得检讨。④ 虽然黑格尔通过正反合的逻

---

① 黑格尔：《精神现象学》上卷，王玖兴译，商务印书馆，1979，第 260 页。
② 黑格尔：《精神现象学》上卷，王玖兴译，商务印书馆，1979，第 259 页。
③ 黑格尔：《逻辑学》上卷，杨一之译，商务印书馆，1981，第 135～136 页。
④ 这个道理亚里士多德已经注意到了，但限于历史条件未能充分加以肯定。汪子嵩的看法值得参考："在《范畴篇》中只有一个缺陷，就是亚里士多德还不敢肯定：一般只存在于个别之中。"汪子嵩：《亚里士多德关于本体的学说》，人民出版社，1983，第 319 页。

辑环节，展现的世界历史过于完备了，特别是其对自然哲学的描述多有牵强附会之处，引起人们的反感，很快走到了它的反面，但他关于具体的普遍性的思想，至今仍然有重要的理论价值，闪耀着特有的光辉。

　　这个问题与 universal 一词紧密相关。寻找 universal 是以柏拉图为代表的西方哲学家建构 ontology 的基本路向。但他们用了两千多年的时间，费了那么大的力气仍然没有找到，不仅阻力重重，而且其思维方式的弊端也日渐显现出来。在宗教方面，某些宗教相信自己的至上神，这原本无可非议，但他们往往强调只有自己的至上神才是可信的，从而贬低或打击其他宗教。在政治方面，人们往往习惯于将自己喜欢的生活方式当作正确的唯一标准，强行向外推广，造成国际关系中强权横行。这些问题从哲学层面分析，均与相信并追求 universal 的思维方式有关。因为清晰地看到了这个问题的严重性，笔者对仁体的诠释从一开始便坚决摈弃了这种方式，坚持将仁体与现实生活联系起来，不再追求那个 universal。我由衷地相信，这才是建构"好底形上学"的可行道路。① 一旦这项工作做好了，不仅可以将儒学研究推到一个崭新的阶段，为解决西方哲学的一些重要问题提供思想资源，更可以在现实生活中发挥自己独特的优势。这样说并没有一丝一毫的夸大，历史一定会验证我的这个判断。

---

① 　俞宣孟：《论普遍主义》（《学术月刊》2008 年第 11 期）一文详细区分了 universal 和 general 的不同，指出前者为绝对普遍，后者为相对普遍。哲学的目的是追求前者而非后者。"普遍作为一种'主义'，总不会去张扬不够普遍的东西，反过来说，只有对于绝对普遍知识进行张扬的态度才能称为普遍主义。因为，从理论上说，那些停留在经验概括得到的普遍与绝对普遍相比只能是种特殊性，相对的普遍其实还谈不上普遍，真正的普遍只能是严格意义的绝对普遍，虽然相对普遍的问题也总是在普遍主义问题范畴内的。"从西方哲学的传统看，俞宣孟做出上述区分言之有据，很好理解。但我的立场与此不同。我坚持认为，世界上并没有那种独立存在的绝对普遍，普遍只能存在于特殊之中。因为仁体来自社会生活，有着丰富的时空因子，所以是具体的、特殊的，不是 universal，在一定意义上可以说是 general。但我坚信，具体中有一般，特殊中有普遍，general 中有 universal。从事西方哲学研究的学者很可能完全不同意我的这个看法，甚至提出严厉的批评。但至少在目前为止我仍然坚持我的这种看法。

明儒杨晋庵哲学探微

廖晓炜*

摘　要　作为北方王门的重要代表人物，杨晋庵的哲学有其自身的理论特色：与阳明突出良知观念在其哲学中的基础性地位不同，晋庵以形上、超越的"元气"作为哲学的首出观念；在理气问题上，晋庵承继明中叶以来思想界对朱子学理气论的批判，强调理气为一物；与之相应，晋庵亦否定对人性作义理之性与气质之性的区分，以为言人性单举气质之性即足矣，透过对理一分殊观念的重释，其以同一气质之性分别解释善与恶的产生；在心性问题上，为堵住阳明后学所引发的诸多流弊，晋庵严辨心性，尊性抑心，这一思路显然更近于朱子学。本文在详细梳理上述诸哲学问题的基础上，尝试对晋庵的气论给出不同于以往所谓唯物论或自然主义唯气论的理论定位，同时对其哲学所可能引出的理论困难加以辨析。对杨晋庵哲学的梳理与省察，不只可以丰富我们对阳明后学的了解，更可由之呈现晚明哲学发展的某些理论趋势。

关键词　杨东明　元气　理一分殊　心性之辨

杨东明（1548~1624），字启昧，号晋庵，河南虞城人，北方王门的重要代表人物。就师承来看，焦竑认为晋庵之学得之阳明后学杨起元："启昧之学得之杨复所，复所得之罗近溪，近溪得之颜山农，而渊源则良知一派也。"[①] 黄宗羲《明儒学案》对晋

---

*　廖晓炜，湖北武穴人，华中科技大学哲学系副教授，主要从事明清儒学与现代新儒家研究。

①　焦竑：《杨晋庵文集序》，收入杨东明：《山居功课》，明万历四十年刊本，台北国家图书馆据日本内阁文库影印。

庵哲学有很高的评价，认为晋庵能"得阳明之肯綮"。① 不过，晋庵哲学在阳明后学中是极为特别的，他突出气的理论地位，发展出一套以超越的、形上的元气为本体的形上学，以之反对朱子学理气二元的形上学架构。在心性论方面，晋庵严辨心性，尊性抑心，以对治阳明后学所可能导致的诸多流弊。本文尝试以晋庵文集《山居功课》为依据，对晋庵哲学作一较为全面的梳理，并对其哲学所引出的理论困难加以反省。

一　理气一物

在晋庵的哲学系统中，元气作为一个本体宇宙论的概念，是天地万物得以发生的根源。晋庵认为："盈天地之间只是一个元气，元气只是一个发生"②；"天地间只是这些元气化生万物，这天地之气自然至巧至灵，千态万状，无所不有，不假安排，自然各足"（《理气篇》）。仅此来看，晋庵对元气的这些描述似与气化的宇宙论或自然主义的气学并无根本不同，由之我们很难判定晋庵所谓元气的理论性格。

晋庵虽从宇宙论的意义上强调"盈天地之间只是一个元气"，但其并未消解理的理论地位。对于晋庵而言，宇宙本体不只是气，同时也是理，或者说理气只是一物。不过晋庵所谓的理气一物，并非宋儒如朱子等在理气形上、形下之超越区分的基础上，所强调的"理气之不相离"③，而是说理气乃是一体两面的关系。我们来看晋庵自己的说法：

> 阴阳之气，灵气也。惟其灵，则自有条理，故曰理也。气以成形，即形即理。如谷种既结，而生意自存，非有二也。《理气篇》
>
> 盖天地间，惟此一元浑沦之气，此气自然有条理，故谓之理。《柬杨春元湛如》
>
> 盖阴阳，气也。此气自然有条理即为理也。……盖天地之气，自合如此灵妙，灵即为理。故总此一元浑沦之物，因其絪缊摩荡命之曰气，可也；因其灵妙变化命之曰理，亦可也。《柬宪副陈云麓公祖》

---

① 黄宗羲著、沈芝盈点校《明儒学案》，中华书局，2008，第649页。
② 杨东明：《山居功课·天道篇》，明万历四十年刊本，台北国家图书馆据日本内阁文库影印。以下引用《山居功课》，仅注明篇名。
③ 宋明儒学中有关"理气一物"或"理气是一"可以有多种不同的说法，详见郑宗义：《明儒罗整庵的朱子学》，收入刘国英、张灿辉编《修远之路：香港中文大学哲学系六十周年系庆论文集·同寅卷》，香港中文大学出版社，2009，第275～276页。

在晋庵看来，元气作为"生生之气"，之所以能化生万物，就在于其本身具有内在的秩序、条理。就此而言，元气并非一种惰性的存在，晋庵以"灵"、"妙"形容之，是为"灵气"，或"灵妙之气"。依晋庵之见，就元气"絪缊摩荡"或其活动性这一面来讲，我们可以将其称之为"气"；而就元气之活动具有秩序、条理因而是灵妙的这一面而言，我们又可以称之为"理"。是以，理气在晋庵的思考中，乃一体之两面。晋庵更以譬喻对理气之间的这种关系加以说明：

> 譬之镜焉，铜为气，铜之明即为理。铜自能明，气自能理，只是一个物也。
> 《柬宪副陈云麓公祖》

> 盖气之为理，犹蜜之甘、椒之辛、蘖之苦，本然自性，非有二也。《理气篇》

如果仅就这些譬喻本身来看的话，"理"似乎应该理解为"气"的属性、条理或规律，易言之，理不过是对气之特性的一种描述。就此而言，理的形上性格并不明显，理并无独立于气之外的实在性。进一步，如果我们简单地将晋庵的元气理解为形下之气，那么晋庵的元气论基本上就可以等同于自然主义的唯气论或唯物论了。以往，大陆学者大都将气论均归为唯物论，所以晋庵的哲学也被定位为唯物论或者说自然主义的气学。①然而，随着学界对明清气论研究的不断深入，气论内部的复杂性开始受到关注，在合理区分气论类型的基础上对各哲学家的气论思想作具体的讨论，逐渐成为学界的共识。

日本学者马渊昌也以"人性论"为中心，将明代中后期"气的哲学"分为三种类型："性善说—本来圣人—朱子学系的气的哲学"、"性善说—本来圣人—心学系的气的哲学"、"非本来圣人—非性善说的气的哲学"，并分别以罗钦顺、湛若水、王廷相为例加以说明。②杨儒宾则将理学史上的气论分为两大类：先天型气论与后天型气论；先天型的气论又可分为理学的气论（如罗钦顺等）、心学的气论（如湛若水、刘宗周等）以及泛存在的气论（如张载等）。③刘又铭则将整个宋明清时期的气本论分为"神

---

① 张岱年主编《中国唯物论史》，河南人民出版社，1994，第 646～647 页；李书增等：《中国明代哲学》，河南人民出版社，2002，第 1124～1126 页。

② 马渊昌也：《明代后期"气的哲学"之三种类型与陈确的新思想》，收入杨儒宾、祝平次编《儒学的气论与工夫论》，华东师范大学出版社，2008，第 111～140 页。

③ 杨儒宾：《检证气学——理学史脉络下的观点》，《汉学研究》第 25 卷第 1 期（2007 年 6 月），第 247～281 页。

圣气本论"与"自然气本论",前者又可分为两型:含摄理本论的气本论与含摄心本论的气本论,代表人物分别为王船山与刘宗周、黄宗羲,自然气本论的代表人物则有罗钦顺、王廷相、吴廷翰、顾炎武、戴震、焦循等。① 上述三种分类之间存在一定的差异,因篇幅所限,不能细说,不过有一点他们是一致的,亦即均强调在自然主义的气学(理论上最接近于通常所谓的唯物论)之外,存在一种非自然主义的气学。后者与唯物论存在根本的差异,强调"天道性命相贯通"这一根本的理论旨趣,亦即以气作为万物存在以及道德价值的超越根据,人的至善本性亦源于气,而至善本性的实现即为圣人。当然,这一类型的气学,因其思想系统存在或偏向朱子理学或偏向阳明心学的不同,因而又可以大致分为理学的气学与心学的气学。自然主义的气学则消解了气的形上超越性格,也否定性善论的人性观,理论上已经越出了宋明儒学"天道性命相贯通"的思想范式。

如果以上述学界对明清气论的分类为参照,为更为合理、准确的解释晋庵气论的理论性格,我们显然有必要对晋庵在人性问题,以及人性与元气之关系问题上的具体看法作进一步的梳理。

我们首先来看晋庵在人性问题上的一些说法:

> 二气絪缊,万物化生。人与物,知觉运动,同也;寒暑饥渴,同也;牝牡孕育,同也;耳目口鼻四肢肝胆肺心肾,无不同也。而其所异者,特一点能尽其性之明耳,物非无性也,有其性而不能尽,此物之所以为蠢也。《学会讲语》
>
> 盈天地间,莫非生生之气,人得之而为仁者此耳。《天道篇》
>
> 然至善不在《大学》之书,亦不在大人之身,无分今古,不论贤愚,无不浑然全具,即所谓人之本性是也。《学会讲语》
>
> 说者谓义理之性本无不同,气质之性容或有异;此可为上智下愚之解矣。然有义理之性,又有气质(之)性,不几于有二性乎?盖天地间只是一个太和元气,而气之条理即为理,理即太极也,浑然一而已矣。一则无圣愚之分也。《学会讲语》
>
> 天之生人,虽各一其形,实各以全体太极赋予之。《论学篇》

---

① 刘又铭:《宋明清气本论研究的若干问题》,收入杨儒宾、祝平次编《儒学的气论与工夫论》,华东师范大学出版社,2008,第141~163页。

圣人不曾于吾性上添得些子，但常人不能尽此性耳，其实各有一个完全圣人在。《论学篇》

由上引材料不难见出，在晋庵看来，所有人，无论圣凡，均禀赋了由元气而来的至善本性，不止于此，甚至物也有性。人能尽性，即可成圣，圣凡之别，只在尽性与否。人性是至善的，那么作为道德价值之根源的元气，自然也是纯善的。就此而言，晋庵的气论与自然主义的唯物论就有了很大的距离，毋宁说，其更近于杨儒宾等所谓的先天型的气学。易言之，晋庵之学仍然是在宋明儒学"天道性命相贯通"的哲学典范之下展开的。准此，晋庵所谓的元气自然也就不能等同于形下之气。在晋庵的思想系统中，作为价值之源的气，乃是形上的元气。此形上元气不只是万物存在的本体宇宙论根据，也是道德价值的超越根据。同时，由于理气乃一体之两面，所以理同样也只能理解为超越的形上之理，亦即牟宗三所谓的"存在之理"，而有学者质疑晋庵"模糊了形上之理与形下之理的分际"①，这一说法大概是不能成立的。我们或许只有在朱子理为形上、气为形下以及自然主义气论这两种哲学典范之外，肯定一种以气为形上的、超越的存在之元气论的哲学典范，才能对晋庵的气论有更为合理的诠释。其实稍晚于晋庵的刘宗周②、黄宗羲③师徒均十分强调气的形上面向。

视元气为形上的、超越的存在，固然为人之性善及其成圣的可能奠定了形上的根据，不过这种元气论也有其不得不面对的理论难题。如果说作为宇宙本源的元气是形上的、纯善的，那么此生生之气所化生的世界何以有恶的出现，以理来变化气质的成圣功夫何以可能？这些都是理论上必须回答的问题。在朱子的哲学系统中，并不存在这样的问题，形上之理与形下之气可以分别解释善、恶两者，而气对于理的障蔽，也就使得后天的修养功夫必不可少。晋庵对上述问题的解决，乃是诉诸其对"理一分殊"这一观念的重新诠释。

---

① 侯洁之：《杨晋庵气论及其意义》，《文与哲》第十七期（2010 年 12 月），第 274 页。

② 李明辉：《刘蕺山对朱子理气论的批判》，《汉学研究》第 19 卷第 2 期（2001 年 12 月），第 1～32 页。

③ 陈荣灼：《黄宗羲气论之重新定位》，《中央大学人文学报》第四十四期（2010 年 10 月），第 1～28 页。

在阐述晋庵理一分殊思想之前，我们再对晋庵在本体论上主张理气一物说的缘由略作说明。晋庵强调理气一物，首先自然是源于他对朱子学理气二元观念的反省。不过，需要说明的是，王阳明的相关表述似乎也成为晋庵主张理气一物说的重要理论依据。晋庵曾以阳明之说来支撑自己的理气一物说："阳明曰气即理也，盖气之为理，犹蜜之甘、椒之辛、蘗之苦，本然自性，非有二也。"（《理气篇》）翻查《王阳明全集》，阳明确有类似理气一物的说法：

> 理者气之条理，气者理之运用；无条理则不能运用，无运用则亦无以见所谓条理者矣。①

> 孟子性善，是从本原上说。然性善之端须在气上始见得，若无气亦无可见矣。恻隐羞恶辞让是非即是气，程子谓"论性不论气不备，论气不论性不明"，亦是为学者各认一边，只得如此说。若见得自性明白时，气即是性，性即是气，原无性气之可分也。②

其中以上引文第二段，晋庵于《山居功课·理气篇》亦曾加以引用以说明自己的理气观。可见，晋庵理气一物的讲法一定意义上有启于阳明"气即是性，性即是气"之体用不二的观念。③ 不过值得注意的是，就阳明哲学而言，理、性与良知、心是同一个层次的范畴，均是指道德本体而言，恻隐羞恶辞让是非作为气，乃道德本体之作用，是以阳明所谓的理气或性气之不可分，主要还不是本体宇宙论意义上的讲法，而是指道德实践或工夫论意义上的体用不二。④ 不过，阳明的这些想法，在晋庵的哲学中，被发展为本体宇宙论意义上的理气一物说，成为晋庵主张理气一物之元气论的重要理论支撑。⑤

---

① 王守仁撰、吴光等编校《王阳明全集》，上海古籍出版社，1992，第62页。

② 王守仁撰、吴光等编校《王阳明全集》，上海古籍出版社，1992，第61页。

③ 陈来：《有无之境：王阳明哲学的精神》，北京大学出版社，2006，第81~85页。

④ 金慧洙：《阳明理气架构之可能性与阳明学理气说之开展——以阳明与霞谷之理气观点为主》，《鹅湖月刊》总第418期（2010年4月），第53~64页。

⑤ 郑宗义教授对明清之际强调理气为一的一元化倾向的出现、形成及思想内涵等，均有极为细腻的辨析，参郑宗义《论明清之际儒学的一元化倾向》，《中国文化研究所学报》第六十五期（2017年7月），第181~201页。

二　理一分殊

以下我们再看晋庵对"理一分殊"的独特诠释：

> 太极判而为二气，二气絪缊而万物生。人与物孰不本此哉？此所谓理之一也。而人之所以异于物者，则其所得于二气者各异耳。鸟得之为飞，兽得之为走，草木得之为夭乔。此不能以兼乎彼，彼亦不能兼乎此，气限之也。若人之所禀者，天地之全气也，非如物之有所限，而不能相通也，故能以藐然之身与天地合其德耳。然非天之阴厚乎人，亦非人之私得诸天也。既名为人，其禀赋自合如此，亦犹鸟自合飞，兽自合走，草木自合夭乔，皆分定不可移者也，此所谓分之殊也。《天道篇》

> 蔡生丛芬问："告子谓生之谓性，孟子辞而辟之，后儒又谓告子之言不差。夫性诚难言矣！第学不透性，何以言学？愿闻其旨。"曰："论理一，则人与物同出太极，何可言异；论分殊，则人与物各具一质，何可言同。故犬不同牛，牛不同人，囿于气而不能通者也。是则生不可以谓性矣。"《学会讲语》

与朱子以形上之理在形下之气中的不同表现来说理一分殊不同，[①] 晋庵单纯以气来诠释理一分殊。理一分殊的第一层内涵即意在说明物类与物类以及个体与个体之间的差异。宇宙万物无不源于同一个形上本源亦即元气，元气内在于每一个体即为本然之性，这本然之性对于所有的事物而言都是同一的，此之谓"理一"。不过，气化流行的过程中，万物之生又不能不有其自身的限制，此即所谓"所得于二气者各异"或"人与物各具一质"，因此，物类与物类之间以及个体与个体之间也就有了差异。人与人之间的智愚之别亦可由此来加以解释：

> 盖天地间只是一个太和元气，而气之条理即为理，理即太极也，浑然一而已矣。一则无圣愚之分也。而犹有分者，则二五杂糅，不能无偏全之异。于是人之生也，有清浊纯驳之不同矣。清纯之至为上智，驳浊之极为下愚。要之，下愚未

---

① 邓艾民：《朱熹王守仁哲学研究》，华东师范大学出版社，1989，第43～45页。

始无善根也。不然,必其不自太和元气中来耳。《学会讲语》

细绎晋庵的本意,理一分殊这一观念的背后似乎隐含着气的不同层次的区分,亦即元气与阴阳五行之气的区分,晋庵分别以太和与杂糅说之。二五之气由太和元气进一步演化而来,然而太和元气的本质亦即理或太极并未在此演化过程中被丧失,而是仍然留存于二五之气中,随其化生万物而成为万物的本性。是以,人于现实中固然有智愚之别,然其潜在的善性、善根,并无任何差别。晋庵的这一区分对于其进一步解释现实世界中何以有恶的出现以及工夫的必要性,意义重大。

> 或问:天地以好生为德,而疫气流行,常至通都连邑戕亿万生民之命,此其于好生之意何如也?无乃天地有时不仁乎?曰:天地之心,以好生为德,而二气五行之运,不能无偏胜壅阏之处,如阳胜则亢旱,阴胜则滛潦,而金木水火土之气各有所偏,则为灾各异。《天道篇》

问者的上述质疑类于西方的神义论(theodicy),依劳思光之见,这是将描述自然世界的存有论原则与描述价值的应然性原则加以混同所不能不面对的理论困难。[①] 对于晋庵以及诸多宋明理学家而言,宇宙作为一意义的结构,存有论的原则与价值原则是合而为一的;一定意义上,他们的宇宙观可以说是对宇宙的一种形上学的或价值的解释,而非只是对宇宙的一种事实性的描述。落到个体生命的角度来看,这就为人的道德实践确立一本体宇宙论意义上的终极根据。循此,太和元气或天地以好生为德,这乃是天地之化生生不息的根据所在,然而必须说明的是,现实中何以会出现生之破坏的现象呢?依晋庵之见,自然灾害作为一种"恶"(仅就其违背生生之价值而言),并非源于太和元气,而是由于阴阳五行之气的运行存在"偏胜壅阏"的情况所导致的。这与晋庵同时且二人有过交往的北方儒者冯从吾(字仲好,1556~1627)的解释如出一辙:

> 乾以大生,坤以广生,天无不覆,地无不载,此天地之性善也。若论气质,则天一属气,便不免有旱涝,地一属质,便不免有肥硗,然则天地亦有善不善矣。

---

① 劳思光:《文化哲学讲演录》,香港中文大学出版社,2002,第 67 页;劳思光:《新编中国哲学史(三卷上)》,广西师范大学出版社,2005,第 41~42 页。

惟不言气质，而言义理，则为物不贰，生物不测，天地之德，孰大于此？又何旱
涝肥硗之足言也！①

刘宗周、黄宗羲也有类似的解释。② 进一步，人类社会所出现的恶又应当如何解
释呢？这就涉及晋庵对"气质之性"这一概念的独特理解。相应于其理气一物的本体
论主张，晋庵反对宋儒将人性区分为义理之性与气质之性：

> 说者谓义理之性本无不同，气质之性容或有异，此可为上智下愚之解矣。然
> 有义理之性，又有气质（之）性，不几有二性乎？"《学会讲语》

> 自宋儒分为气质义理两途，而性之义始晦，岂惟不知人无二性，而一物分为
> 两物，于所谓义理气质者，亦何尝窥其面目哉！故识得气质之性，不必言义理可
> 也，盖气质即义理，不必更言义理也。识得气质之性，不必言气质可也，盖气质
> 即义理，不可专目为气质也。学者悟此，则不惑于气质义理两说矣。《论性臆言》

依晋庵之见，言人性单举气质之性即足矣，盖举气质而义理即在其中矣，或者更
精确一点说，气质即义理也。可见，在人性论上，晋庵主张的是"性即气质之性"这
一在中晚明至明清之际极为流行的看法。③ 顺着晋庵理气一物的思路下来，此气质之
性当该是纯善无恶的，但如此一来，人何以会为不善呢？

> 夫气质，二五之所凝成也，五行一阴阳，阴阳一太极，则二五原非不善之物
> 也，何以生不善之气质哉？惟是既云二五，则错综分布，自有偏胜杂糅之病，于
> 是气质有不纯然善者矣。虽不纯然善，而太极本体自在，故见孺子入井而恻隐，
> 遇呼蹴之食而不屑，气质清纯者固如此，气质驳浊者未必不如此。此人性所以为
> 皆善也。④

> 正惟是禀气以生也，于是有气质之性。凡所称人心惟危也，人生有欲也，几
> 善恶也，恶亦是性也，皆从气边言也。盖气分阴阳，中含五行，不得不杂糅，不

---

① 黄宗羲著、沈芝盈点校《明儒学案》，中华书局，2008，第994页。
② 张学智：《明代哲学史》（修订版），中国人民大学出版社，2012，第453页。
③ 陈来：《有无之境：王阳明哲学的精神》，北京大学出版社，2006，第83页。
④ 杨晋庵：《论性臆言》，收入黄宗羲著、沈芝盈点校《明儒学案》（修订版），中华书局，
　　2008，第651页。

得不偏胜，此人性所以不皆善也。然此气即所以为义理也，故又命之曰义理之性。凡所称帝降之衷也，民秉之彝也，继善成性也，道心惟微也，皆指理边言也。盖太极本体，立二五根宗，虽杂糅而本质自在，纵偏胜而善根自存，此人性所以无不善也。①

晋庵的意思非常清楚，正因为人乃气化的结果，是以其必然禀赋了由太极或元气而来的至善本性，然而个体生命毕竟不同于纯善的元气，由于二五之气的运行必然有"偏胜杂糅之病"，是以由之所产生的自然生命也就不能不表现出不善的或恶的一面。在晋庵看来，气质生命所表现出的不善的方面，亦应归于人性，因为其亦内含于气质本身。这即是晋庵顺其理一分殊的思路对恶的解释和说明。然而，透过晋庵的以上论述，我们似乎可以嗅到晋庵思想中朱子哲学的味道。上文提到，晋庵对气作了层次上的划分，这是其反对理气二分而又必须分别安顿善恶两者，所不能不有的理论上的区分。然而，个体生命作为一气质的存在，他是一个整体。当我们以气质的杂糅去解释恶的时候，此时的气质虽不能界定为纯粹形下的存在，因为"气质而不能为义理，则亦块然之物耳"，可是其毕竟不同于纯善的太和元气，是以当晋庵进一步说明至善的本性与不善之性的关系的时候，其不能不以"虽杂糅而本质自在，纵偏胜而善根自存""不纯然善，而太极本体自在"这种极易引起误解的话语来加以表达。晋庵的这一思考模式不能不让人想到朱子"本然之性堕入气质之中"的说法。这或许是晋庵哲学不够彻底的一面。当晋庵将恶亦归于人性的时候，其人性论中所存在的理论纠缠就更为复杂了。是以黄宗羲虽对其理气一物之说有很高的评价，但对其人性论提出明确的批评：

> 而其间有未莹者，则以不皆善者之认为性也。夫不皆善者，是气质杂糅，而非气之本然，其本然者，可指之为性，其杂糅者，不可以言性也。②

黄宗羲的批评对晋庵理一分殊的观念缺乏足够的同情，但这也确实指出了晋庵哲学所存在的某些薄弱环节，以至善元气为宇宙本源的一元本体宇宙论如何说明人性中

---

① 杨晋庵：《论性臆言》，收入黄宗羲著、沈芝盈点校《明儒学案》（修订版），中华书局，2008，第650页。

② 黄宗羲著、沈芝盈点校《明儒学案》，中华书局，2008，第649页。

所存在的恶的倾向，理论上需要跟更为充分的解释。晋庵在人性论上之所以面对如此的理论困难，一定意义上是其理气关系说的必然产物。晋庵为了突出理气为一物，喜以"盖气之为理，犹蜜之甘、椒之辛、蘗之苦，本然自性，非有二也"之类的说法喻之。这似乎是将理认作是气的属性。回到人性的问题上来，晋庵认为"气质者义理之体段，义理者气质之性情"，换言之，至善之性似乎被理解为气质生命的属性，那么个体生命因气质之杂糅所必然存在的不善的表现作为生命的属性，也就不能不归诸人性了。非常明显的，晋庵的意思是在强调，作为气质的生命不纯为善，是以气质之性必须说明善、恶两者，然而由于晋庵反对理气二分、气质义理二分的思想典范，是以其只能将善恶两者均由同一个气质之性来加以解释。或许可以这样来说，善恶乃是气质中两种异质的属性，亦即气质之性的两个不同方面。晋庵对气质之性的解释在宋明理学中是极为独特的。

正因为人所禀赋之气质有驳杂的一面，是以后天的修养功夫乃为必不可少：

> 学问之道以尽性为归。《柬刘兑阳司业》
>
> 太极本然之体，诚不用修，第赋而为气质自有偏驳之弊。《学会讲语》
>
> 性犹镜也，修道则磨镜也。镜无所障蔽，则无用磨。性无所污坏则无用修，顺性而动，渊泉时出，至易至简，优入圣域矣！术岂多乎哉！《论学篇》

由于气质的驳杂造成对本然之性的障蔽，所以破除障蔽进而复性、尽性的修养功夫，也就成为成圣的关键所在。

三　心性之辨

晋庵在心性问题上的看法亦颇为独特，一定意义上，这是相应于他对理气关系的看法的。在晋庵看来，人由太和元气所禀赋的至善本性，作为未发之中，是主静而隐微不可见的，如此本然之善性必须透过一主体性的力量方可在具体行为中表现自身。依晋庵之见，心即是显发性的主体性力量。[1]　是以当学生问及心性同异的问题时，晋

---

[1]　向世陵：《理气心性之间——宋明理学的分系与四系》，湖南大学出版社，2006，第405页。

庵有如下回答：

> 恻隐之心动而见吾性之仁，毕竟仁不可见也，是故性主其静以待天下之感，心效其动以呈吾性之能。无是性，心安从生？无是心，性无由见。《学会讲语》

然而，心性究竟是一抑或是二呢？

> 此理不可截然分而为二，亦不可混然合而为一。盖性者浑沦之体，而心则性之所出，以效灵明之用者也。故专以心言，则心自有体用。以性对心言，则性其体而心其用也。性主静，心主动；心有出入，性无存亡。性者心之合，心者性之分，一而二，二而一者也。《学会讲语》

晋庵以体用说性心，也就是说，人有仁义礼智之性，是以发而为恻隐、羞恶、辞让、是非之心。不过，二者之间仍有差别，此即晋庵所谓"性无存亡"而"心有出入"。晋庵另有类似的讲法："盖未发之中语性体也，视不见听不闻，则谓心不在焉耳；心乘气机以出入，岂可与未发者同论哉？"（《学会讲语》）性恒存于生命之中，绝无丧失之可能。然心作为一主体性的力量可以循性而为其用，亦即表现为恻隐、羞恶、辞让、是非之心；亦可以逆性而"乘气机以出入"，陷溺于欲望之中。是以有道心、人心之别，当然道心、人心，仍只是一个心，"于人心中认取一个道心来，正如澄浊水以求清，毕竟只是一个水也。"（《学会讲语》）在本然的意义上，心不被欲望所干扰，则心为道心，人心之发无不合乎至善之本性，此时性心则可以说是体用一如的，此即晋庵所谓"性其海乎？心其海之波乎？其体用分合之间宜有辨矣。"（《论学篇》）性心之间的差异只是体用之间的分别。晋庵将性与圣人之心直接加以等同的说法亦可由此来加以理解："夫性，在天为於穆不已之命，在圣人为纯亦不已之心，在众人为愚夫愚妇与知与能之理。"（《学会讲语》）

顺此，我们可以进一步介绍晋庵对良知的理解。晋庵认为良知首先是人心的一种"知"的能力，"大抵人之知，有出自德性者，有来自见闻者。见闻之知纵无穷而终有穷；德性之知，若有限而实无限。"（《柬吕新吾先生书一》）这也就是说良知即是所谓的德性之知。不过，必须注意的是，良知作为一种心知作用的表现，乃是作为未发之中之至善本性的直接显现，是以其极为反对吕坤完全以已发来规定良知。晋庵认为："良知，智也，性之德也。若视为离弦之箭，非其旨矣。"（《吕书六》）在晋庵看来，

"良知之旨兼备乎体用二义"（《吕书七》），也就是说，良知不只是作为未发之中的至善本性的发用，并且未发之中自始即内在于良知之中。而将良知仅仅理解为脱离未发的已发，自然是不对的。是以晋庵说："夫良知之说，譬犹离弦之箭，不肖抵死不敢服此语"（《吕书八》）。大体上，晋庵对良知的理解，直接本其性心体用一如的看法而来。

此外，晋庵以其心性论为背景，对阳明学中极富争论的"无善无恶心之体"的说法，亦有其独特的理解。唯吴震先生对此已有很好的论述，[1] 本文不再不赘述。

另一方面，相应于其理气一物的讲法，晋庵认为"理非形不载"，亦即理必内在于气，绝不可悬空存在，因而在心性关系上，"此心字是以方寸中形具而言，故众理胥此以统之"，亦即性理必内在于心中，为心所统摄。不过，心性之间的这种关系似乎还不能理解为理气一物之一体两面的关系。然而，如果严格按照其理气一物的思考模式，心性也应是一物，所以晋庵在心性论上强调心性之别，遂使得其心性论与理气论之间存在一定的不一致之处。

综上，晋庵在心性同异问题上的看法，明显带有"尊性抑心"的倾向。这大概与其对阳明后学所带来的流弊有所警惕有关。依晋庵之见："自姚江开良知之传，令天下学者知吾心之灵明即道，无事远求，此培根之说也。世儒失其意旨，遂重顿悟，忽渐修，动谈奥渺而践履实疎，借口融通，而几乎无所忌惮。"（《西川尤先生祠堂记》）在晋庵看来，心有出入，心之发用并不必然合乎性理，是以如果不以严格的修养功夫为保障，完全随顺人心而行，则将导致"无所忌惮"的流弊。一定意义上，晋庵的"尊性抑心"即针对此而发。

四　小结

本文从理气观、理一分殊、心性论三个方面对晚明北方王门代表人物杨晋庵哲学的核心线索作了基本的梳理。由上文的论析不难见出，晋庵哲学在阳明后学中是较为独特的。其一方面抬高气的理论地位，使之成为具有本体宇宙论意义之形上的超越的元气。在某种意义上，这自然是对明代中期以来批判朱子理气二元论思潮的继

---

① 吴震：《阳明后学研究》，上海人民出版社，2003，第 74～78 页。

承，不过这与阳明以心性、良知为首出观念的哲学典范已有了明显的不同。不过将气抬高至形上本体的理论地位，在晚明似乎是一种较为普遍的现象，如果将晋庵与刘宗周、黄宗羲等的思想做一整体的考察，我们将更为清晰地看到这一点。另一方面，正如有学者所指出的，晚明学者为堵住阳明后学所导致的诸多流弊，逐渐形成一种"宗性"的思潮。① 晋庵的心性论十分明显了体现了这一点，其"尊性抑心"的思想倾向，与阳明心性为一的心性观念有明显差别，一定意义上，"倒是比较接近于朱子学"的。②

回到前文所提到的晋庵气论的定位问题上来，由本文的梳理我们发现，晋庵的理气一物的元气论，首先不能理解为自然主义的气本论或唯物论，而应归于杨儒宾所谓的先天性的气学。不过晋庵的哲学在心性论的问题上与阳明哲学有明显的差异，是以我们也不能如马渊昌也等学者那样简单地将晋庵的气论归于心学的气学，③ 相反，晋庵的气论似乎与明代理学的气学有更多的共同点，如果将晋庵的哲学与心学的气学的代表人物刘宗周、黄宗羲的哲学以及理学的气学的代表人物罗整庵的哲学加以仔细对比，我们可以更为清楚地看到这一点。但因篇幅所限，本文暂无法展开相关论述。回到黄宗羲对晋庵之学的定位上来，按照本文对晋庵哲学脉络的梳理，说晋庵之学能得阳明之肯綮，大概是黄宗羲以其个人的哲学立场为判准，所下的判断。不过，晋庵之学在晚明王学中的确占据一独特的位置，这对研究王学的发展而言，是值得重视的。

最后，就已有的文献来看，我们很难梳理晋庵哲学的这种独特性主要受何人的影响。细读晋庵的文集，我们不难体会到，时代思潮对于晋庵之学的形成固然具有重要影响，不过，晋庵之学主要是其个人体验所得，如其与人讨论理气一物说，常常以个人的生命体验来加以印证、解释，以下仅举一例以作说明："气失平时，觉主宰不定，岂气摇而理亦因之以摇耶？因此可以验理气不可分，与鄙见正相合，窃尝谓学问须自家体贴出来，方为真得，此理气非但不相离，浑成只是一个，往往验诸自身而得之。

① 侯洁之：《晚明王学宗性思想的发展与理学意义》，台湾师范大学国文学系博士论文，2011年6月。

② 吴震：《阳明后学研究》，上海人民出版社，2003，第75页。

③ 马渊昌也：《明代后期"气的哲学"之三种类型与陈确的新思想》，收入杨儒宾、祝平次编《儒学的气论与工夫论》，华东师范大学出版社，2008，第121~122页。

朱子气以成形，理亦赋焉，亦非到家语。盖即此为气、即此为理，亦字有病，不可不察也。一阴一阳之谓道，夫岂有此一气而又赋之一理哉？"（《柬宪副陈云麓公祖》）儒学作为"生命的学问"，首先不是一种纯粹抽象的理论建构，而是对自我生命实践的一种反省和表达，晋庵之学无疑是对儒学作为"成德之学"或"生命的学问"的一个最佳的例证。

戴震的天人关系论及其对孟子性善论的诠释

——兼论现代新儒家对戴震心性论的批评

孙邦金*

摘　要　戴震《孟子字义疏证》是清代哲学为数不多的扛鼎之作，为近世"尊戴""释戴"性作品所推重。但是，从宋明儒学"接着讲"的现代新儒家对戴震哲学普遍评价很低，认为戴震"达情遂欲"的道德哲学局限于知性运用和情欲满足，未能就情欲的限制、超越界的关怀和形上学的根据给出圆满解释，因而批评戴学是一种缺少贞定基础和规范性的情欲主义、精于算计的功利主义，或者流于平面肤浅的智识主义。其实，这一批评明显带有某种形而上学基础主义的定见。戴震道德哲学的核心其实由三部分构成：首先是自然合目的的、道德化的天道观，其实"人道本于性，性原于天道"的血气—心知皆本于天道的人性论，最后是一套以"絜情"为主要工夫的"达情遂欲"伦理学。其天道—人性—伦理的三元一体之理论架构，自成一家之言，在乾嘉道德异化之时代尤见其卓识，应予充分肯定。

关键词　戴震　道赅理气　性善论　达情遂欲　自然合目的论

晚清以来，刘师培、王国维、章太炎、梁启超、胡适、钱穆等清学研究大家都有"尊戴""释戴"性质的作品，[1] 为后来的戴学研究奠定了基础。不过，随着时间的推移，学界对戴震哲学思想的评价愈来愈呈现两极化的趋势。一方面，戴震考据学方法

＊　孙邦金，安徽定远人，哲学博士，温州大学哲学与文化研究所副教授，主要从事明清哲学研究。

①　参见丘为君《戴震学的形成：知识论述在近代中国的诞生》，联经出版公司，2004；吴根友：《20世纪明清学术、思想研究的三种范式述评》，《中国现代价值观的初生历程——从李贽到戴震》附录，武汉大学出版社，2004，第381~402页。

中的科学方法与实证精神、义理著作"以理杀人"之呼声中反对伦理异化的人文精神与自由性格，皆与近代科学与民主思潮遥相呼应，而为世人所推重。另一方面，也有不少人认为戴震仅仅局限于知性和情欲的满足，未能就情欲的限制、超越界的关怀和形上学的根据给出圆满解释，因而批评戴学是一种缺少贞定基础和规范性的情欲主义、精于算计的功利主义，或者流于平面肤浅甚至扞格不通的智识主义。在众多批评声音中，从宋明儒学"接着讲"的现代新儒家对戴震的批评最为激烈。继熊十力在《读经示要》中批判"清儒自戴震昌言崇欲，以天理为桎梏"①之后，牟宗三、唐君毅、徐复观、冯友兰、刘述先、郑宗义、李明辉等现代新儒家对于清代中期儒学即便是有所关注，评价基本上也是负面的。他们认为，在"'超越性'之减杀甚至否定"②的思想基调之下，多遵从一种气性之自然人性论传统，反对从超越层面的义理之性来理解人性，缺少贞定的本体基础和向上的超越空间。由于"失掉了心性之基础，到头来只剩下外在的规范"，"不过皆为与道德无关的利益计算，而道德意识亦彻底萎缩矣！"③甚至直指"东原斥宋明儒以理杀人，但恐怕他自己才是真正的下开了以礼杀人的传统"④，批判可谓极为严厉！

　　笔者想要指出的是，不能囿于某一种形而上学基础主义的定见，就可以对戴震"道赅理气"的新道论形上学之建构努力视而不见，就可以将戴震的孟子性善论诠释简单归之为工于算计和外在规范的荀学。戴震的性善论，究竟是根本违背孟子学精神而无法成立，还是不愿依从宋明儒学范式而能够自成一说，仍旧是一个值得讨论的问题。本文拟从现代新儒家的严厉批评出发，重新审视戴震天人关系整体构架下的人性论内涵，进而论及戴震人性论究竟是尊孟还是近荀这一问题。

一　"合血气、心知为一本"的心性论追求

　　在儒家气本论、理本论与心本论三大道德本体论传统之中，戴震受到了宋明尤其

①　熊十力：《读经示要》卷二，明文书局，1984，第115页。
②　李明辉：《孟子重探》，联经出版公司，2001，第71页。
③　郑宗义：《明清儒学转型探析》，香港中文大学出版社，2000，第250页。
④　刘述先：《从道德形上学到达情遂欲——清初儒学新典范论析》，载氏著《儒学思想意涵之现代诠释论集》，台湾中研院中国文哲筹备处，2000，第103页。

是清初以来日渐兴盛的气论哲学的明显影响，其人性论带有明显的气论色彩。正所谓"阴阳之未成形质，是谓形而上者也，非形而下明矣。不徒阴阳非形而下，……其五行之气，人物咸禀受于此，则形而上者也"。如此一来，太极、道、理、阴阳二气、五行同时皆纳入到戴震形而上学含摄和讨论的范围。不过，严格地讲，戴震的气论不能称之为气本论，因为"气"在戴震哲学并不是最高的概念。在论及道与气的关系时，戴震始终认为，"天道，五行、阴阳而已矣"①，"一阴一阳，道之实体也"②，气还只是天道化生万物的一种物质载体（实体）。这实体之中还同时寓有阴阳气化流行的道理——"不易之则"。在戴震看来，"古人言道，恒赅理气。理乃专属不易之则，不赅道之实体"③，并非如朱子所说"辨别所以阴阳而始可当道之称"。④ 天道"赅理气""合物与则"，是阴阳五行之"气"之实体与不易之"理"的统合体，乃是气和理二者之浑沦。⑤ 这与庄子的能够"生天生地""万物毕罗"之"道"颇有几分类似，皆是一种宇宙生成论意义上的本根之道。戴震此一"道赅理气"的天道本体论，既非单纯的气本论，更非单纯的理本体，而是综合宋明儒学中的气本论与理本论两种传统之后产生的新形态。

为了说明其天道本体论的一贯性和包容性，戴震借用了孟子"且天之生物也，使之一本，而夷子二本故也"的说法，依据天人相通不隔（"一本"）与相隔不通（"二

---

① 戴震：《孟子字义疏证》卷下，《戴震全书》第六册，黄山书社，1995，第 12 页。为了文中引文方便，戴震的几部哲学著作皆采用以下拼音缩写。（版本页码皆出于《戴震全书》第六册）：YS =《原善》三卷；SSL =《孟子私淑录》；XY =《绪言》；MZ =《孟子字义疏证》

② MZ，第 175 页。

③ XY，第 88 页。

④ MZ，第 176 页。

⑤ 张立文曾根据"谓之气者，指其实体之名；谓之道者，指其流行之名"（SSL，第 37 页）这一说法，将戴震的道、气关系界定为"气言其体，道言其化"的"气体道化"论。（参见张立文《戴震》，东大图书公司，1991，第 134 页）从动静关系角度论，戴震确有一种气体道化的意思。不过，戴震在这里只是把气作为道的"实体"，绝非道之"本体"之意。依据戴震"道赅理气"之命题，道作为最高概念，是理与气的浑沦，气依于理，理寓于气，戴震显然有意地避免将气与道等同视之的。戴震的理气关系论，非常类似于船山。正所谓"气无可御之理，又如何以理御得"？此气之世界即理之世界，气与理是不分的，气与理是合一的。在某种意义上，此气不仅是物质性的，也兼具有精神性或伦理性的意义，而且它是具有辩证发展能力的本能。（参见林安梧《王船山人性史哲学之研究》，东大图书公司，1991，第 98～101 页）

本”）这两个标准，对儒学史上不同的本体论形态作了判教。戴震将告子归于道家，而将陆王心学则归之于佛教一并予以批判："告子以自然为性使之然，以义为非自然，转制自然，使之强而相从，故言'仁，内也，非外也；义，外也，非内也'。立说之指归，保其生而已矣。陆子静云：'恶能害心，善亦能害心'，此言实老、庄、告子、释氏之宗指：贵自然以保其生。"他们有一个共同点，将仁义道德之名教与自然对立起来，不能够将自然与必然（理义）予以辩证统一地对待。戴震这种大而化之的笼统讲法，显然难称得上是客观的态度，也是难以服人的。相对而言，戴震对于朱子学的批评算是客气的。在朱子的理本论架构中，"理"只是作为单纯抽象的至道，与阴阳五行之气相即不杂，难免给人一种理气分裂、视理"如有物焉"的缺憾。戴震认为朱子的天理观"如有物焉，得于天而具于心"并不是他本人的臆断，而实有所本。朱熹自己在说明"理先气后"时说，"且如万一山河大地都陷了，毕竟理却只在这里"。① 陈来认为，朱子的天理确实"如有物焉"，具有某种超越气化事物之上的、超绝的实在性，只不过随着明清理学"去实体化转向"，"理不再是首出的第一实体，而变为气的条理，因此人性的善和理本身的善，需要在气为首出的体系下来重新定义"。② 王船山、戴震即是天理"去实体化转向"运动中的两位哲学健将。

　　当然，如果撇开"理"之规范性而只以无定形之气为本体的话，则人性的先天内容只能是自然的本能和欲望而已，失去了先天的形上根据，仁义外在、性恶之论恐怕是难以避免的结论。因此戴震所论理与气、血气与心知，总是一体同时出现的。至于由孟子"本心""良知"概念发展而来的心本论，戴震认为它只是"气之精爽"——生命进化至最高级阶段所拥有的一种主动思维能力而已。虽然他特别看重"心知"及其能够"进乎神明"的道德功用，对于心知之道德情感与道德理性能力皆有极致的发挥（此容后再论），不过此"心"多是从道德感通与认识意义上来谈的，基本上不具备道德本体之含义。总之，宋明儒学的气本论、理本论与心本论这三大本体论形态，皆与天道有间而不能体用一源、显微无间地全然相通。相较之下，唯有以"合血气、心知为一本"③ 的天道作为宇宙之根源且为道德之本体，而非单纯以气或理为本体，

　　① 　黎靖德编《朱子语类》卷一，文津出版社，1986，第4页。

　　② 　陈来：《诠释与重建——王船山的哲学精神》，北京大学出版社，2004，第194页。

　　③ 　MZ 上，第172页。

才能避免陷于戴震所说的"二本"之论。理、气兼备的天道一元论的优点，即在于"气不与天地隔者生，道不与天地隔者圣"①，即能够保证天人之间"不隔"而相通，避免陷入人性中的理、欲仍各有所本的二元分裂与对立的困难。有学者就此指出，天道一本论就是改静态的形上学为一动态的存有论，改一"规范性之道德观"为一"发展性之道德观"，② 较之理本论或是气本论更为浑沦与圆融，亦能更好地诠释接续了"赞育天地""生生不已"之易道精神。

　　戴震早年就接受了"法象莫大乎天地"——象天法地的同构与相应之类推思维，形成了其"人道本于性，性原于天道"——天道—人性—人道（社会历史）三位一体的理论架构。戴震认为"道有天道、人道"，只不过"天道以天地之化言也，人道以人伦日用言也"，③ 或者说"在天为天道，在人咸根于性而见于日用事为，为人道"。④ 天道经由一个"继善成性"的环节而与人道连为一体，且在本质上具有一致性。《易传》中所谓的"继善成性"，是说"人物之生，其善则与天地继承不隔者也"⑤，即人之善性分于天道，生生之天德内在于人性之中，并在日常生活中得以展现出天德生生而有条理之完善状态。"在天为气化之生生，在人为其生生之心"⑥，复经由人"心"作为能动转换，使人在自上而下的"继善成性"与自下而上的"下学上达"之间，实现天道与人道之间往复循环。下面，简要梳理一下戴震所主张之性善论的主要内容。

二　"人能明于必然"的人性论

　　戴震说"性者，飞潜动植之通名；性善者，论人之性也"⑦，将"性"分成了人物共有之"性"与"人性"两个外延不同的概念。万物皆从天道气化流行生发而出，

---

①　YS 中，第 15 页。

②　戴景贤：《明清学术思想论集（下编）》，香港中文大学出版社，2012，第 119 页。

③　SSL，第 37～38 页。

④　YS，第 9 页。

⑤　YS，第 9 页。

⑥　MZ 下，第 205 页。

⑦　MZ 中，第 190 页。

"气化生人生物以后，各以类滋生久矣"①，戴震先从人类所脱胎而来的人物共有之性开始谈性。"人物以类滋生"，就是说天地万物无奇不有，然有种类差别。一类事物有一类事物共同的本质属性或内在规定性，与他类事物构成本质区别。"有天地，然后有人物，有人物而辨其资始曰性"，这里的"辨其资始曰性"，是说性之实质内涵莫过于分有于天道的种种不同的自然禀赋或者天性而已。

　　当然，在气化流行的过程中，"杂糅万变，是以及其流形，不特品物不同，虽一类之中又复不同"。为什么同一类事物也有外形甚至品性上的差别呢？同样是人，为何人人又有那么不同呢？戴震依据《大戴礼记》中"分于道谓之命，形于一谓之性"之说法，认为这是由于"天命"——先天的禀赋限制所导致的。他根据孟子"故凡同类者，举相似也，何独至于人而疑之？圣人与我同类者"（《告子上》）的说法，继而认为"性虽不同，大致以类为之区别，故论语曰'性相近也'，此就人与人相近言之也"。② 一个人是男是女，是美是丑，是高是矮，是昏是明等等，多是由于人"各限于所分"——分有自然禀赋的限制（天命）所导致的。这些出于先天原因而导致的种种差别，虽然可以说明人类之间不尽相同，但并不是本质差别或本性的不同，只是"命"（先天因素）和"才"（实体材质）之不同，皆属于程度上的差别。"其不同类者各殊也，其同类者相似也"，"同类之相似，则异类之不相似明矣"，不同类事物之间才有本质（本性）上的差别。

　　既然"性"是事物的类本质，那么"人"作为一个类名，其区别于他物的类本质何在呢？戴震通过人禽之辩的讨论，阐明了哪些是人物共有之性，哪些是人类特有之性。"人与物同有欲"，"人与物同有觉"③，有血气的生命体无一例外地都具有两种自然属性：一是欲望，一是知觉。其中，欲望需求作为一种生物本能，乃"性之事也"，即满足生理需求的行为构成了包括人类在内的所有生命体存有、运动的基本内容。而知觉乃是"性之能也"，即生命体为追求欲望满足而不断进化出来的感知能力。能动的知觉能力，作为生命体之情欲需求能够得到满足的一个决定性条件，也是人与动物所共有的，不过"觉"与"欲"相比，前者需要通过后天的不断学习、训练方能得以提

---

①　MZ 中，第 179 页。

②　MZ 中，第 180 页。

③　YS，第 9 页。

高、趋于成熟。总之，"其心能知觉，皆怀生畏死，因而趋利避害，凡血气之属同也"。① 人类与动物之性皆"禀受于天"，既然同属有血气、有知觉之生物，就会表现出类似的自然特征。对于人物之性的共通之处及其本质区别，戴震总结道：

> 凡血气之属皆知怀生畏死，因而趋利避害；虽明暗不同，不出乎怀生畏死者同也。人之异于禽兽不在是。禽兽知母而不知父，限于知觉也；然爱其生之者及爱其所生，与雌雄牝牡之相爱，同类之不相噬，习处之不相啮，进乎怀生畏死矣。一私于身，一及于身之所亲，皆仁之属也。私于身者，仁其身也；及于身之所亲者，仁其所亲也；心知之发乎自然有如是。人之异于禽兽亦不在是。

戴震以"人之异于禽兽（亦）不在是"，说明无论是完全自利的"怀生畏死"，还是更高一级的、有利他表现的"进乎怀生畏死"，皆是人与动物共有的天性。反过来说，有无"怀生畏死"之情欲与更高级的利他之表现，皆已不能当作人禽之辩的标准。戴震不以有无能动的利己能力作为人禽之辩的标准，这是大家业有共识，而最让人意外的是，他基于动物常见有利他行为的事实，较少见地排除了以有无亲亲、利他行为作为人禽之辩的标准。

那么"人之异于禽兽"的本质属性究竟是什么呢？戴震明确指出，"物循乎自然，人能明于必然，此人物之异"，"人之异于禽兽者，虽同有精爽，而人能进于神明也"。② 人性的本质即在于"人能明于必然"的"心知"能力，类似我们今天所讲的理性能力。晚清康有为更为清楚地指出："爱、恶、仁、义，非惟人心有之，虽禽兽之心亦有焉。然则人与禽兽何异乎？曰异于其智而已。其智愈推而愈广，则其爱恶愈大而愈有节，于是政教、礼义、文章生焉，皆智之推也。故人之性情，惟有智而已，无智则无爱恶矣。"③ 当然，人作为有理性的动物，其特有的"心知"能力与人物共有的

---

① 戴震：《读易系辞论性》，《戴震全书》第六册，第 349 页。戴震认为趋利避害、怀生畏死是人的天然本性，在乾嘉后期得到越来越多的人的认同。例如，刘宝楠在《论语正义》中反问道："人未有知其不利而为之，则亦岂有知其利而避之弗为哉？"（《论语正义》，文史哲出版社，1990，第 769 页）

② XY，第 120 页。

③ 康有为：《康子内外篇·爱恶篇》，《康有为全集》第一集，姜义华、张荣华编校，中国人民大学出版社，2007，第 101～102 页。

"知觉"能力有着根本区别的："知觉云者，如寐而寤曰觉，心之所通曰知。百体皆能觉，而心之知觉为大。"① 两者相较，"知觉"似乎只停留在感性认识的层次，而"心知"则上升到理性认识之自觉高度。这就是说，"人与物咸有知觉，而物之知觉不足于此。……人以有礼义异于禽兽，实人之智大远乎物！"② 动物出于本能地循乎自然，而无法像人一样通过理性能力主动地认知事理、自觉地体认天道，最终"进于神明"——用理性的力量实现"自然"与"必然"的协调，将人提升到至善之境界。一言以蔽之，有可以自觉体认并实践天道的理性（既包括知识理性也包括道德理性）才是人的本质属性。

戴震以"血气—心知"论人性，既表现有"血气"情欲需求，更讲求"心知"理性规范，问题是二者如何协调统一。黄俊杰曾依据戴震就人的自然禀赋论性，指出"戴震将人性理解为人的生物性的生存本能"③，并判定其理论渊源是上承先秦以降悠久的"生之谓性"之人性论传统，"近于告子，而远于孟子"。④ 应该讲，戴震的人性论确实是自然主义的，与孟子性（心）善论亦确有不同，但是"近于告子"之判断则是冤词。戴震的人性论包含了"血气"这一自然属性，同时也强调了"心知"这一极具社会道德属性的意涵，两者是缺一不可的。他所理解的生物性本能只是就人物共有之性（自然禀赋）而言的，绝没有说人性就是生物性本能。人性之中除了自然禀赋之外，还包含有融情感与理性于一体的"心知"要素，这与告子的"生之谓性"切不可混为一谈。历史地看，无论是相较于汉儒以气禀论性，还是相较于宋儒以道德论性，后来戴震的血气心知论显然是兼而有之，更具综合性和包容性。

三　"果实之白，全其生之性"的性、命、才关系论

自孟子的"四心四端"说被比作如种子的萌芽和发端以后，以种子喻性就成了儒家的传统。儒家用谷种、杏仁、桃仁、莲实等种子含蕴生机之仁、之善的例子，来说

---

① SSL 中，第 55 页。

② XY，第 60 页。

③ 黄俊杰：《孟子思想史论》卷二，台湾中研院中国文哲研究所，2006，第 368～369 页。

④ 黄俊杰：《孟学思想史论》卷二，第 342 页。

明人性本具生生之仁、之善的观点，可谓比比皆是。① 戴震亦不例外。他在说明人性本善的时候，也使用了"果实之白"（果仁）这一隐喻。他顺承天道论，通过这一隐喻所展现出来的他对人性本善的理解有一种很特别的自然主义天性论气息。

戴震早年在《法象论》一文中，就已经使用了"果实之白"来比喻人性。他说，"草木之根干、枝叶、花实，谓之生；果实之白，全其生之性谓之息"。② 类似的表述，还有"卉木之株叶华实，可以观夫生；果实之白，全其生之性，可以观夫息"。戴震用"生"与"息"这两个概念来理解自然界生命循环往复的过程。他说，"显也者，化之生于是乎见；藏也者，化之息于是乎见。生者，至动而条理也；息者，至静而用神也"。③ 其中，"生"指生命依据一定条理而气化流行、运动生发过程之显现。而"息"，则是指生机待发的收藏状态。息藏的生命状态仍旧完整地包含并延续了诸种生命全部的生机与信息，因此绝非生命的绝对死亡、寂灭和终结。在生命这种连续性的

_____

① 参见陈立胜《王阳明"万物一体"论——从"身—体"的立场看》，台大出版中心，2008，第242~243页。董仲舒在《春秋繁露·深察名号篇》中，说"性比于禾，善比于米。米出禾中，而禾未可以全为米也。善出性中，而性未可全为善也"，用"米出禾中"来说明"善出性中"的性与善二分观点。朱熹曾说"看茄子内一粒是个生性"，直接用茄子比喻人性。朱熹还说过，"一粒粟生为苗，苗便生花，花便结实，又成粟，还复本形。一穗有百粒，每粒个个完全；又将这百粒去种，又各成百粒。生生只管不已，初间只是这一粒分去"。（《朱子语类》卷九四，第2374页）这里采用粟的种子与生发，来隐喻其性即理的观点。对于"理一分殊"，朱熹除了用月印万川的譬喻，他也经常使用树木之本根与枝叶花果的例子。他说"太极如一一木生上，分而为枝干，又分而为生花生叶，生生不穷。到得成果子，里面又有生生不穷之理，生将出去，又是无限个太极，更无停息。只是到成果实时，又却少歇，不是止"。（《朱子语类》卷七五，第1931页）谢良佐（上蔡）也说过类似的话："桃杏之仁，可种而生者谓之仁，言有生之意。推此，仁可见矣。"王阳明则用"天植灵根"来隐喻其"良知"的圆满自足性。阳明为此还作了一首诗畅论其义："所以君子学，布种培根原。萌芽渐舒发，畅茂皆由天。"（王阳明：《门人王嘉秀实夫萧琦子玉告归书此见别意兼寄辰阳诸贤》，《全集》卷二十，外集二，第733页。另参见陈立胜《王阳明"万物一体"论——从身—体的立场看》，第247、267页）到了清初陈确那里，为了说明其人性待后天发用斯善的观点时指出，"人性无不善，于扩充尽才后见之也。如五谷之性，不艺植，不耘籽，何以知其种之美耶？"黄宗羲对同门的这一解释，在其《与陈干初初论学书》中予以了批评，认为"性之为善，合下如是，到底如是"，"非有所增"亦"非有所减"也。（参见李明辉《孟子重探》，第102页）

② 戴震：《法象论》，《戴震全书》第六册，第477页。

③ YS，第10页。

生息转换中，关键的连接点就是种子。戴震所谓的"果实之白"，就是果实里的内核或仁心，生命依据种子之性而生成，又复归结为种子之性。花木草卉的枝干叶茎、花卉果实都是生命运动生长的动态呈现，而所结出果实的内核（果仁）则是生命信息"静而藏者"① 之静态收藏。果仁是诸种生命的种子，是诸种物性的集大全者。它如同一个小宇宙，包含了天道生生的所有潜在规定性，是具足无漏的大全。

后来他在《孟子字义疏证》中同样使用了"核中之白"来比喻性，用"根干枝叶、为华为实"来比喻才。他说：

> 孟子所谓性，所谓才，皆言乎气禀而已矣。其禀受之全，则性也；其体质之全，则才也。禀受之全，无可据以为言；如桃李之性，全于核中之白，形色臭味，无一弗具，而无可见，及萌芽甲坼，根干枝叶，桃与杏各殊，由是为华为实，形色臭味无不区以别者。虽性则然，皆据才见之耳。成是性，斯为是才。别而言之，性、命、才；合而言之，是谓天性。②

性为先天禀受，才为后天体质，命为先天限定性，先天的性、命皆由后天材质来显现。类似的话，他在《原善》中已经说过：

> 言乎本天地之化，分而为品物者也。限于所分曰命，成其气类曰性，各如其性以有形质，而秀发于心，征于貌色声曰才。③

这两段话重点在谈命、性与才三者的定义以及其间的相互关系。他用果实之性收藏于果仁，来比喻人类之性收藏于心；而果仁生发为枝干花叶，则是依性而成的才质实体；命则是"花与花不同，实与实不同，叶与叶不同"等才质实体在分有天道过程中种种差别的原因，即"各限于所分"的先天限制。④

对于性命关系，戴震基本上依据的是《大戴礼记》中的"分于道谓之命，形于一

---

① YS，第8页。
② MZ 下，第196页。
③ YS，第7页。对于心性情才关系，船山有过类似的看法："盖命于天之谓性，成于人之谓才；静而无为之谓性，动而有为之谓才；性不易见而才则著，是以言性者，但言其才而性隐。张子辨性之功大矣哉！"（《船山全书》第十二册，岳麓书社，1996，第129~130页）
④ 戴震：《答彭进士允初书》，《戴震全书》第六册，第357页。

谓之性"这句话。命，是天命，指先天的自然禀赋；性，是人性，特指人的类本质。他在《中庸补注》中说"生而限于天，是曰天命"①，很清楚地定义了天命是指人类有所能亦有所不能的自然禀赋或局限性。命在这里作为"限于所分"之"命"，指人力无法改变的先天限定，诸如种族、性别、美丑等自然属性。这与船山对命的"莫之致而至""无所事之者"等人力无法改变的先天禀赋之理解，如出一辙。船山、戴震对天命的非道德化诠释，与宋明儒学通常将"天命"定义为一种"天生德于予"的道德义务或使命（义命）构成了明显差异。此外，戴震还运用了"谓之"与"之谓"的句法分析，对于孟子说口、耳、声、臭等自然欲求是"性也，有命也，君子不谓性也"，而仁、义、礼、智等道德义理则是"命也，有性也，君子不谓命也"（《孟子·尽心下》）的说法，进行了辨析。戴震认为，孟子"'谓'（性）犹云籍口于性耳，君子不籍口于性以逞其欲，不籍口于命之限而不尽其材。后儒未详审文义，失孟子立言之指。不谓性非不谓之性，不谓命非不谓之命。由此言之，孟子之性，……所谓人无有不善，即能知其限而不踰之为善"。这段辩驳意在指出，孟子虽然始终认为仁、义、礼、智等道德理义才是愉悦圣人与我"心之所同然者"，亦即人之异于禽兽的本质内涵，但是孟子并没有排斥口耳声臭等自然欲求于人性之外，并没有像宋儒那样将人欲与人性截然分开甚至对立起来谈。②

戴震在处理才与性的关系时，认为才是性的实体，而性是才的依据。其中，性作为内在根据，是无形而待发用为才质的；才作为材质，是依据人性生发出来的外在实

---

① 戴震：《中庸补注》，《戴震全书》第二册，黄山书社，1994，第51页。

② 后来阮元在《性命古训》中，屡引东汉赵歧（106~201）《孟子正义》中的性命关系论："口之甘美味、目之好美色、耳之乐音声、鼻之喜芬香，四体谓之四肢，四肢懈倦则思安佚不劳苦，此皆人性之所欲也。得居此乐者有命禄，人不能皆如其愿也。凡人则任情纵欲而求乐；君子之道，则以仁义为先，礼节为制，不以性欲而苟求之也，故君子不谓之性也。仁者得以恩爱施于父子，义者得以义理施于君臣，好礼者得以礼敬施于宾主，知者得以明智知贤达善，圣人得以王道王于天下，此皆命禄，遭遇乃得居而行之，不遇者不得施行。然亦才性有之，故可用也。凡人则归之命禄，任天而已，不复治性；以君子之道，则修仁行义、修礼学知，庶几圣人，矗矗不倦，不但坐而听命，故曰'君子不谓命也'。"阮元总结道，"惟其味、色、声、臭、安佚为性，所以性必须节，不节则性之情欲纵矣。惟其仁、义、礼、知、圣为命，所以命必须敬德。……可以见汉以前性命之说，未尝少晦"。（阮元：《揅经室集》，中华书局，1993，第211~212页）

体表现。二者一隐一显、一息一动，构成了生命生生不已的连续过程。不过，戴震继承孟子情才等"若夫为不善，非才之罪"的说法，明确反对将才质之美丑归因于人性之善恶。正所谓"可即材之美恶以知其性，材于性无所增损故也"，①"才可以始善而终于不美，由才失其才也，不可谓性始善而终于不善。性以本始言，才以体质言也。体质戕坏，究非体质之罪，又安可咎其本始哉！"后天才（材）质纵然有美丑、好坏、良莠之分，这只是由于分有天道之厚薄、清浊不同以及后天养护上的差别使然，但并不影响人性的完满自足性，不能说人性有善恶之分。在戴震看来，"性能开通，非不可移，视禽兽之不能开通亦异也"，即便是天性愚笨、才质不好之人，也不能归罪于人性之不善。人性作为一种完满的潜在性，与物性"往往限于一曲"相比，唯人性"得之也全"，亦即是"有欲、有情、有知"的最完美的统一体。可见戴震对于人性所具有的"达情遂欲"之欲求能力、"以情絜情"之情感能力、"明于必然"的理性能力，皆抱有十分乐观的态度。

既然戴震认为人性是得自天道之大全，自足完美而无加损②，可又如何解释恶又由何而来？戴震对于这一问题谈得不多，大体上主张"恶"只是由于后天的蔽锢不改之"习"——包括"欲失之于私，情之失之于偏，知之失之于蔽"等。他说，"分别性与习，然后有不善，而不可不善归性。凡得养、失养及陷溺、梏亡，咸属于习"。此"习"大概指两种后天的不良习气："任其愚（蔽）而不学不习乃流为恶"，任其私而不平不公乃流为恶。也许有人还会问，人既然性本善，又为何任其愚、任其私呢？这关涉到本善之人性的发用与实践工夫的问题。"人道举配乎生，性配乎息"③，人性本完满，无加损，但其生机尚待发用。人性还只类似于一颗种子，只是一种潜在性和可

---

① XY 中。船山认为，"若不会此，则情既可以为不善，何不去情以塞其不善之原，而异端之说由此生焉。乃不知人苟无情，则不能为恶，亦且不能为善。便只管堆塌云，如何尽得才，更如何尽得性！"此外，船山还说"不贱气以孤性，而使性托于虚；不宠情以配性，而使性失其节"。（《船山全书》第六册，第 1069 ~ 1070 页）

② 戴震的"果仁"的完美自足论，有如朱子所说"人性上不可添一物"。（《孟子章句集注》序）此外，亦有些类似于莱布尼兹所说的"单子"（monad）论。单子虽然"无一弗具，而无可见"——不可见却包含了诸种生命全部的信息。每一种单子都具有与众不同的"内在的原则"，据此才能形成丰富多彩而又前定和谐之世界。（参见陈修斋、段德智《莱布尼兹》，东大图书公司，1994，第 85 ~ 120 页）

③ YS 上，第 8 页。

能性，要想变为现实还需要后天的努力。这需要结合戴震对人性内涵的具体展现过程来谈。

戴震认为，"人生而有欲，有情，有知。三者，血气心知之自然"①，视欲望、情感和心知为人性的三个具体内容。戴震精细地分析了欲、情、知三者各自的内容、功能及其具体发用过程中所可能存在的缺陷。人的身体感官须"资以养其生"而有声色臭味的欲望，因"五行生克为之也"而有"爱畏"之分；人的心理"感而接于物"而有喜怒哀乐之情感表现，因"时遇顺逆为之也"而有"舒惨"之分；人的理性"辨于知者"而有美丑、是非之辨，因"志虑从违为之也"而有"好恶"之分。对于一个人而言，这三种要素必须同时具备，可是三者又都有自身难以避免的缺点："欲失之为私，私则贪邪随之矣"；"情失之为偏，偏则乖戾随之矣"；"知失之为蔽，蔽则差谬随之矣。"② 此处的私、偏、蔽，基本上囊括了戴震对于后天之"恶"的理解：既有欲望的过度问题，也有情感能力的偏差问题，更有理性能力不足以及意志力薄弱等问题。如此一来，这三者如何各司其职并相互配合，最终实现人人皆能达情遂欲的必然状态——纯粹中正之善，就成为戴震伦理学重点要解决的问题。

四 "心之所喻则仁也"的心、性关系论

儒家人性论通常亦可称之为心性论，可见"心"在儒家道德哲学中的枢纽地位。就戴震而言，如果只论性不论心，则未免显得太奇怪。戴震说"孟子所谓性，所谓才，皆言乎气禀而已矣"，似乎完全没有"心"的地位。其实不然。如果完全遵从自然主义的路线来解释人性，物性皆包含在果实的内仁之中，那么人性又在哪里，寓于何种实体之中？按照现代遗传学的道理，人类生命的全息种子应该是受精卵或胚胎，而不能是别的。戴震却直指人心则是人性的渊薮，《原善》中屡次指出"心，全天德，制百行"，"存其心，湛然合天地之心，如息"③，"天人道德，靡不豁然于心"④，"秀发

---

① MZ 下，第 197 页。

② MZ 下，第 197 页。

③ YS，第 8 页。

④ YS，第 11 页。

于心，征于貌色声曰才"。① 从性存于心、秀发于心、天德豁然于心等表述中，张载"为天地立心"、心学"性由心显"之主张呼之欲出。他在《答彭进士允初书》中更是直白地提出"心统其全"的主张，重申了《礼记》之"人者，天地之心"的观点。他是这样说的：

> 人之得于天也，虽亦限于所分，而人人能全乎天德。一以身譬之，有心，有耳目鼻口手足，须眉毛发，惟心统其全，其余各有一德焉，故《记》曰"人者，天地之心也"。②

戴震在《原善》中还指出：

> 天地之德可以一言尽也，仁而已矣。人之心，其亦可以一言尽也，仁而已矣。耳目百体之欲喻于心，不可以是谓心之所喻也，心之所喻则仁也。心之仁，耳目百体莫不喻，则自心至于耳目百体胥仁也。心得其常，于其有觉，君子以观仁焉。耳目百体得其顺，于其有欲，君子以观仁焉。③

对于人心，戴震多是从"气之精爽""秀发乎神"的生物进化角度，认定"心知"是人类这一高级动物所特有的理性思维能力。胡适曾据此认为，"戴震认清了理在事物，只是事物的条理关系；至于心的方面，他只承认一个可以知识思想的官能。"④ 由于东原一概拒斥先验的本体（包括本心），明确指认朱子"得于天而具于心"⑤ 和陆、王"无善无恶，心之体"等说法，皆属于"守己自足，既自足，必自大"⑥ 的独断论。因此可以确定东原论"心"并不具备宋明儒学所诠释的孟子学之"本心""良知"之先验本体地位。可是胡适此说没弄明白的是，东原论"心"除了有"认知心"（知识理性）之外，还有"道德心"（道德情感与理性）的内涵。从东原说"心之所喻则仁

---

① YS，第 7 页。
② 戴震：《答彭进士允初书》，第 357 页。
③ YS 中，第 16 页。
④ 胡适：《戴东原的哲学》，台湾商务印书馆，1963，第 59 页。
⑤ 《朱子语类》第 98 卷："理在人心，是谓之性。心是神明之舍，为一身之主宰。性便是许多道理得之天而具于心者。"
⑥ 戴震：《答彭进士允初书》，第 360 页。

也"①，理义乃"心之同所然者"②，不仅表明他遵从了孟子仁义内在的立场，也可以看出此心作为"性之能"，拥有体认天道生生之仁、移情感通、裁断是非的道德功能。张载说"合性与知觉，有心之名"，从功能上看，心既有生生之道德情感，亦有知性的物理认知，还有道德价值的判断与诉求。心的自觉，明显地贯注了一种自求其情、反躬强恕和遵守普遍的不易之则（包括道德法则）的道德主体性。可以说，戴震哲学中的"心"，作为承载天道（天德）、收藏善种的能动之机，虽无本体之实却有"虚灵明觉"本体之用，与天道一样皆堪为戴震哲学的核心概念。

五　"人道本于性，性原于天道"的自然合目的论

戴震用"天道"取代了"天理"作为其终极的本体概念，既是为了满足一种宇宙生成论之解释，更是意在为其性善论主张提供形上依据。换言之，戴震的天道观既是宇宙论也是道德本体论。以往研究，大多注意到戴震天道观的宇宙论性质或自然主义特质，而对于天道一本论对于戴震性善论究竟具有何种意义则不甚明了。胡适当年就已经看出了"戴震的天道论是一种自然主义"③，倪德卫则继而认为祖源于《易传》的戴震哲学更接近于一种"目的论的自然主义"④，似更准确。目的论（teleology），简言之，就是认为事物的存在运动皆源于并指向于某种"目的"的理论，或者说是将目的因看成为事物存在和发展最终归宿的哲学理论。在解释自然界之所以如此（必然）的问题上，它似乎是一个有人格、有意识而具有内在目的指引下的结果，带有自然拟人化的色彩。前定和谐理论、自然法之正义论的哲学基础皆是一种自然合目的性理论。黑格尔就宣称："当我们说世界是受天道的支配时，这意思就包含那前定的目的或神意在世界中是普遍有效力的，所以依此而产生出来的事物是与前此所意识着、意愿着的目的相符合。"在戴震看来，自然是生、息循环的，自然状态是仁慈、明智且和谐的。人类心知的责任就是发现它并遵守它，实现那自然的和谐。这与卢梭对

---

① YS 中，第 15 页。
② YS 中，第 17 页。
③ 胡适：《戴东原的哲学》，第 30 页。
④ 倪德卫（David S. Nivison）：《儒家之道：中国哲学之探讨》，万白安编，周炽成译，江苏人民出版社，2006，第 328~329 页。

于"自然状态"的看法有些类似："由于自然状态是每一个对于自我保存的关心最不妨害他人自我保存的一种状态，所以这种状态最能保持和平，对于人类也是最为适宜的。"由于戴震悬置形而上学的思维局限，对其天道论的道德内涵阐释多是点到即止，没有充分展开，这给我们理解戴震是如何解释人性为什么是善的问题带来了一定困难。对此，劳思光先生认为，戴震哲学对于天道论与人性论的理论勾连，匆匆跳过，语焉不详，"于是其他理论皆成无根之意见矣"。[1] 甚至有人认为，戴震的性善论与其本体宇宙论并无关联。[2] 对此，笔者认为可以为戴震的天道观作一合理的补充与回应。

正所谓"人道本于性，性原于天道"[3]，天道有生生之天德，人性有生生之性；天地大化流行而有条不紊，人之日用常行亦有不易之则（条理）。简言之，天道善，人道善，如此天道论遂成为戴震论证其性善论的形上根据。在论证天道符合人类道德目的时，戴震主要依据的是《易传》中"一阴一阳谓之道，继之者善也，成之者性也"这句话。天人之间的"继善成性"，被他当作天道下贯、勾连人道的理论基础。可是问题在于，在这个世界上，只有拥有道德意志者才有道德目的可言。一种无意志、无目的之天又怎么说是道德的呢？天道又如何能够作为人性的本体依据呢？戴震在这里，展现了中国道德哲学传统中很特别的一种德性自然主义传统。

戴震虽然颇推崇汉学，可是他对"天"的理解与荀子的客观自然之天、汉代天人感应的神秘之天皆构成了明显的区别。这从戴震对《中庸》"天命之谓性"的解释中就可以看出来。他说"论气数，论理义，命皆为限制之名"[4]，"命"只是作为先天自然的限定性（"受命之初"）和后天不可逾越的律则规定性（"非受命者所得逾"），用来解释天地万物"各限于所分"而各各不同的原因，完全消解了"天命"作为道德义务、命令之义涵。由此可见，戴震哲学中的"天"，首先是"自然"之天，非是一个有道德意志和赏善罚恶之能力的神秘之天。可是很特别的一点是，戴震虽然否认了"天命"的道德含义，也不承认有一个超越的意志存在，却并不否认天或自然具有某种

---

①　劳思光：《中国哲学史》三下，三民书局，2012，第783页。

②　岑溢成：《戴震孟子学的基础》，载黄俊杰编《孟子思想的历史发展》，台湾中研院文哲研究筹备处，1995，第214页。

③　MZ 上，第200页。

④　戴震：《答彭进士允初书》，第357页。

道德性——"天德"。戴震哲学中的"自然之天"虽然没有道德意志，却同时还是个高度拟人化的"义理"之天。在他看来，"善，以言乎天下之大共也"①，"仁义之心，原于天地之德者也"②，天道在道德上并不是中立的，而是自然而然地具有合乎人类道德之至善日的的完满性。这可以从两个方面来理解：一方面，天道不是由某个神圣的意志所给定的，它是自然而然的，是非人为的；另一方面，天道虽不是由一个有超越的道德意志所主宰，却先天地包含着生生之德、有条不紊之理则（天理）、和谐的道德秩序在其中。戴震相信天道生生之仁与人道生生之仁是一体相通的，他说："与天地通者生，与天地隔者死。……人物与天地，犹然合如一体也。"③ 依据天道而创生的人类，其本性也拥有了这种道德的完满性（还只是潜在的），通过人的道德实践最终展现出一种合乎天道的道德秩序。此种人为的道德秩序源于天道而又复归于天道，天与人、自然之宇宙与道德之宇宙最终真正地合二为一。对天道自然而又合乎目的的解释，如同预设一个全因之戴震的"天道"既是符合自然法则的（天行有常），又同时是合乎人类道德目的（天有生生之德）的。此时，自然之宇宙也即是一个道德之宇宙，自然天道之运行既遵循自然因果律，同时又能够符合应然的道德法则，成为一种自然与应然的统一体。"自人道溯之天道，自人之德性溯之天德，则气化流行，生生不息，仁也。"此处的天道，显然已经上升为一种道德价值上的本体，乃人极之所从出。善的上帝存在一样，这其实是戴震一笔带过而未明言的"本体论承诺"。④

至于为何天地间又存在诸多不仁不义之现象，戴震认为这不能怪罪自然本身，而应归之于生物不顺应天道而"失其养"的结果。正所谓"'天地之大德曰生'，物之不以生而以杀者，岂天地之失德哉"！⑤ 西方哲学家斯宾诺莎亦曾站在一种自然神论的立场上，反对将先天的缺陷归于自然原因。他说，"在自然界中，没有任何东西可以说是

---

① YS，第 9 页。
② YS，第 11 页。船山对于继善成性的类似解释是："性继善而无为，天德也。"
③ 戴震：《答彭进士允初书》，第 358 页。
④ 这是借自美国逻辑实证主义哲学家蒯因的说法。他在当时"拒斥形而上学"情绪弥漫的时代时，率先提出恢复本体论在哲学研究中的重要性，可谓起到了扭转乾坤的作用。（参见陈波《蒯因》，东大图书公司，1994，第 284 ~ 285 页）在乾嘉学界普遍拒斥或悬置形而上学的时代里，戴震谈论天道、精研理义，与蒯因的"形而上学的承诺"有异曲同工之妙。
⑤ MZ 下，第 200 页。

起于自然的缺陷，因为自然是永远和到处同一（和谐）的"。① 天地有生生之仁德、有天地万物相生相克之和，展现出一种仁爱、和谐的道德之大全，具有先天的道德合法性。

当然，无论是斯宾诺莎还是戴震的自然合目的论，在很大程度上都是人类道德理想在宇宙万物上的主观投射，饱含了一种过分拔高自然的浪漫主义情怀。其实，我们很容易找到"天地不仁以万物为刍狗"的反例，证明自然宇宙并非是一个有道德的宇宙。冯友兰就认为，"宇宙是道德底"的观点其实是一种"实体形上学"，是一种神秘主义的说法。可是在中国大多数儒者看来，恐怕并不认为天地有生生之仁只是一种理论上的预设或承诺，而不是一个自然而然的事实，不是一种生命的真实体验。戴震认为"人之神明出于心，纯懿中正，其明德与天地合矣"②，天道与人道"斯二者，一也"③。天道生生不息之伟力是人们可以真切感受到的，天道造物之广大与多样亦让人赞叹不已，人类有理由相信通过天、地、人、我之间的同感异应，而有一体之仁。此一体之"仁"作为一种前反思的、主客未分的浑然在世的生存论体验，大概是儒者共认的"本体论的觉情"④ 或者"生命共感的情调"⑤。这种生命仁心之体验和基调，不是等到宋明儒学那里才出现，早在《易传》"继善成性"的表述中就已经深探其源，只是为后来的宋明儒家"仁者与天地万物为一体"的一体观所认可和张大。戴震虽然批判宋明儒学，但天人一体观的传统则是明明白白地继承了下来。

戴震的自然主义却又道德化的天道观，对于其建构一套道德哲学有两方面的作用：一是对形而上学进行祛魅化，进而与宋明时期形而上学的虚玄或独断拉开距离；二是形而上学的回归，是通过自然主义的合目的论恢复了天道生生之仁的价值本体地位。这不仅为戴震接引孟子仁义内在于人性之中的观点奠定了形上学基础，为戴震"由自然归于必然（实然）"的道德学说提供了理论上的可能性，最关键的是为戴震的絜情

---

① 斯宾诺莎：《伦理学》，贺麟译，商务印书馆，2009，第 11 页。

② YS 中，第 15 页。

③ YS，第 11 页。

④ 牟宗三：《心体与性体》，《牟宗三先生全集》第 7 册，第 308 页。牟宗三在其《五十自述》中多次谈及由"虚无怖栗"之实感继而"证苦证悲证觉"的"觉情"（觉悟向道之情）。（参见《五十自述》，鹅湖出版社，2000，第 11 页、第 188 页）

⑤ 陈立胜：《恻隐之心："同感"、"同情"与"在世基调"》，《哲学研究》2011 年第 12 期。

理论提供了先天内在的情感驱动力。正是有了这种源于天德之仁心的内在驱动，人类自一开始就是非单纯追求情欲满足的道德动物了。正如有学者指出的那样，"明乎'生生'在东原道德哲学中所具有的枢纽地位，我们才不致误将东原视为与本文伦理学中的情感主义（sentimentalism）或效益主义（utilitariansim）同科"。① 总而言之，戴震哲学不是没有本体论，只是坚持了一种朴素而内在的、德性自然主义一元论立场。因此，批评戴震哲学为"无根之意见"，或者批评戴震不懂"实然"与"应然"之间的区别，皆可再商榷。

总之，戴震的哲学强烈地表现出乾嘉学术特有的经验论之特征和反程朱理学之立场。可是在拒斥形而上学成为风潮的年代里，戴震执着于形上义理之兴趣，阐发出一套天道—人性—人道的三元一体之理论架构，尽其最大可能展现了儒家道德之学的深度与广度。他先持有一种朴素、自然合目的的天道论，然后以此为形上依据建立其"天道内在于人性而善"的性善论基调。至于"达情遂欲"的伦理学诉求，其实即生生不息之天道在人身上的贯通实现。戴震的人性论基本上守住了孟子学仁义内在、尽性知天、天人不二等思想内核，而实与荀子"化性起伪"之人性论相去较远。这在乾嘉道德异化之时代尤见其卓识，应予充分肯定。

---

① 郑宗义：《明清儒学转型探析——从刘蕺山到戴东原》，香港中文大学出版社，2009，第346页。

响应西方：中国古代气学的"西化"历程

——以严复气学为中心的讨论

曾振宇*

摘　要　以西释中，在严复这一代学人看来，属于以现代性诠释古代文化与思想的文化工程。"气"是中国哲学与文化形态中颇具代表性的观念、概念。严复自觉地用西方哲学与逻辑学知识，对"气"作了全方位的解构与重构。中国古典气学嬗变到近代严复，是一个牺牲本土哲学的独创性以换取所谓现代性与科学性的过程。经过严复严复"汉化胡说"之后的"气"，也并没有"西化"为黑格尔意义上获得"绝对形式"的"纯粹概念"，气已经逐渐从哲学形而上学殿堂中被抛弃，蜕变为一具体的、特殊的物质存在，完成了其作为天地万物存在的"所以然"被用于对哲学本体进行探索的历史使命。严复通过反向格义对中国本土哲学范畴的重构存在着过度诠释的倾向，以西释中是一次失败的尝试。

关键词　严复　气　以西释中　西方化

"重估一切价值"，是严复这一代学人普遍的精神追求。在他们看来，夷之"长技"不仅体现在兵器、工业、宗教与政治制度，更优长之处在于文化，"长技"就是文化！文化才是近代中国落后的深层次原因，文化才是"中西之分"的本质所在。缘此，立足于西方文化立场，对传统中国哲学与文化猛烈批评与否定，似乎已是"人同此心"的世界浩荡潮流。在批判与颠覆的同时，以西释中、反向格义，对中国哲学与

---

* 曾振宇，江西泰和人，博士，山东大学儒学高等研究院教授、华侨大学国际儒学研究院院长，博士生导师，主要从事儒家哲学研究。

文化进行恣意颠覆与重构，已成为以严复为代表的这一代学人义不容辞的责任。

黑格尔曾经说：哲学与文化上的区别，在于"思想范畴的区别"。① 一个民族国家的文化传统中如果存在"哲学"，那么肯定存在着一套独创性的哲学概念、范畴与观念系统。"气"是中国哲学主干概念与观念之一，并贯穿于中国思想史始终。严复"以西释中"，运用反向格义治学方法②，对中国传统气学进行了颠覆性的诠释与重构。伽达默尔尝言："谁想理解某个文本，谁总是在完成一种筹划。一当某个最初的意义在本文中出现了，那么解释者就为整个本文筹划了某种意义。"③ 经过严复精心"筹划"的"气"，让国人感到既熟悉又陌生。这一"与我们一起发生"的"东西"，④ 究竟属于"不同理解"、过度诠释？抑或诠释暴力？掩卷而思，感慨良多！

一　"所恨中国文字，经词章家遣用败坏，
多含混闪烁之词"

中国近现代思想转型，就其本质而言是库恩所谓"范式"转型，严复恰恰正是这一代知识分子中最具有范式寻求意义的代表性人物。他是近代中国第一个真正了解西方文化的思想家，严复的问题意识以及他试图解决这些问题的方法，在很大程度上左右了近代中国思想发展轨迹。正因为如此，学术界不约而同地用"第一"来称赞严复。蔡元培说："五十年来，介绍西洋哲学的，要推侯官严复为第一。"⑤ 梁启超说："西洋留学生与本国思想界发生关系者，复其首也。"⑥ 近代以来，中国文化走向现代化的一

① "既然文化上的区别一般地基于思想范畴的区别，则哲学上的区别更是基于思想范畴的区别。"（〔德〕黑格尔：《哲学史讲演录》第 1 卷，贺麟、王太庆译，商务印书馆，1995，第 47 页）

② 佛教传入中国后，中土僧人以儒道哲学中的概念、范畴诠释佛教教义，帮助世俗大众了解佛教基本教义，故有陈寅恪先生所言"格义""连类"等方法。近代以来，国人以西方哲学的概念、范畴以及理论框架来诠释、分析中国本土的经典和思想，这种治学方法称之为为"反向格义"（reverse analogical interpretation）。

③ 〔德〕伽达默尔：《真理与方法》，洪汉鼎译，上海译文出版社，1999，第 343 页。

④ 〔德〕伽达默尔：《真理与方法》，洪汉鼎译，上海译文出版社，1999，第 4 页。

⑤ 蔡元培：《五十年来中国之哲学》，高平叔编《蔡元培哲学论著》，河北人民出版社，1985，第 274 页。

⑥ 梁启超：《清代学术概论》，上海古籍出版社，1998，第 98 页。

大重要标志就是引进了西方逻辑。① 在"响应西方"思想指导下，严复不仅向国人大量介绍了西方的哲学、政治学、经济学以及自然科学，而且十分重视对科学方法论——逻辑学的介绍。正是由于严复第一次全面系统地介绍西方逻辑学，因而开辟了中国学术研究建立在科学方法论基础上的新天地。"自严先生译此二书，论理学始风行国内，一方学校设为课程，一方学者用为致学方法。"② 譬如，章太炎在《无神论》一文中，用形式逻辑的论证方法批判基督教思想；梁启超在《中国历史研究法》一文中运用归纳法来研究西周时期的部落分布情况等问题。严复大力宣扬西方逻辑科学，良有以焉。培根曾说逻辑学是"一切法之法，一切学之学"。③ 严复认识到这是西方自然科学的基础与方法论，更是西学"命脉之所在"④。"而有用之效，征之富强；富强之基，本诸格致。不本格致，将无所往而不荒虚，所谓'蒸砂千载，成饭无期'者矣。"⑤ 经过严复这种开创性的工作，西方逻辑学知识受到中国知识界的热烈欢迎。"一时风靡，学者闻所未闻，吾国政论之根柢名学理论者，自此始也。"⑥ 逻辑定义、推理与论证的广泛运用，使现代学术著作卓然有别于古代学术著作，中国学术呈现出焕然一新的面貌，近现代中国文化由于西方逻辑学的传入与运用而风气大变。

中青年时期的严复，是一位典型的"西化"论者。他认为中国之所以一直没产生"精深严确之科学哲学"，其奥秘就在于本土哲学与文化的"细胞"——概念、范畴本身存在着"含混闪烁"之逻辑缺陷。在中西文化的比较研究中，通过对中国传统学术深层次的探寻，严复认为中国传统学术作为一个整体的、系统的"学"，存在着一个内在根本性的缺陷：叙事模式与思想结构上缺乏严谨周密的证明；在形式逻辑方面，概念与范畴的语义含混，外延边界模糊。如果说王夫之当年对中国文化的这一内在缺失

---

① 早在明代末年，"精于泰西之学"的著名学者李之藻就翻译过西方逻辑学著作《名理探》，但此书并未在学术界产生重大影响，西方逻辑学没有在中国真正扎根。直到清末，严复发现了西方逻辑学的奥秘，并不遗余力在全社会倡导与宣传，近代中国从而掀起一股提倡逻辑学科学方法之热潮。

② 郭湛波：《近五十年中国思想史》，山东人民出版社，1997，第 183 页。

③ 严复：《〈穆勒名学〉按语》，《严复集》，中华书局，1986，第 1027 页。

④ 严复：《论世变之亟》，《严复集》，第 2 页。

⑤ 严复：《救亡决论》，《严复集》，第 43 页。

⑥ 王蘧常：《严几道年谱》，商务印书馆，1936 年初版，第 55 页。又收入《严复研究资料》一书，海峡文艺出版社，1990，第 55 页。

已有了一些模糊觉察，如今严复通过对西方哲学与逻辑学的研究，对中国传统学术"语义含混"逻辑缺陷的认识，可以说是"别有洞天"：

> "人类能力，莫重于思辨。而语言文字者，思辨之器也。求思审而辨明，则必自无所苟于其言始。言无所苟者，谨于用字已耳。"①

> "汝等试翻何等字书，上自五雅三仓、说文方言，直至今之经籍纂诂，便知中国文字，中有歧义者十居七八，特相去远近异耳。"②

在严复看来，所谓"学"必须符合两大条件：一是逻辑性，二是实证性。援引这一标准来衡量中国传统学术思想，无论是伦理学，还是哲学，在理论上都只是一些思想火花的"拼盘"，外表光鲜艳丽，内在杂乱无章。如同一堆散铜钱，缺乏内在的逻辑联系。"凡学必有其因果公例，可以数往知来者，乃称科学。"③ 符合形式逻辑基本规律，结论经过证明并且可以据已知以推论未知，方能称之为科学。严复认为，中国传统学术思想，从来只是重视结论而忽略产生这些结论的逻辑论证过程。"所恨中国文字，经词章家遣用败坏，多含混闪烁之词，此乃学问发达之大阻力。"④ "然而人类言语，其最易失误而事理因以不明者，莫若用字而不知其有多歧之义。此杨朱所以有亡羊之泣也。"⑤ 大到整个中国传统哲学形态，小到传统哲学与文化的"细胞"——概念、范畴，都存在着这种"含混闪烁"的逻辑缺陷。

具体就"气"范畴而言，严复说："有时所用之名之字，有虽欲求其定义，万万无从者。"他曾经与一位饱读经书的"中国老儒先生"坐而论道：

> 严复问："人何以病?"
>
> "中国老儒先生"答："邪气内侵。"
>
> 严复问："国家何以衰?"
>
> "中国老儒先生"答："元气不复。"

---

① 〔英〕耶方斯：《名学浅说》，严复译，商务印书馆，1981，第 15 页。
② 〔英〕耶方斯：《名学浅说》，严复译，第 17 页。
③ 严复：《〈群学肄言〉译余赘语》，《严复集》，第 125 页。
④ 严复：《政治讲义》，《严复集》，第 1247 页。
⑤ 〔英〕耶方斯：《名学浅说》，严复译，第 15 页。

严复问："'贤人之生'何以可能？"

"中国老儒先生"答："间气。"

严复问："吾足忽肿？"

"中国老儒先生"答："湿气。"

严复又问其他一些问题，"中国老儒先生"皆以"厉气、淫气、正气、余气、鬼神者二气"作答。

严复无论问什么问题，上自宇宙论、生命起源，下至医学病理、风湿脚肿，"中国老儒先生"无一例外皆以"气"解释。"气"涵摄一切，真是一神奇无比、无所不包的文字。"今试问先生所云气者，究竟是何名物，可举似乎？吾知彼必茫然不知所对也。然则凡先生所一无所知者，皆谓之气而已。指物说理如是，与梦呓又何以异乎！"① 严复"今试问先生所云气者，究竟是何名物"这段话，实际上是要求对方从西方形式逻辑的角度对"气"概念下一定义——"什么是气？"因为苏格拉底说过"应该抛弃任何一个用未经解释或未经承认的名辞来说明的答案"。② 任何一个概念如果未经逻辑界定，就缺乏存在的正当性。当我对任何东西不知道它是"什么"，也就不知道它"如何"。如果一个概念、范畴，可以用来诠释人类认识所有对象，那么这一范畴、概念是否具有逻辑正当性就值得怀疑。既然逻辑正当性可疑，这一范畴、概念所表述的内容就等同于"梦呓"。"中国老儒先生"之所以陷入"茫然不知所对"之窘境，或许今天可以作两种维度的解读。

其一，这是东西方学术在知识背景、问题意识与思维方式上的碰撞。严复希望对方能用苏格拉底、亚里士多德以来的西方逻辑学理论，来规范中国本土哲学中的"气"。在严复看来，"气"范畴的内涵"含混闪烁"；逻辑外延模糊游移，"意义歧混百出"。但是，固守于一曲之偏的"中国老儒先生"，显然在知识结构上，缺乏"语言说人"的西方形式逻辑训练。两人的辩论，基本上属于鸡对鸭讲。

其二，严复所列举的这位"中国老儒先生"，仅仅是一个案。力图从这一个案证明中国本土哲学概念"意义歧混百出"，其实在逻辑上缺乏充足理由，在学理上缺乏充分论证。这位"中国老儒先生""茫然不知所对"，只反映了他本人对中国哲学文化特点

---

① 〔英〕耶方斯：《名学浅说》，严复译，第 18~19 页。

② 北京大学哲学系编《古希腊罗马哲学》，商务印书馆，1982，第 167 页。

的认识比较浅薄。但是，也凸显严复本人对中国本土学术思想缺乏深入体悟。冯友兰先生曾经评论说，中国哲学史上的"气"范畴既有"相对的意义"，也有"绝对的意义"："我们不能说气是什么。其所以如此，有两点可说。就第一点说，说气是什么，即须说：存在底事物是此种什么所构成者。如此说，即是对于实际，有所肯定。此种什么，即在形象之内底。就第二点说，我们若说气是什么，则所谓气，亦即是一能存在底事物，不是一切事物所有以能存在者。气并不是什么。所以气是无名，亦称为无极。"①"形象之内"的气，有方所、有时间，可以用形式逻辑界说。但是，作为"一切事物所有以能存在者"层面的气，已经是本体论层面的范畴，气本身已经不能用空间与时间来规范，气无时间性，气通过宇宙论层面的阴阳二气才得以进入时间。气之"相对的意义"与"绝对的意义"的区别，正在于此。因此，无论"相对的意义"的气，抑或"绝对的意义"的气，在中国哲学史上都客观存在。换言之，在每一位思想家的思想体系中，"气"概念的内涵相对确定，外延相对周延。譬如，在张载思想体系中，太虚本体之气显然有别于阴阳二气，前者是本体论层面上的范畴，后者是宇宙生成论层面的概念。两者位阶不同，迥然有别，不可混淆。在朱熹思想结构中，陈来教授总结朱熹理气论有三变：早年主张"理气无先后"，鹅湖之会后转为"理在气先"，晚年定论为理"逻辑在先"②。无论朱熹早年还是晚年，理与气范畴的逻辑规定是比较明确的，并不存在"意义歧混百出"的逻辑缺陷。

二　反向格义：严复对"气"范畴的颠覆与重构

在中国学术思想史上，既发生过"格义"，也出现过"反向格义"。六朝时期的鸠摩罗什曾经感叹："但改梵为秦，失其藻蔚，虽得大意，殊隔文体。有似嚼饭与人，非徒失味，乃令呕哕也。"③ 鸠摩罗什的感叹中蕴含着诸多困惑与无奈，"依实出华"多半只是一梦想。近代以降，在"以西释中"治学方法风靡中国之时，也有些学者在思考一个问题："以中释西"是否可能？譬如以中国义理学为标尺，建构一部"西洋义

---

① 冯友兰：《新原道》，《中国现代学术经典·冯友兰卷》，河北教育出版社，1996，第811页。
② 参见陈来《朱子哲学研究》，华东师范大学出版社，2000，第99页。
③ 慧皎撰，汤用彤校注《高僧传》卷二，中华书局，1992，第53页。

理学史"？冯友兰认为这种平等的反向设问无法成立。因为"在中国近代史中，所谓中西之分，实际上是古今之异"。① 冯友兰认为，"以西释中""汉话胡说"在一定意义上是以现代阐释古代传统。依循这一思路与评判标准，中国本土哲学与文化要真正实现向近现代化形态的转换，似乎首先必须进行像李泽厚所说的"澄清含混的语义批判"！在学术史上，一个典型的案例就是严复立足于西方近代自然科学成就，以西方哲学与逻辑学为"尺子"，既"格义"又"会通"，对中国传统哲学中的"气"概念与观念作了全新的哲学界定。

其一，"始于一气，演成万物"②。"一气之转，物自为变。此近世学者所谓天演也。"③ 天地万物种类繁殖，在"多"之背后隐伏着一个共同之"一"，即"物类繁殖，始惟一本"④。严复略谙西方近代自然科学知识，认为一切物质都由 64 种化学元素构成。在一定条件下，元素间不同的分化组合构成不同的具体物象。"虽化学所列六十余品，至热度高时，皆可以化气。而今地球所常见者，不外淡、轻、养三物而已。"⑤ 由此出发，严复进而对气的哲学性质作出了进一步的规定：气是"力"。严复在对《庄子·知北游》"通天下一气"的评语中说："今世科学家所谓一气常住，古所谓气，今所谓力也。"⑥ 严复将气诠释为力，极有可能是受到了斯宾塞哲学的影响。斯宾塞在康德不可知论影响下，认为对一切可理解的东西的解释只说明后面还有不可理解的东西存在。现象背后存在着绝对实体，绝对实体是不可知的。可知的只是经验现象，不可知的则是绝对实体，即他所称的"力"。而力之所以不可知，是因为证明这种力的试验都要预先假定这种力存在，经验方法却不能用来证明力的恒久性。"力"是恒久存在的，是既无开端又无终结的无条件的实在，是一切现象的终极原因，是对经验进行科学组织的基础，因而也必然是一切知识的来源。需要点明的是，严复此处所讲的力虽然来源于斯宾塞哲学，但是，严复只领悟了斯宾塞哲学的皮毛，并未把握其内在精髓。因为斯宾塞所说的"力"，不是知识的对象，它是绝对不可知的，只能通过宗

---

① 冯友兰：《中国哲学史新编》第 6 册，人民出版社，1989，第 155 页。

② 严复：《原强修订稿》，《严复集》，第 17 页。

③ 严复：《〈庄子〉评语》，《严复集》，第 1106 页。

④ 严复：《原强修订稿》，《严复集》，第 16 页。

⑤ 〔英〕耶方斯：《名学浅说》，严复译，第 18 页。

⑥ 严复：《〈庄子〉评语》，《严复集》，第 1136 页。

教信仰接近。因此严复以力训气，是力图把气界定为一种具体物质性存在："今夫气者，有质点、有爱拒力之物也，其重可以称，其动可以觉。"① 章太炎1899年著《菌说》，也将气界定为天地万物生成之始基。他认为气即"以太"，而其实质则为"阿屯"。② 近代物理科学曾经把"以太"假设为传播光的媒介，章太炎称之为"传光气"，表明他把"以太"定义为气，而其实质则是"阿屯"（Atom），阿屯即原子。近代物理学借用古希腊哲学中的原子范畴来表示构成物质的最基本的粒子。章太炎以它确定气——以太的实质，在当时是以科学概念取代经验直观的概念。客观存在是实在的，它们的始基也不能是虚无的存在或纯粹的抽象。近代实证科学认为，阿屯尽管极其微小，但仍有其实在的形体，可以用实验的手段确定其大小，并且以一定的速度进行着或快或慢的运动。

其二，气有吸引力和排斥力。吸引和排斥本是西方文化固有的概念，严复译为"爱力"与"拒力"，中国传统学术思想中与此相对应的概念是"阴阳"。中国古典气学一直将阴阳看作是宇宙本原在内在结构上所具有的基本属性，是宇宙万物产生与运动的动力因。阴阳二气循环推移，化生出天地万物。在中国古代气学史上，将气与阴阳理论论证到最高水平的人物是张载。在宇宙生成论上，张载认为宇宙万物都是由阴阳二气聚合而成，因此每一具体实存内部都存在着阴阳"二端"。阴阳"二端"的对立与统一，促使宇宙万物运动变化不已。张载进而又提出，这种运动变化是神妙莫测的："一物两体，气也；一故神（两在故不测）。两故化（推行于一）。此天之所以参也。"③ "一"是天地万物背后"所以然"——气，"两"指阴阳。"神"指气涵阴阳，变幻莫测、神妙无常。张载"一"与"两"、"分"与"合"的辩证法思想，是对中国古代气学一大贡献。即使对张载思想多有批评的朱熹，对张载这一观点也极为赞许："横渠说得极好，须当子细看。"④

与此恰巧形成一种有趣对应的是，古希腊的阿那克西美尼和第欧根尼，也在哲学上以"气"作为宇宙存在的终极根据。气既然是宇宙本原，那么气化生宇宙万物的动力是什么？泰勒斯和阿那克西曼德对此均没有明确说明。在西方哲学史上，第一个明

① 〔英〕耶方斯：《名学浅说》，严复译，第18页。
② 章太炎：《菌说》，《章太炎政论选集》，中华书局，1977，第134页。
③ 张载：《正蒙·参两》，《张载集》，中华书局，1978，第10页。
④ （宋）黎靖德编《朱子语类》卷98，中华书局，1994，第2511页。

确阐述这一关键性问题的人是阿那克西美尼。他认为气本原存在着热与冷这一对永恒的内在矛盾，正是由于热与冷的矛盾对立作用，宇宙万物得以化生。热的具体表现形式是稀散，冷的具体表现形式为凝聚，气通过稀散和凝聚形成不同的存在。公元前 5世纪的恩培多克勒提出宇宙间存在着两种原始的力量：一是联合，二是分离。亚里士多德曾批评恩培多克勒没有彻底地使用这些原理，但是也客观承认恩培多克勒是历史上第一位把运动的原理论证为"殊异的相互对立"[1]。牛顿万有引力的发现，加深了人们对吸引理论的认识。当西方哲学将排斥力与吸引力带进本体论殿堂，将宇宙万物存在与变化的根源归结为排斥与吸引的对立统一规律时，西方哲学宇宙论开始告别它的古典形态，因为真正的物质理论必须给予排斥和吸引同样重要的地位，只以吸引为基础的物质理论是不充分的、片面的。在西方哲学史上，"真正的物质理论"是由康德建构的，因为康德克服了牛顿片面强调吸引力的缺陷，认为物质就是排斥与吸引的统一。黑格尔评价说："这不能不归功于康德，康德完成了物质的理论，因为他认为物质是斥力和引力的统一。"[2] 严复站在西学立场上，援西学入气本论，对"中学"作反向格义，将排斥力译为"拒力"，将吸引力译为"爱力"，从"爱力"与"拒力"矛盾对立统一运动的角度来对古典气论中有关运动变化终极动力因问题进行重构："故物之少也，多质点之力。何谓质点之力？如化学所谓爱力是已。及其壮也，则多物体之力。凡可见之动，皆此力为之也。"[3] "大宇之内，质力相推，非质无以见力，非力无以呈质。"[4] 源远流长的阴阳理论从此被废弃，"爱力"与"拒力"理论用来诠释中国思想史上"气"本原的内在结构。值得注意的是，"爱力""拒力"概念从此在中国学术界迅速地流行起来。譬如，谭嗣同在西方近代自然科学知识影响下，用"以太"概念来表述宇宙本原，代替了以前使用的气范畴。谭嗣同对"以太"作了一些崭新的哲学规定：其一，以太是万物构成之最基本的原质；其二，以太是万物之所以然；其三，以太是事物相互作用的媒介；其四，以太是天地万物之间的"爱力""吸力"，日月星辰乃至天河之星团，"皆互相吸引不散去，曰惟以太"[5]。在谭嗣同哲学思想中，

---

① 〔德〕黑格尔：《哲学史讲演录》第 1 卷，贺麟、王太庆译，第 323 页。
② 〔德〕黑格尔：《小逻辑》，贺麟译，商务印书馆，1986，第 216 页。
③ 严复：《天演论》，《严复集》，中华书局，1986，第 1328 页。
④ 严复：《天演论》，《严复集》，第 1320 页。
⑤ 谭嗣同：《仁学》，《谭嗣同全集》，中华书局，1998，第 294 页。

气是构成万物的原质，而以太是原质之原；日月星辰相吸相摄，气使之运而不坠，而以太便是物体间相互吸摄的"爱力"与"吸力"。实际上，以太是对气范畴所作的进一步哲学提炼，是对气范畴本质哲学意义的规定，是气范畴的转化。由此我们也可发现，传统的阴阳理论已被学术界逐渐舍弃，代之而起的，是西方的吸引与排斥理论。

其三，气有广延性、有重量。"道"是中国哲学史上另一个非常有代表性的概念，"道可道，非常道；名可名，非常名"。① 道贯穿形而上和形而下世界，道不可言说，不可用概念界定，不可用西方分析哲学对其作逻辑规定，只能对其功能作粗略的描述。《老子》文本一方面大量用"似""或""象""不知"等犹疑之词来表明道是超越人类认知能力的存在；另一方面又常用"一"和"无"来描述道作为宇宙起始意义上的"至小无内"特性。为何道范畴存在着"一""无""大"等诸多别名？因为"道"这一概念本身也是"强为之名"。正因为道不是经验认识的对象，才能彰显道作为世界万物总根源和总依据的无限性和绝对性。与此相对应，对"气"作何种哲学与逻辑规定，直接反映出中国古代气学的哲学水平。譬如，王充哲学中的气范畴有厚薄之分、粗精之别。"万物之生，俱得一气。气之薄渥，万世若一。"② 从哲学史进程分析，将气之无形无象特性论证到哲学最高境界的人物是张载。在张载"太虚即气"命题中，太虚之气与阴阳二气不是逻辑上的同一概念。两者位阶不同，太虚之气是本体论意义上范畴，其特点是"静""清""神"。太虚之气无形无相，没有空间特性，也没有时间特性，自然也不存在重量特性。换言之，太虚之气不可用时间与空间界说："太虚无形，气之本体，其聚其散，变化之客形尔。"③ 种类繁殖的天地万物是阴阳之气的"客形"，无形无象的太虚则是气之本体。聚散变化的"客形"由阴阳二气化生，但太虚本体之气自本自根，没有具体的规定性，不是经验认识的对象。海德格尔说：存在这一概念是"不可定义的"，"虽然传统逻辑的'定义方法'可以在一定程度内规定存在者，但这种方法不适用于存在"。④ 气是存在，而不是存在者。气本身没有时间性，气通过阴

① 《老子》一章，本文所引《老子》，以《诸子集成》本（上海书店，1986）为底本。
② 北京大学历史系《论衡》注释小组：《论衡注释》，中华书局，1979，第1073页。
③ 张载：《正蒙·太和》，《张载集》，第7页。
④ 〔德〕海德格尔：《存在与时间》，陈嘉映、王庆节译，生活·读书·新知三联书店，2014，第5页。

阳二气进入时间。因为气是天地万物存在所以可能的普遍根据，气决定了某物之所以为某物的本质。气是存在的第一原理，气是存在的"所以然"。程伊川哲学中的理，也具有类似哲学特点，理"寂然不动"，天理是"静"。人心"感"天理，通达天地万物之理；但是，在宇宙论上，"动静无端，阴阳无始"层面的本原之气与理相"感"，成为天地万物存在之"所以然"。在《程氏易传》等著述中，宇宙生成论层面的理属于理气合一意义上的理。理不离气，气不离理，理气相融，合一不分。

在西方哲学史上，德谟克利特将原子的属性规定为两种：体积和形状。后来伊壁鸠鲁又加上了第三重属性——重量。德谟克利特等人建构的原子论是对早期希腊各派哲学家的综合与发展，标志着古希腊哲学开始进入体系化阶段。罗素曾经总结出原子的五大特点[①]，指出原子在宇宙论上是一种微小的、其细无内的、不可再入的物质基本粒子。在认识论上，"原子不可入"的观点是为了避免阿那克萨戈拉的"种子"可以无限分割所造成的逻辑矛盾而提出。芝诺曾从逻辑上剖析了无限分割与不可分割之间的矛盾：无限分割的结果等于点，等于零。而零的总和还是零，于是万物等于零。原子论者正视了这一问题，于是提出了原子具有不可入的内在规定性。但是，现代自然科学的发展，使原子"不可分"的传统观点受到了严峻的挑战。其实早在黑格尔，就对原子论者将世界看成是由一块块完全封闭的、独立自存的"宇宙之砖"堆积而成的宇宙图式进行了批判："这里立刻就表明了整个学说的空疏性。又在近代，特别是通过伽桑第，这种原子论的观念又得到复兴。但主要的问题是，只要人们把原子、分子、细小部分等等认作是独立自存的东西，则它们的联合就只是机械的；被联合者总是彼此外在，它们的结合只是外在的，——一种凑合。"[②] 严复显然没有看到黑格尔等人对原子论者的批判，没有认识到原子论"学说空疏性"，更没有对张载等思想家的气论进行分析研究，而是"截断众流"，在《名学浅说》中以西方古代原子论来改造中国古代的气论，"今夫气者，有质点、有爱拒力之物也，其重可以称，其动可以觉"。[③] 气嬗变而为一有重量的、无处不在的、细微的物质基本粒子。

---

① 〔英〕罗素：《西方哲学史》，何兆武、李约瑟译，商务印书馆，1991，第97页。

② 黑格尔：《哲学史讲演录》第1卷，贺麟、王太庆译，第334页。

③ 〔英〕耶方斯：《名学浅说》，严复译，第18页。

三　结语："梦里不知身是客"

　　每一种哲学与文化形态都具有自身的独创性。由此而来，每一种哲学与文化形态中的范畴、概念，因为自身赋有的独创性而呈现出"不可译性"。中国哲学中的"气"就具有这一特点。在西方学术界，自16世纪以来，"气"一词究竟应该作何种定义与界说，至今未达成一个统一的观点。日本学者福井文雅曾经作过梳理①：在德国学术界，"气"概念的译名有三种：①Wirkungskraft（活动力、影响力）；②Lebenskraft（生命力）；③Odem（气息、呼吸）。在法国学术界，"气"一词则被译成：①Air atmospherique（地球上的大气）；②souffle du vent（风吹出之息）；③Haleine（出气、断气）；④Vapeur（蒸气）；⑤gaz（气体），fluide（流体）；⑥esprits vitaux（精气），vigueur（力量的强度、效力），energie（精力、气力）；⑦impatience（缺欠忍耐心），colere（发怒）；⑧disposition ou sentiment de l'ame（精神的某种倾向，或者精神上的某种意识）；⑨maniere d'etre（存在状况），apparence（外观）；⑩intelligence（分析理解能力），vaison（理性），principe intellectuel（知的原动力）。在英国学术界，"气"的英译语有以下几例：①breath，air，vapour，stream，vital fluid，temperature，energy，anger；②ether（大气以外的媒介物）；③material force；④陈荣捷教授把"元气"译成the prime force，把"气"译成force；⑤李约瑟教授把气译成Subtle spirits。中国哲学"气"范畴在西方学术界译名的歧异性，恰恰证明了一种文化现象：如果能在西方文化概念库中寻求一个在内涵与外延上都和中国哲学"气"范畴十分吻合的对应词，那是一种不正常的文化现象；反之，如果在西方文化概念库中无法找到一个在内涵与外延上都和中国哲学"气"范畴完全吻合的对应词，那恰恰正是一种正常的文化现象。

　　本杰明·史华兹尝言：19世纪最后十年与20世纪最初十年中的一代知识分子代表了"价值观念的真正变革者、西方新观念的载体"②。严复气论是"以西释中""汉话胡说"的典型事例。他运用西方哲学与逻辑学原理以及自然科学成就，对中国古典气

---

① 　参见〔日〕小野泽精一等主编《气的思想》，上海人民出版社，1990。

② 　Benjamin Schwartz, *Reflections on the May Fourth Movement*: *A Symposium*, Cambridge, Mass.: East Asian Research Center, Harvard University, 1972, pp. 2, 4.

学所进行的反向格义努力，是对中国古典气学一次具有哲学"革命"意义的"筹划"。经过"西学"铸范重新"锻打"的"气"，已经"蜕变"为一有重量的、有广延性的、细微的物质基本粒子。严复的这一哲学解构与重构工作，其哲学意义何在？或者说有哲学意义吗？至少在严复本人看来，中国古典气学中一直存在的"含混闪烁""意义歧混百出"的逻辑缺陷，终于得到了具有里程碑意义的超越。气作为一个哲学概念，其外延边界相对清晰，内涵规定相对稳定。中国古典气学以严复为界石，似乎可以说进入一个崭新时代。但是，我们也应清醒地认识到，严复以西释中，援"西学"入中国古典气论，赋予气一些可用科学实验手段获得的物质性质，其逻辑内涵越来越确定、逻辑外延越来越稳定，气也因此逐渐蜕变为某种特殊的、具体的存在。其原有的哲学抽象性、普遍性的程度大大降低，原有的哲学"本体论"意义大大弱化，中国本土哲学范畴的内在"韵味"大大丧失。气，经过严复的不懈努力，已经彻底西方化。犹如旧瓶装新酒，二锅头的酒瓶装上了威士忌酒，"梦里不知身是客"。在"重估一切价值"思想引导下，高喊冲决思想网罗、清算旧有价值观念、全方位响应西方，是严复这一代"先进中国人"焦躁心理的普遍反映。因此，中国古典气学嬗变到近代严复，是一个牺牲本土哲学的独创性以换取所谓现代性与科学性的过程。换言之，严复思想中的"气"范畴不再是中国哲学的范畴与观念，与中国本土哲学实际上已绝缘。另一方面，严复矻矻以求，"汉话胡说"，最后也并没有将"气""西化"为黑格尔意义上获得"绝对形式"的"纯粹概念"。气已经逐渐从哲学形而上学殿堂中被抛弃，蜕变为一具体的、特殊的物质存在，完成了其作为天地万物存在的"所以然"被用于对哲学本体进行探索的历史使命。综上所论，严复通过反向格义对中国本土哲学范畴的重构存在着过度诠释的倾向，以西释中是一次失败的尝试，严复是中国古典气学终结者。

严复儒学观新论*

蔡志栋　汤　颖**

摘　要　被誉为中国自由主义第一人的严复与儒家思想发生着复杂的纠葛。在认识论上，他重新衡定了孟子—陆王一系的观点，严厉反对陆王的"师心自用"，但又从实证主义的角度肯定了孟子"万物皆备于我"的观点；他批评后世儒家在认识对象上的文辞化，主张"学于自然"，并结合古今优秀传统，提出了现代的科学方法论。在政治哲学上，他将"恕道"与政治自由相联系，指出二者形似而神异；他深刻地批评了儒家的仁政说，认为是对民众政治主体性的严重戕害；但他混淆了政治权利与道德素养，显示了儒家传统的深刻影响。在道德哲学上，严复重申"忠恕之道"，并且将之上升为国际交往原则以及国家富强的道路之一；他仍然肯定着儒家"修齐治平"的理想；肯定儒学中仁义、忠信、廉耻的道德条目在现代社会中的意义；在义利之辩、理欲之辩、群己之辩等方面，严复显示了与儒家思想之间的连续性和断裂性。这些皆从一个角度彰显了儒学的近代命运。

关键词　严复　儒学　仁政　自由　道德

*　本文为 2010 年国家社科基金青年项目"先秦诸子与中国现代自由价值研究"（批准号：10CZX029）、上海哲社一般课题"新世纪以来中国社会思潮跟踪研究"（批准号：2015BZX003）、国家社科重点项目"社会主义核心价值观的传统文化根基研究"（批准号：14AZ005）、国家社科重大项目"冯契哲学文献整理和思想研究"（15ZDB012）阶段性成果，受到上海高校高峰高原学科建设计划资助。

**　蔡志栋，上海人，中国哲学博士，上海师范大学哲学学院副教授，目前研究方向为中国近现代哲学史。汤颖，上海人，现为华东师范大学中国哲学 2018 级博士研究生，研究方向为中国近代哲学。

　　严复（1854～1921）幼年接受中国传统教育，少年时期留学欧洲而接触西方思想。以往学界普遍认为严复的思想在早期主张改革，晚期主张保守。这种观点值得商榷。严复的思想中素来包含着古今中西的纠葛，而他的儒学观也当在此背景下进行重新审视，从而可以以严复为个案展现儒学在近代的命运。本文从认识论、政治哲学、道德哲学三个方面对此略作讨论。

一

　　在认识论上，严复往往被看作是实证主义在中国的早期传人。这是不错的。但同时我们也应该看到，一方面，严复对于实证主义发生了"融入与溢出"①的现象；另一方面，严复又以新的认识论标准②对传统儒家的认识论展开了新的衡量与评判。

　　一、严复重新衡定了孟子—陆王一系在认识论上的观点。

　　学界早就看到严复严厉批评从孟子开始，直至陆王心学集其大成的"师心以自用"的传统。这方面研究成果甚多。但实际上严复并未完全否定孟子。

　　由于实证主义认为外物本体实不可知，可知的止于现象，接受了这个观点的严复一定意义上也同意孟子"万物皆备于我"之说。他说："复按：观于此言，而以与特嘉尔所谓积意成我，意恒住故我恒住诸语合而思之，则知孟子所谓'万物皆备于我'一言，此为之的解。何则？我而外无物也；非无物也，虽有而无异于无也。然知其备于我矣，乃从此而黜即物穷理之说，又不可也。盖我虽意主，而物为意因，不即因而言果，则其意必不诚。此庄周所以云心止于符，而英儒贝根亦标以心亲物之义也。"③可见，从实证主义的角度看，严复一定程度上是认同孟子的"万物皆备于我"说的。这里的"物"指的是现象。但是，他反对由此而否定客观世界的存在，只是坚持客观世界和我们对它的认识之间存在着鸿沟。

　　严复之所以反对陆王心学之"师心自用"，原因在于陆王心学是更加纯粹的主观唯心主义："夫陆王心学，质而言之，则直师心自用而已。自以为不出户可以知天下，而

---

①　高瑞泉主编《中国近代社会思潮》，华东师范大学出版社，1996，第133页。

②　这个新的认识论标准并不全然为实证主义的，而是实证主义与中国传统思想的结合，简而言之，他没有完全接受实证主义"拒斥形上学"的旗帜，而是肯定道、本体也是存在的。

③　严复：《穆勒名学》按语，《严复集》（四），中华书局，1986，第1037页。

天下事与其所谓知者，果相合否？不径庭否？不复问也。自以为闭门造车，出而合辙，而门外之辙与其所造之车，果相合否？不龃龉否？又不察也。向壁虚造，顺非而泽，持之似有故，言之若成理。其甚也，如骊山博士说瓜，不问瓜之有无，议论先行蜂起，秦皇坑之，未为过也。"①

严复认为，陆王不仅仅是孟子的延续，如果只是这样，在实证主义的框架内或许还可以得到一定程度的辩护，原因见上；问题在于，陆王走得比孟子更远，他们完全拒斥了科学方法论。孟子还是承认一定的方法论。比如，严复认为"察往事而以知来者，如孟子求故之说可也。"② 严复之所以肯定孟子的"求故之说"，主要是因为其内涵的和现代方法论相合的维度。他认为，"孟子求故之说"即"然察往事而以知来者"，③ 从方法论的角度看，就是归纳和演绎的结合。"察往事"即归纳，"知来者"即演绎。陆王则完全摒弃方法论的探索，视之为支离破碎。严复指出："盖陆氏于孟子，独取良知不学、万物皆备之言，而忘言性求故、既竭目力之事，惟其自视太高，所以强物就我。"④

显然，在此严复对孟子的观点值得注意。一方面他认为孟子一定程度上是陆王的思想渊源，也有主观唯心主义的痕迹；另一方面又认为孟子思想中包含了"言性求故、既竭目力之事"的内容，换而言之，严复以为孟子也有格致的思想。

二、严复批评后世儒家在认识对象上的文辞化，主张"学于自然"，并结合古今优秀传统，提出了科学方法论。

所谓文辞化也就是以"言词文字"为研究对象，和现代的以自然为研究对象的走向迥然相异。严复指出："盖吾国所谓学，自晚周秦汉以来，大经不离言词文字而已。求其仰观俯察，近取诸身，远取诸物，如西人所谓学于自然者，不多遘也，夫言词文字者，古人之言词文字也，乃专以是为学、故极其弊，为支离，为逐末，既拘于墟而束于教矣。"⑤

严复认为，正确的做法是面向外在世界直接发问，"读无字之书"。他说："吾人

---

① 严复：《救亡决论》，《严复集》（一），中华书局，1986，第 44 页。
② 严复：《救亡决论》，《严复集》（一），中华书局，1986，第 51 页。
③ 严复：《救亡决论》，《严复集》（一），中华书局，1986，第 51 页。
④ 严复：《救亡决论》，《严复集》（一），中华书局，1986，第 44 页。
⑤ 严复：《〈阳明先生集要三种〉序》，《严复集》（二），中华书局，1986，第 237 页。

为学穷理，志求登峰造极，第一要知读无字之书。培根言：'凡其事其物为两间之所有者，其理即为学者之所宜穷，所以无大小，无贵贱，无秽净，知穷其理，皆资妙道。'此佛所谓墙壁瓦砾，皆说无上乘法也。"① "惟善为学者不然……乃学于自然。自然何？内之身心，外之事变，精察微验，而所得或超于向者言词文字外也。则思想日精，而人群相为生养之乐利，乃由吾之新知而益备焉。"②

显然，当严复说到面对"内之身心，外之事变"之自然"精察微验"时，他已经关注到现代的科学方法论。在不同的地方，严复对科学方法论进行了多重的表述。值得注意的是，这些方法论的内在环节既有对儒家批评的方面，又吸取了儒家优秀传统的成分，不可一概而论。

在较早的《西学门径功用》中他认为科学方法论具有三个维度：考订、贯通和试验。"大抵学以穷理，常分三际。一曰考订，聚列同类事物而各著其实，二曰贯通，类异观同，道通为一。考订或谓之观察，或谓之演验。观察演验，二者皆考订之事而异名者。盖即物穷理有非人力所能变换者，如日星之行，风俗代变之类；有可以人力驾御移易者如炉火树畜之类是也。考订既详，乃会通之以求其所以然之理，于是大法公例生焉，此大《易》所谓圣人有以见天下之会通以行其典礼，此之典礼，即西人之大法公例也。中西古学，其中穷理之家，其事或善或否，大致仅此两层。故所得之大法公例，往往多误，于是近世格致家乃救之以第三层，谓之试验。试验愈周，理愈靠实矣，此其大要也。"③ 这段话很重要，略作解释。"考订或谓之观察，或谓之演验。"④也就是说，在广义上，"考订"不仅是科学方法的第一步观察，而且也包含了科学方法的最后一步：实践。不过此实践并非试验，而是真实的落实于生产斗争和社会斗争之中。"贯通"则类似于归纳。最后还要加上现代的"试验"环节。值得注意的是，严复认为早在《易》⑤ 那里，追求"公例"已然成为一个公理。

在《西学门径功用》中，严复还认为西方科学之所以昌明，因为西人在方法论上

① 严复：《西学门径功用》，《严复集》（一），中华书局，1986，第 93 页。
② 严复：《〈阳明先生集要三种〉序》，《严复集》（二），中华书局，1986，第 238 页。
③ 严复：《西学门径功用》，《严复集》（一），中华书局，1986，第 93 页。
④ 严复：《西学门径功用》，《严复集》（一），中华书局，1986，第 93 页。
⑤ 关于《易》的归属，有的学者如陈鼓应认为是道家的经典，但一般会认为它是儒家的经典。

结合了归纳法和演绎法。严复说："又若问西人后出新理，何以如此之多，亦即此而是也。而于格物穷理之用，其涂术不过二端。一曰内导；一曰外导。此二者不是学人所独用，乃人人自有生之初所同用者，用之，而后智识日辟者也。内导者，合异事而观其同，而得其公例。……须知格致所用之术，质而言之，不过如此。"①

在归纳法和演绎法之外，"印证"这个环节也是很重要的。严复说："然而西学格致，……一理之明，一法之立，必验之物物事事而皆然，而后定之为不易。其所验也贵多，故博大；其收效也必恒，故悠久；其究极也，必道通为一，左右逢原，故高明。方其治之也，成见必不可居，饰词必不可用，不敢丝毫主张，不得稍行武断，必勤必耐，必公必虚，而后有以造其至精之域，践其至实之途。迨夫施之民生日用之间，则据理行术，操必然之券，责未然之效，先天不违，如土委地而已矣。"② 也就是说，真理是经过考验的："一理之明，一法之立，必验之物物事事而皆然，而后定之为不易。"③ 真理之间也是融贯的："其究极也，必道通为一，左右逢原，故高明。"④

在此严复显然受到了实证主义科学观的影响，需要指出的是，当严复说："方其治之也，成见必不可居，饰词必不可用，不敢丝毫主张，不得稍行武断，必勤必耐，必公必虚，而后有以造其至精之域，践其至实之途。"一定程度上我们看到了荀子"虚壹而静"说的身影，不得不提。⑤ 荀子说：

> 人何以知道？曰：心。心何以知？曰：虚壹而静。心未尝不臧也，然而有所谓虚；心未尝不满也，然而有所谓一；心未尝不动也，然而有所谓静。人生而有知，知而有志，志也者，臧也；然而有所谓虚，不以所已臧害所将受，谓之虚。心生而有知，知而有异，异也者，同时兼知之；同时兼知之，两也；然而有所谓一，不以夫一害此一谓之壹。心，卧则梦，偷则自行，使之则谋。故心未尝不动也，然而有所谓静，不以梦剧乱知谓之静。未得道而求道者，谓之虚壹而静，作之，则将须道之，虚则人；将事道者之壹则尽，将思道者。静则察。知道察，知

---

① 严复：《西学门径功用》，《严复集》（一），中华书局，1986，第94页。
② 严复：《救亡决论》，《严复集》（一），中华书局，1986，第45页。
③ 严复：《救亡决论》，《严复集》（一），中华书局，1986，第45页。
④ 严复：《救亡决论》，《严复集》（一），中华书局，1986，第45页。
⑤ 略微遗憾的是，虽然严复认为孟子也有"求故之说"，但是，他并没有就这点展开充分的论述。

道行，体道者也。虚壹而静，谓之大清明。万物莫形而不见，莫见而不论，莫论而失位。坐于室而见四海，处于今而论久远，疏观万物而知其情，参稽治乱而通其度，经纬天地而材官万物，制割大理而宇宙里矣。恢恢广广，孰知其极！睪睪广广，孰知其德！涫涫纷纷，孰知其形！明参日月，大满八极，夫是之谓大人。夫恶有蔽矣哉！（《荀子·解蔽》）

但毋庸置疑，严复和荀子不同之处在于，严复已经身处现代性的境遇之中，也在某种程度上经受了现代知识论（实证主义）的洗礼。

在其后的思索中，严复逐渐将以上思想统一起来。他认为科学方法的环节是："方其始也，必为其察验，继乃有其内籀外籀之功，而其终乃为其印证，此不易之涂术也。"① 内籀即归纳，外籀即演绎。换而言之，科学方法分为四步：察验，归纳和演绎，印证。这或许是严复最后的结论。

从科学方法论的四步法出发，严复对中西古代的认识论机制均有所批评。他认为无论是中国还是西方，古典方法论都忽略了试验这一环节。严复认为，其实中国的《周易》之中已经包含了"察验"、"会通"等方法论环节，但它显然缺乏试验这最终的环节。要命的是，这是中西古人都有的弊病："中西古学，其中穷理之家，其事或善或否，大致仅此两层（指考订和会通——引者）。故所得之大法公例，往往多误，于是近世格致家乃救之以第三层，谓之试验。试验愈周，理愈靠实矣，此其大要也。"② "会通"本质上主要是归纳，"考订"则指向了观察和不大明确的实践（所谓"演验"③），"试验"既是演绎，又是为人有意识控制的实践。从方法论的角度看，严复其实也就是在主张要将归纳、演绎以及实践结合起来才能获得真理。这个方法论是对古今中西方法论的某种扬弃和综合。

二

严复被誉为中国第一代自由主义者，他在政治哲学上颇有阐发，从另一个角度显

---

① 严复：《论今日教育应以物理科学为当务之急》，《严复集》（二），中华书局，1986，第280页。
② 严复：《西学门径功用》，《严复集》（一），中华书局，1986，第93页。
③ 严复：《西学门径功用》，《严复集》（一），中华书局，1986，第93页。

示了他与儒家之间的复杂关系。

第一，自由：中西之同异。

严复认为，所谓自由，"必以他人之自繇为界。"① 他反复表明，这种意义上的自由和中国传统中的"恕"和"絜矩之道"具有高度的相似之处。在《论世变之亟》一文中，严复以毫不迟疑的口吻揭示肯定了这点。他说："夫自由一言，真中国历古圣贤之所深畏，而从未尝立以为教者也。彼西人之言曰：唯天生民，各具赋畀，得自由者乃为全受。故人人各得自由，国国各得自由，第务令毋相侵损而已。侵人自由者，斯为逆天理，贼人道。其杀人伤人及盗蚀人财物，皆侵人自由之极致也。故侵人自由，虽国君不能，而其刑禁章条，要皆为此设耳。中国理道与西法自由最相似者，曰恕，曰絜矩。"② 在《群己权界论》的"译凡例"中，严复不厌其烦地再次表达这层意思。他说："故曰人得自繇，而必以他人之自繇为界，此则《大学》絜矩之道，君子所恃以平天下者矣。"③

但与此同时，严复又清晰认识到，"恕"和"絜矩之道"和自由之间只是相似，而不是毫无差别的相同。他说："中国理道与西法自由最相似者，曰恕，曰絜矩。然谓之相似则可，谓之真同则大不可也。何则？中国恕与絜矩，专以待人及物而言。而西人自由，则于及物之中，而实寓所以存我者也。"④

这段话值得深入琢磨。在某种程度上，不妨说这种差异实际上就是道德哲学和政治哲学的差异。所谓"恕"，就是"己所不欲，勿施于人"（《论语·卫灵公》）；所谓"絜矩之道"，语出《大学》，主张在待人接物的过程中，以近取譬，将心比心。其含义和"忠恕之道"其实是一致的。这两者主要是伦理学的原则。因此，虽然其中显然也存在"我"，但是，此我乃道德的"我"，而不是政治的"我"。正是在这个意义上，严复不承认它们对政治的"我"有所言说；从而，西人自由才以"实寓所以存我者也"⑤ 和它们相区别。否则，我们就很难理解。不仅因为在"恕"和"絜矩之道"之中显然存在我，而且，实行恕和絜矩之道的过程虽然也是"我"的扩充，但这种扩充，一方面是对小我的舍弃：在这个意义上，我不再存在；另一方面，小我得以在他人、家、国、

① 严复：《〈群己权界论〉译凡例》，《严复集》（一），中华书局，1986，第 132 页。
② 严复：《论世变之亟》，《严复集》（一），中华书局，1986，第 2～3 页。
③ 严复：《〈群己权界论〉译凡例》，《严复集》（一），中华书局，1986，第 132 页。
④ 严复：《论世变之亟》，《严复集》（一），中华书局，1986，第 2～3 页。
⑤ 严复：《论世变之亟》，《严复集》（一），中华书局，1986，第 2～3 页。

天下的格局中获得更加丰满的存在。也就是说，"恕"和"絜矩之道"也是存我的。然而，道德哲学视域和政治哲学视域的区分为我们理解严复的这句话提供了一把钥匙。

必须承认严复的这段话十分费解，以上只是某种尝试性理解。而梁漱溟对中西社会本质的刻画或许可以从另一个角度帮助我们理解。梁漱溟认为，西方社会以权利为本位，而中国社会都是义务论者："在中国几乎看不见有自己，在西洋恰是自己本位，或自我中心。"① 这不正是严复所说的西方的自由观念是存己的，中国的恕道是待人及物的吗？梁漱溟随后举了一个中西方请客的例子，对此作了更加生动的说明："如西洋人宴客，自己坐在正中，客人反在他的两旁。尊贵的客人，近在左右手；其他客人便愈去愈远。宴后如或拍影，数十百人皆为自己作陪衬，亦复如是。中国则客来必请上座，自己在下面相陪，宴席之间，贵客高居上座离主人最远；其近在左右手者，不过是末座陪宾了。寻其意味，我则尊敬对方，谦卑自处；西洋则自我中心，示其亲昵。——这完全是两种精神。"② 这给了我们丰富的启发。

第二，严复严厉地批评了"仁政"思想。

作为中国第一代自由主义者，严复高度肯定民众的政治主体性，得出了否定帝王、乃至否定仁政的结论。③ 严复说："自由云者，不过云由我作主，为所欲为云尔。其字，与受管为反对，不与受虐为反对。虐政自有恶果，然但云破坏自由，实与美、法仁政④无稍区别。虐政、仁政皆政也。吾既受政矣，则吾不得自由甚明，故自由与受管为反对。受管者，受政府之管也，故自由与政府为反对。"⑤ 严复在此透露的一个意思值得高度重视：仁政之下个体很可能没有自由。⑥

---

① 梁漱溟：《中国文化要义》，《梁漱溟全集》（3），山东人民出版社，2005，第92页。
② 梁漱溟：《中国文化要义》，《梁漱溟全集》（3），山东人民出版社，2005，第92~93页。
③ 当然，严复的思想是复杂而矛盾的。有时他又肯定了帝王存在的必要性，有的学者比如萧功秦甚至认为严复是一个新权威主义者。这点下文会分析。
④ 本部分内容在学术会议上宣读的时候，有学者指出这里可能存在标点错误。因为按照这里的标点，作者的意图似乎在说美国和法国是有仁政的。这真是从何谈起？正确的标点应该是"美法、仁政"。
⑤ 严复：《政治讲义》，《严复集》（五），中华书局，1986，第1287页。
⑥ 无疑，当严复说"自由与受管为反对"时，他对自由的诠释有点极端化，因为在以他人之自由为界的自由中，法律为自由做出了规定和划界，但法律在广义上也是一种管制。但让我们暂时撇开这些问题。

严复以百年前的南美洲为例来说明这点。他说："至政府号慈仁，而国民则不自由之证，请举百年前之南美洲。当时西班牙新通其地未久，殖民之国，为耶稣会天主教士所管辖，此在孟德斯鸠《法意》尝论及之。其地名巴拉奎，其政府为政，无一不本于慈祥惠爱，真所谓民之父母矣。然其于民也，作君作师，取其身心而并束之，云为动作，无所往而许自由，即至日用常行，皆为立至纤至悉之法度。吾闻其国，虽男女饮食之事，他国所必任其民自主者，而教会政府，既自任以先觉先知之责，惟恐其民不慎容止，而陷于邪，乃为悉立章程，而有摇铃撞钟之号令，琐细幽隐，一切整齐。夫政府之于民也，如保赤子如此，此以中国法家之言律之，可谓不溺天职者矣。顾使今有行其法于英、法、德、奥间者，其必为民之所深恶痛绝无疑也。且就令其政为民所容纳，将其效果，徒使人民不得自奋天能，终为弱国。总之，若谓自由之义，乃与暴虐不仁反对，则巴拉奎政府，宜称自由。脱其不然，则与前俄之蒙兀政府二者合而证之，知民之自由与否，与政府之仁暴，乃绝然两事者矣。"①

这段的意蕴十分丰富。我们显然看出仁政之下民众的政治主体性受到戕害这一事实。同时，虽然南美洲的遭遇缘于其宗教的背景，似乎和中国传统社会中宗教甚弱没有多大关联；然而，严复已经认识到中国传统社会中存在相似的因素，"如保赤子"的字眼便是来源于传统；更加明确的是，严复指出，从中国法家的角度看，政府实行仁政的做法"可谓不溺天职者矣"。也就是说，严复在这段话中至少隐含了这样一层意思：把民众当孩童一样管理的做法，即便是出于善意，也是一种对政治主体性的伤害。这个见识实在是深刻。

对于仁政可能包含的弊病当代西方政治哲学思想家萨托利也有所认识。仁政的特色在于一方面剥夺民众的政治权利，另一方面，对民众的民生高度重视，并由此获得政治合法性。萨托利指出，仅仅依靠民享（民生）并不能证明一个政府是民主政府。他说：在林肯关于民主的三个因素中，"只有第三个因素'government for the people'（民享）是不含糊的，'民享'明确地是指为了他们的好处，他们的利益，他们的福祉。但过去有许多政权从不自称民主制度，却宣布自己是'民享'的政府。"②

当然，其实当严复指出自由与否和仁政恶政无关时，从另一个角度看，也是在为

---

① 严复：《政治讲义》，《严复集》（五），中华书局，1986，第1283页。
② 〔美〕萨托利著，冯克利译《民主新论》，东方出版社，1998，第38页。

恶政辩护，因为其言外之意可以是恶政之下也有自由。但就其此处对仁政的批评而言，矛头最终所向，往往涉及帝王。正是在这个意义上，我们认为严复对民众政治主体性的强调包含了否定帝王的倾向。但我们同时要指出的是，这种倾向又被严复自己扼杀了。之所以如此，恐怕也是缘于传统的影响，这点下文一并讨论。

第三，言论自由：德性还是权利？

之所以特意提出言论自由来加以讨论，一个考虑是言论自由显示了严复的政治思想和认识论思想之间的联系，因为言论自由从某种角度看是思想自由的外在表现；另一个考虑是因为在严复所译的《群己权界论》中，言论自由是原作者密尔（Mill）反复三致意的一个核心主题。事实上，严复在《群己权界论》的"译凡例"中对此也加以了点破："西国言论最难自繇者，莫若宗教。"[1] 他认为，正是有鉴于此，密尔反复讨论宗教对言论自由的束缚作用。

严复认为中国虽宗教的束缚不及西方强大，但是，中国的纲常名教有如西方的宗教。值得注意的是，严复马上笔锋一转，认为在中国坚硬的纲常名教之中，依然存在着特立独行之士，发挥着言论自由的功能。他说："事关纲常名教，其言论不容自繇，殆过西国之宗教。观明季李贽、桑悦、葛寅亮诸人，至今称名教罪人，可以见矣。虽然，吾观韩退之《伯夷颂》，美其特立独行，虽天下非之不顾。王介甫亦谓圣贤必不徇流俗，此亦可谓自繇之至者矣。至朱晦翁谓虽孔子之言，亦须明白讨个是非，则尤为卓荦俊伟之言。谁谓吾学界中，无言论自繇乎？"[2] 意思十分清楚。

然而，严复对中国传统社会中的言论自由的理解必须受到两点限制，对此有必要加以提出。

其一，严复将言论自由和认识论紧密联系起来，此尤其体现在紧随其后的那句话中："须知言论自繇，只是平实地说实话求真理，一不为古人所欺，二不为权势所屈而已，使理真事实，虽出之仇敌，不可废也；使理谬事诬，虽以君父，不可从也，此之谓自繇。"[3] 问题在于，严复同时认为中国传统的认识论主要的不足在于"师心以自用"，这和西方现代的面向自然展开研究的进路具有本质的区别。也就是说，即便我们

---

① 严复：《〈群己权界论〉译凡例》，《严复集》（一），中华书局，1986，第 134 页。
② 严复：《〈群己权界论〉译凡例》，《严复集》（一），中华书局，1986，第 134 页。
③ 严复：《〈群己权界论〉译凡例》，《严复集》（一），中华书局，1986，第 134 页。

承认中国传统社会中也有言论自由，如果我们联系严复的认识论思想，这种言论自由的成色也要打个折扣。

其二，严复错误地把西方社会中作为政治哲学议题的言论自由看成了个体的道德修养问题。对此，袁伟时先生早已认识到。他说：严复"把现代社会的自由等同于圣贤的'特立独行'……强调的不是公民的权利而是圣贤或君子的自我修养。"① 这个批评是正确的。

正是第二点，显示严复在引进现代自由的同时，受到了儒家传统的另一重根深蒂固的影响，对此，姑且称之为道德理想主义的情节。这个情节，一方面使得严复在言论自由的问题上将政治权利和道德素养混淆起来，另一方面，又使他在严厉批评仁政的同时，某种程度上又对专制心怀好感。他说："制无美恶，期于适时；变无迟速，要在当可。即如专制，其为政家诟厉久矣。然亦问专此制者为何等人？其所以专之者，心乎国与民乎？抑心乎己与子孙乎？"② 也就是说，严复认为，如果专制帝王的木心是善良的，是为国家和人民考虑的，那么就可以允许存在；反之，就应该予以消灭。这种观点显然冲淡了他对仁政的深刻批评，表明他重拾仁政的思想主张。显然，此间问题重重。

我们不能完全否定道德哲学和政治哲学之间的联系，然而，现代自由主义的一个要点就在于设计出一种制度，使得即便是恶人上台也无法逞其恶。显然，这种设计的前提是对人性的百般怀疑，对人性的幽暗的洞察。不能说严复没有看到人性的复杂。但是，在此他无疑过于天真了。专制帝王一旦上台，如果缺乏制度规范，其心系国民还是心系子孙，那真是"人心惟危，道心惟微"。我们不妨说严复显示出的对于民众政治主体性的肯定，在道德理想主义的诱惑之下，被掐灭在了尚是星星之火的状态。③

---

① 袁伟时：《严复思想遗产三问》，《中国现代思想散论》，广东教育出版社，1998，第225页。

② 严复：《宪法大义》，《严复集》（二），中华书局，1986，第240页。

③ 如果我们放眼中国20世纪的思想史，就会发现，历史的理路主要是沿着道德理想主义的方向前进；相反，对人性的怀疑，对各种形式的、哪怕是实行仁政的帝王的怀疑，绝非多见。好在我们的研究也表明，对于仁政的反思在梁启超那里也已经开始了，其后陈独秀、毛泽东以及中国化马克思主义的学术研究中，都对仁政表示了某种质疑。这种断断续续的思想火花是值得珍视的。参蔡志栋《仁政之病》，《学术界》2014年第12期。

三

在道德哲学上，严复吸收西方道德观的同时，也绝非全然抛弃儒家道德。他在许多场合几乎一字未改地沿用了传统的道德条目。在《论教育与国家之关系》的演讲中，严复明确提出在道德问题上，"不如一切守旧者，以为行己与人之大法，五伦之中，孔孟所言，无一可背。"① 表明了他的道德思想与儒家之间的某种连续性。

首先，严复重申"忠恕之道"，并且将之上升为国际交往原则以及国家富强的道路之一。

严复认为，"恕道"与"絜矩之道"这两者是无上的道德规范，应该得到无条件的遵守。他将这种道德条目上升为公理的高度，强烈谴责德国强占胶州而英人附和称许的行径，指斥西人行"横逆之事"，违背絜矩、自由之公理原则，他说："凡横逆之事，不欲人之加诸我也，吾亦毋以施于人。此道也，何道也？人与人以此相待，谓之公理；国与国以此相交，谓之公法；其议论人国之事，持此意判曲直、别是非，谓之公论。"② "不欲人之加诸我也，吾亦毋以施于人"就是儒家之"恕道"。值得注意的是，在马克思所说的"世界历史"尚未开始之前，"恕道"主要是人与人之间交往的原则。而严复面临的是一个列强环伺的世界，中国不再是世界的中心，此时，严复认为世界各国之间的交往原则仍然应该是儒家的道德规范，这种做法不仅可以看做他对儒家道德的继承，而且显然也包含着对儒家道德创造性运用。"忠恕之道"已然成为某种国际交往原则。

如果将这种坚持和发扬和以下两个因素联系起来，那么可以更加看出严复与儒家道德之间的特殊关系：

第一个因素是，严复一再表示他酷嗜庄子。他在认识论上提出的"意验相符"就是对庄子"心止于符"的应用，在政治哲学上提出自由就是庄子的"在宥"，这都表明了他与道家之间的紧密联系。但是，在道德哲学上，在儒道之间他更多的认同儒家。意味深长。

---

① 严复：《论教育与国家之关系》，《严复集》（一），中华书局，1986，第168页。
② 严复：《驳英〈泰晤士报〉论德据胶澳事》，《严复集》（一），中华书局，1986，第55页。

第二个因素是，与他同时代的章太炎严厉批评将"忠恕之道"设置为国与国之间交往的原则，因为在这个原则下，霸道是存在扩张空间的。章太炎恰恰主张以庄子的"不齐而齐"作为国际交往原则，① 与严复形成了两种不同的风格。

在严复那里，"恕道"和"絜矩之道"不仅是人与人之间、国与国之间交往的准则，而且也是国家富强的基本途径。他认为，若是将这两条儒家道德条目坚持力行，那么我们能够实现自由，再进而循序渐进地实现国家的富强。他说："是故富强者，不外利民之政也，而必自民之自利始；能自利自能自由始；能自由自能自治始，能自治者，必其能恕，能用絜矩之道者也。"② 无疑，"恕道"、"絜矩之道"成了富强的起点。这个观点十分有意思。富强无疑是一个现代的价值，在传统儒家那里，富强如果不是被否定的，至少也不是高度肯定的价值。但是，严复一方面将西方的富强观念引进来，另一方面，除去发展科学技术，改革政治体制之外，在道德原则上，他认为传统儒家的"忠恕之道"也是可以实现富强的目的的。

其次，严复仍然肯定着儒家"修齐治平"的理想。

"富强"是一个现代的概念，在传统儒家那里，"修齐治平"具有更高的价值。严复对《大学》中所说的修齐治平甚是推崇，他认为斯宾塞的社会学所要阐发的主旨就是修齐治平，只是《大学》中引而不发，没有详细解说："其（指斯宾塞之社会学）节目支条，与吾《大学》所谓诚正修齐治平之事有不期而合者，第《大学》引而未发，语而不详。"③ 而斯宾塞所写的书则将"修齐治平"的原理推至穷极，持理论事必定以科学作为基础而追寻真理公例。以所得之理推行至军事、政法、文教（兵刑礼乐之事）等各个方面，国家便能得到治理。他说："群学治，而后能修齐治平，用以持世保民以日进于郅馨香之极盛也。"④《大学》中所说的"修齐治平"的思想对于国家安定富强有极其重要的推动力量。

再次，严复肯定儒学中仁义、忠信、廉耻的道德条目在现代社会中仍然具有不可否定的意义。

---

① 具体论证参蔡志栋《章太炎后期哲学思想研究》，上海社科院出版社，2013，第 115 ~ 121 页。

② 严复：《原强》，《严复集》（一），中华书局，1986，第 14 页。

③ 严复：《原强》，《严复集》（一），中华书局，1986，第 6 页。

④ 严复：《原强》，《严复集》（一），中华书局，1986，第 7 页。

严复认为，在任何时代，民众都需要聚合为一个群体，这些道德条目仍然是坚固的联结纽带，否则就会群种散灭："但使有群，则莫不有其相为生养、相为保持之事。既有其相生养、相保持之事矣。则仁义、忠信、公平、廉耻之实，必行于其间。否则其群立散。"① 严复在晚年书信中更是劝导留洋之辈不要极力抹杀中国旧有的教化文明："然甚愿其勿沾太重之洋气，而将中国旧有教化文明概行抹杀也。不佞垂老，亲见支那七年之民国与欧罗巴四年亘古唯有之血战，觉彼族三百年之进化，只做到'利己杀人，寡廉鲜耻'八个字。回观孔孟之道，真量同天地，泽被寰宇。"② 显然还是在肯定儒家的廉耻、仁义等观念。可见，这些道德条目在严复看来是天下万事不变之道，是民众与国家不可须臾舍弃的。

另外，在此值得注意的是，虽然众所周知严复是肯定进化论的，但这里他一定程度上也看到了在科学技术进化的同时，人类的道德并未进化，甚至反而倒退了。这种知识进化与道德退化之间的紧张一定程度上成为他继承儒家道德观念的背景。从某种角度看，儒家关于道德以三代为盛的观念似乎也在严复的思维深处发挥影响。

以上主要从道德规范的角度展现严复对儒家道德的肯定，下文则从义利之辨、理欲之辩和群己之辩的角度进一步呈现其道德思维中与儒家密切相关之处。

1. 从义利之辨的角度看，一般认为，儒家传统伦理的主流是贵义轻利，但严格地说，这是宋明儒学走向极端之后的形态；就孔子的观点而言，他并未完全拒绝利，而是主张以合适的手段来追求之。这种对合适的手段的肯定，某种意义上也就是"义"。从这个角度看，至少在孔子那里，儒家主张的是义利统一。这种观点也为严复所继承。他指出，民众之所以为仁甚难，一个原因在于"分义利为二"。③ 他也指出，这种二分法也是儒家传统中所包含的："孟子曰：'亦有仁义而已矣，何必曰利？'董生曰：'正谊不谋利，明道不计功。'泰东西之旧教，莫不分义利为二涂。此其用意至美，然而于化于道皆浅，几率天下祸仁义矣。"④ 意思很清楚：单纯追求义的结果恰恰走向了其反面。从这个角度看，严复对儒家的某些传统是持批评态度的。但必须指出的是，儒家

① 严复：《拟上皇帝书》，《严复集》（一），中华书局，1986，第 63 页。
② 严复：《与熊纯如书（七十五）》，《严复集》（三），中华书局，1986，第 692 页。
③ 严复：《〈原富〉按语十一》，《严复集》（四），中华书局，1986，第 858 页。
④ 严复：《〈原富〉按语十一》，《严复集》（四），中华书局，1986，第 858 页。

本身也不是铁板一块。对孟子、董仲舒①的批评并不意味着对儒家本身的全盘舍弃。事实上，正如上文所提及的，严复对"仁义"这个道德规范的一再强调，甚至使用"仁义"这个词语本身就从某个角度表明他对儒学的坚守。只是，不可否认，他也试图给"仁义"注入新的内涵。在此，"仁义"是包含了利的。严复说："自天演学兴，而后非谊不利，非道无功之理，洞若观火。"② "庶几义利合，民乐从善，而治化之进不远欤！"③

严复反对单纯追求义利之中任何一极的做法："尝谓天下有浅夫，有昏子，而无真小人。何则？小人之见，不出乎利。然使其规长久真实之利，则不与君子同术焉，固不可矣。人品之下，至于穿窬极矣。朝攫金而夕败露，取后此凡所可得应享之利而易之，此而为利，则何者为害耶？故天演之道，不以浅夫昏子之利为利矣，亦不以谿刻自敦滥施妄与者之义为义，以其无所利也。"④ 在此，严复一方面反对的是短暂、虚假之利，另一方面对空头的义也不以为然。需要再三强调的是，这与其说是对儒家传统的背离，不如说是对儒家传统中某些极端而可笑的思想的拒绝：严复回归的恰恰是原始儒家（以孔子为代表）义利统一的浑厚之境。

2. 从理欲之辩的角度看，严复肯定了欲望的合理性。他受到西方功利主义的影响，认为趋乐避苦是人之天性，不可避免："有叩于复者曰，人道以苦乐为究竟乎？以善恶为究竟乎？应之曰：以苦乐为究竟，而善恶则以苦乐之广狭为分。"⑤ 追求快乐幸福避免受苦是人的最终目标。同时，严复认为人类作为一种生物，自求生存和食色之欲等等的生理欲望是不可避免的，社会也恰恰是以此为基础而建立而发展起来："饮食男女，凡斯人之大欲，即群道之四维。缺一不行，群道乃废。"⑥ 这句话是亚当·斯密

---

① 孔子并没有否定利，但主张要以仁义之道去追求。孟子主张舍身取义，似乎严格排斥利，但严格地说，他所谓的义，是广义的利。董仲舒也有这个特点。章太炎指出，董仲舒不可能不追求国家层面的利益，因此其所说的"正其谊不谋其利"不能完全成立。参蔡志栋《章太炎后期哲学思想研究》，上海社科院出版社，2013，第 243 页。但在此我们尊重严复的对孟子、董仲舒的看法，以之为思想史研究的对象。

② 严复：《〈原富〉按语十一》，《严复集》（四），中华书局，1986，第 859 页。

③ 严复：《〈原富〉按语十一》，《严复集》（四），中华书局，1986，第 859 页。

④ 严复：《〈原富〉按语十一》，《严复集》（四），中华书局，1986，第 859 页。

⑤ 严复：《天演论》，《严复集》（五），中华书局，1986，第 1359 页。

⑥ 严复：《译斯氏〈计学〉例言》，《严复集》（一），中华书局，1986，第 100～101 页。

所言，严复引而述之，肯定了人拥有七情六欲的正当性。对此，冯契先生曾加以指出："严复真心诚意地认为，个人求生存，求感性快乐，求满足欲望，是'群道'的基础。"① 就此而言，严复的理欲观与宋明理学的极致（典型的表述是"存天理灭人欲"）距离颇远。

但是严复所说的人欲不是不加节制的恣意纵欲，而是合理的欲望，近乎荀子所说的"节欲"。他说："欧洲之所谓教，中国之所谓礼，礼之立也由人，亦曰必如是而后上下安，人物生遂，得最大幸福焉耳。……圣人制礼者也，贤者乐礼者也，二者皆知其所以然而弗畔。虽然，弗畔矣，然亦可以为其达节。"② 所谓"礼之立也由人"，可以解释为礼仪制度的订立是为了规范人欲的。合理的满足欲望（"达节"）也即意味着遵守合理的法则，限制自身不恰当的欲望。

严复以中国历史上理欲之辨中男女之欲这一颇大的问题为例来加以说明。他说："今夫中国之大防，莫重于男女矣。顾揣古人所以制为此礼之意，亦岂徒拂其慕悦之情，而以刻苦自厉为得理欤？则亦曰，夫妇者，生民之原也。夫使无别，将字乳之劳莫谁任也。且其效于女子最不利，惟其保之，欲其无陷于不利也，故其为礼，于女子尤严，此诚非无所为而设者矣。"③ 意思是，在男女关系上制定礼仪规范的一个目的显然是为了配合男女之欲（"慕悦之情"），不过，严复同时指出，礼仪制度也不是为了方便男女纵欲，其间还包含着确立男女各自的职责、保护女性的目的。欲不可纵的意图包含其中。至于后世"己则不义，而责事己者以贞"已经夹杂了男性的私欲，不再是礼的本意。④

值得注意的是，在此，严复将理欲之辨转为了礼欲之辨。礼即理的制度化。严复进一步强调礼欲之间的统一。这种统一表现为人的欲望在增长变化的同时礼也应该与之俱进。他认为"礼（法）"应该是进化的："此君子之所以时中，而礼法不累于进化。……止于愚不肖不然，或束于礼，而失其所以为和；或畔于礼，而丧气所以为安。"⑤ 就是说，严复认为，我们既不应拘束于礼法而丧失合理的人欲，也不应罔顾礼

---

① 冯契：《中国近代哲学的革命进程》，华东师范大学出版社，1997，第 179～180 页。
② 严复：《〈法意〉按语》，《严复集》（四），中华书局，1986，第 1017 页。
③ 严复：《〈法意〉按语》，《严复集》（四），中华书局，1986，第 1017 页。
④ 严复：《〈法意〉按语》，《严复集》（四），中华书局，1986，第 1017 页。
⑤ 严复：《〈法意〉按语》，《严复集》（四），中华书局，1986，第 1017 页。

法而恣意纵欲，而应该做到礼（理）欲相"和"。这里值得注意的是，严复认为儒家（圣人、贤者）制定的礼仪制度是能够有效规范欲望的，从而一定程度上肯定了原始儒家的价值，是对原始儒家（比如荀子）的回归。但是，另一方面，原始儒家较多的认为礼仪制度一旦确立便具有了无上的合法性，难以更改。严复与时推移的观点是对儒家这种观点的更新。

3. 从群己之辩的角度看，一方面，严复受到古典自由主义的影响，高度肯定个人主义，[①] 另一方面，他又认识到当国家受到列强侵略之时，只有人人聚集为一个整体齐心协力，才有可能加以抵御。严复说："特观吾国今处之形，则小己自由，尚非所急，而所以祛异族之侵横，求有立于天地之间，斯真刻不容缓之事。故所急者，乃国群自由，非小己自由也。"[②] 所以国家面临危难的时候，个人的利益、权利有必要有所舍弃，目的是为了群体之存活。严复说："世之公例有三焉：一曰民未成丁，功食为反比例；二曰民已成丁，功食为正比例；而其三曰，群己并称，己轻群重。用是三者，群立种强；反是三者，群散种灭。"[③] 在个人与群体相权衡的时候，个人有必要适当作出牺牲而保存群体之存在。严复又以印度野象为例，象群中有专司察敌巡逻之象，此象以保证象群之安危为本职，一旦遇到敌仇，此象先为抵御而死，警醒象群逃离。故严复有言"是知舍一己以为其群，岁在飞走之伦，有如是者矣。至于人当何如？"[④] 先要维护群体之存在，而后才能有个人之权利的可能。严复更是将群体与个人融合在一起，群体之利益即是个人之利益，"使其幡然变计，先国而后身，先群而后己，则一身虽不必利，犹可以及其子孙。况夫处富强之国，其身之未必不利也哉，特一转移之间耳！"严复将个人消融在群体之中，认为求群体之利便是求个人之利。这其中无疑又有着儒家思想的影响。

问题的复杂性在于，严复实际上并未完全否定个人的价值。他认为个体之成色本质上决定了群体的素质。严复以砖瓦作喻来说明这个道理："不观于圬者之为墙乎？与之意成之砖，坚而廉，平而正，火候得而大小若一，则无待泥水灰粘之用，不旋踵而

①　胡伟希先生甚至认为个人主义是严复政治思想的逻辑起点。参胡伟希、高瑞泉等《十字街头与塔——中国近代自由主义思潮研究》，上海人民出版社，1991，第90~95页。
②　严复：《〈法意〉按语》，《严复集》（四），中华书局，1986，第981页。
③　严复：《论胶州章镇高元让地事》，《严复集》（一），中华书局，1986，第57页。
④　严复：《论胶州章镇高元让地事》，《严复集》（一），中华书局，1986，第57页。

数仞之墙成矣。由是以捍风雨，卫室家，虽资之数百年可也。使其为砖也，嵌嵜缺，小大不均，则虽遇至巧之工，亦仅能版之筑之，成一粪土之墙而已矣。"① 这种思想的来源，一方面是自由主义，另一方面则是传统儒家的影响。儒家"为己之学"的传统明确指出在为群体服务之前，首先需要做的是把自己培养成才，在这个阶段，学习不是为了欲求名声，而是真正把自己塑造成人。同时也应该指出，儒家认为，培养自己的最好方式就在日用常行中，这就意味着群体维度的引入。换而言之，群体和个体之间形成了良性的互动。从以上引文中可见，严复群体和个体皆不误的态度深得儒学的精髓。

总体上看，儒家道德观贯穿严复思想始终。曾经学界的主流观点是认为严复的思想呈现全盘西化的特征，而现在一些学者则主张严复的思想是一贯前后的，不存在所谓的"早期全盘西化，中期中西折衷，晚期反动复古"的三个时期的断裂，确有所见。严复对儒学的迎与拒从一个侧面彰显了儒家的近代命运，也给我们留下了无尽的思索。

---

① 严复：《原强修订稿》，《严复集》（一），中华书局，1986，第 18 页。

论熊十力本体论与形上学的内在张力

曾海龙[*]

摘　要　熊十力的哲学思想，分别以新唯识论与体用论彰名。唯识与体用，所指目的本体分别为心体与宇宙实体。唯识义所重在心体的呈现与存有，体用义所重则在宇宙实体或易体的创生与显现。熊十力所论多以宇宙实体或易体为本体，心体为本体之大用。在这样的架构中，良知本心的本体地位是不牢靠的。他所欲证成的形上学，亦因其客观宇宙实体的设定而有科学主义的倾向。从唯识义与体用义在熊十力哲学中的基本内涵与相互关系，可以看出其本体论或形上学的内在张力。要解决此一问题，根本的办法在于贯彻唯识的立场，以心体为首出，涵摄宇宙实体，以证成心本论与道德的形上学。

关键词　本体论　形上学　唯识　体用　熊十力

熊十力哲学有着很强的理论建树。作为现代新儒家之开山，他的思想价值已经为后人尤其是其弟子所阐发，至今对儒学界亦有重大的影响。但就其理论本身而言，也存在诸多问题。这些问题不仅导致其本体论难以自圆其说，也导致形上学存在难以克服的困难。这些问题，可从其所欲阐发的唯识与体用二义衡定之。

一　唯识与体用之所指

熊十力的本体论亦名境论，可分别从唯识与体用两方面来看。新唯识论与体

---

*　曾海龙，湖南邵阳人，哲学博士，上海大学哲学系讲师，主要从事现代新儒家哲学研究。

用论，为熊十力哲学两个重要的思想体系。二者所论之主题与内容多有重叠，学界亦多将体用论视为新唯识论之一部分。然更可注意者，在二者侧重点之不同。对两个主题之探讨，须分别分析心性问题与体用问题之所指。更进一步，又须明了心性问题中的体用问题与体用问题中的心性问题。心性问题中的体用问题，乃以心性本体为前提探讨心性论中的体用关系，此乃实践问题与存有问题及引申出来的道德的形上学问题。体用问题中的心性问题，乃以体用关系探讨为前提，在实体论的体用关系中探讨心性为何与何为，此乃以宇宙论问题为核心，心性乃是本体之用。

宇宙论自古中西皆有。无论是西方传统的宇宙论，还是《周易》的宇宙生成论，尽管理论模型多有差异，但对实体之肯定，乃是其共同的理论前提。如果说科学的宇宙论隐含了唯物主义的倾向，那么《周易》的宇宙生成论也未必不能容纳唯物主义。科学宇宙论成立的前提为 Substance（实体）之确立，《周易》宇宙生成论的前提为易体（Becoming）之确立。但无论是 Substance，还是 Becoming，都是实体。以宇宙论或实体为首出，实体之设定则为其体系成立之必要条件。问题在于：实体之确立是如何可能的。康德知性本体论的建立从根本上终结了传统宇宙论，客观宇宙论再无重建的可能。在中国传统儒家中，并无思想家对《周易》的宇宙生成论思路直接提出挑战，但宋明儒关于道体、性体、良知心体的讨论在客观上又发展出一套解构宇宙生成论的学说。亦即是说，在宋明理学中，心性问题取代体用问题成为儒家思想的核心课题。这与佛教对儒家的影响有莫大的关系。以心性本体为首出，则实体是心性本体的呈现、建构与存有。以实体为首出，则心性本体乃实体之用而非本体。二者的根本差异在于究竟是以心性为本体还是以实体（宇宙实体）为本体。

熊十力的本体论亦有上述两个面向：一是以宇宙实体或易体为逻辑起点，从上往下说宇宙万物和道德本心如何生成；二是从唯识的角度，说明万事万物乃至宇宙实体不离心识而存在，心与识即是万物的本体。前者是从客观面开始进入，说宇宙生成和生物进化，是为外在的宇宙论，以体用关系为主。后者从主观面出发，说明心体如何证成宇宙万物和宇宙实体的存在与道德意义，是为内在的宇宙论，以良知本心的呈现或唯识为主。前者继承了《周易》与汉儒的宇宙论思想以及柏格森的生命哲学与达尔文的进化论，后者则综合了旧唯识学与宋明心学的基本义理。① 客观的宇宙实体论与主观的本心存有论构成了熊十力本体论中一个圆圈的两个来往，互为支撑，展现了熊十力对宇宙人生的总体思考，也彰显了其宏阔的理论视野与生命情怀。

体用问题与心性问题都是熊十力本体论的根本性问题。从其著的标题看，《新唯识论》所重当然在唯识，即心性问题。后期著作《体用论》所重在体用关系。就文字表述而言，无论是早期的《新唯识论》，还是晚期的《体用论》，体用问题与心性问题都是重要的主题，甚至很难分清楚主次。出现这种情况是熊十力哲学思想的特质使然，可能亦与其主观上对二者的分疏并不十分清楚有关。主张唯识或以心性为本体，客观实体与现象是识或心体建立或存有之结果。故在《新唯识论》中，熊十力倾向于认为实体无相可言，现象亦是不真实的。以体用问题为根本，则现象乃至心性是实体表现自身之结果，实体真实，现象（包括心性）亦真实，这是《体用论》思想的重要特征。

但本体论终究只能在宇宙实体与良知本心中择其一为本体。熊十力的本体论预设了客观的宇宙实体，以体用关系的探讨为主，乃以实体论为前提，所论之唯识亦是实体论中之唯识。他的哲学虽以新唯识论彰名，然其代表作《新唯识论》文言本与语体本的逻辑起点实晦暗不明，似以识或心为逻辑起点，又似以实体为逻辑起点。最后，识与心又成了实体之用，实则宇宙实体成了《新唯识论》的逻辑起点。以实体为基点展开思想建构，对体用关系架构则可有不同的阐述。《新唯识论》与《体用论》对体用关系的阐述就不一致。《新唯识论》主张"摄用归体"，肯定本体的唯一真实性，《体用论》则主张"摄体归用"，主张和肯定现象真实。此虽然与其从唯识学立场向儒家立场的转向有关系，但无论是以宇宙全体为真实，还是以现象为真实，都是在体用关系的架构下以外在的理路建构宇宙论，与以心识为本体的唯识立场有根本的矛盾。原因就在于熊十力对宇宙实体之先在的逻辑设定。预先肯定宇宙实体，必以体用关系为主开展理论建构，唯识亦附属于实体论之下。唯识不张，实体论必成气候。《新唯识

---

① 景海峰指出：熊十力对原儒的大力弘扬和充分肯定，实际上只有两个方面：一是《周易》生化不息、雄浑劲健的本体观；二是《周礼》和《礼记·礼运》所透显出的具有浓厚空想农本社会主义色彩的"大同"理想，且其对印度佛教文化的推崇，甚至超过了对孔子的敬仰。（参见景海峰《熊十力哲学研究》，北京大学出版社，2010，第4页）从哲学的角度而言，儒家之《周易》与佛学尤其是唯识学是熊十力哲学建构的重要思想资源，亦可见其思想受《周易》的本体观与佛家唯识学之影响。

论》从内在理路而言亦成为一体用论——以"摄用归体"为主。可见，熊十力以《体用论》为其晚年定论实有其理论的内在必然性。

总之，以唯识为主，乃表明是以心性为本体，实体论无甚地位。以体用为主，乃表明是以实体为本体，宇宙论为心性论之前提。

二　唯识义与体用义的关系

以宇宙实体为本体，实则是认本根或本原为本体。以良知本心为本体，则贯彻了唯识之义，是在存在论或存有论的角度上言本体。熊十力以《周易》为主，兼采心学的思路，肯定宇宙实体或易为唯一的真实，可见其更多地倾向于宇宙论实体论，心性论只是本体论中的辅线。越到后期，此一倾向越为明显。康德对传统本体论的批判和反思更未能纳入其视野。可见，熊十力的本体论所关注的依然是本原之学。宇宙实体或易体既是万物本原，又是终级根源和创生实体，最后才是吾人真性。人之本心本体的最终根据还是要追溯到宇宙实体之中。其体用不二、万物一体的思想都在肯定宇宙实体的基础上方得展开。此根本思路是《周易》的宇宙论思想，而不是心学的本体论路向。在这种论述中，心性论乃从属于体用论（实体论或宇宙论），唯识问题亦从属于体用问题。

唯识义下之体用，乃表示以心体为本体，呈现而为用。心体为唯一的本体，万事万物乃至宇宙实体或易体为心体发用而存有或建构之结果。体用一义则在说明"良知是呈现"如何可能。这种意义上的唯识义，实乃良知本体论，为儒家心学之本义。象山、阳明于此多论之。阳明所言"意之所在为物"，即是就良知是万事万物存有之本体而言，实乃唯识义。熊十力说："惟此心虽主宰乎一身，而其体则不可为之限量，是乃横遍虚空，竖尽永劫，无有不运，无所不包。"[①] 这就是以心为本体存有宇宙万物乃至宇宙实体之意。在此意义上言宇宙论，乃是"道德秩序即宇宙秩序"，是为道德的宇宙论，或曰道德的形上学。宇宙乃心性本体呈现之宇宙，宇宙万物乃至宇宙实体的道德意义亦因良知心体之呈现始为可能。唯识义所欲彰显之形上学，即此也。

---

① 熊十力：《新唯识论》文言本，《熊十力全集》第二卷，湖北教育出版社，2001，第80页。

　　体用义下之唯识，是以宇宙实体为本体，心体为本体之势用。"心者恒转之动而辟也。故心之实性即是恒转，而无实自体焉。"① 这是以宇宙实体为本原讲心之所由出。这种意义中的唯识乃在说明心因宇宙实体或易体之辟而呈现本体之德用，反过来涵摄境（实体）乃至宇宙万物。心只是本体之用而不即本体，只是在以心识涵摄境的意义才说为本体。以实体为首出的体用义下之本体论，乃可能有实体与心体二重本体也，且心体乃是实体之派生物，或曰实体乃心体之本原，如将二者都说为本体，实有"叠床架屋"之嫌。熊十力说："心物同由实体变成。实体是万化万有之大原，其性质决不单纯，其德用必潜诸无限的可能。"② 乃表明其对实体之看法。

　　这样，在熊十力的理论体系中，存在万法唯识的心性本体，亦存在体用不二的宇宙实体。前者乃存有论之本体，后者乃宇宙论之本原。熊十力则将二者都说为本体。以体用为旨，乃先肯定一实体作为本原。以唯识为旨，乃以良知心体为本体。熊十力对本原与本体始终未能作严格区分。时而说宇宙实体是木体，心体是宇宙实体之用。时而又说心体才是唯一实在的本体，宇宙实体乃至宇宙万物不能离心而存在。实则在熊十力看来，"将本体名为'本心'，只是'权说'，将本体名为'乾元'才为恰当之论"。③ "乾元"即易体。他不悟本体与本原，乃为二义。实则，心体才是宇宙万物之本体，而易体或实体是宇宙论意义上之本原。本体论是以概念或观念建构存在或存有，包括物的存在与社会存在。本原论是探讨宇宙论意义上的世界如何可能，乃是以科学模型回溯宇宙开端与预测宇宙未来。前者乃哲学的永恒主题，后者则已经让位于近代发展起来的自然科学。

　　但是，哲学与科学分野后，有科学的宇宙论，自然亦可有哲学的宇宙论——依儒家之道德观念可曰道德的宇宙论。道德的宇宙论以道德为首出，以良知心体之发用为基础始得可能，重点不在宇宙论而在道德。此种宇宙论，牟宗三称之为道德的形上学或道德形上学。以道德的本心为道德的形上学所以可能的基础，即是唯识义。良知心体涵摄宇宙并存有宇宙万物的道德价值，或曰宇宙万物的道德价值因良知心体而呈现，即是以良知为体，存有或呈现为用。"良知是呈现"，乃表示良知心体必然发而为用，即是体用不二之义。此种意义下之体用与先肯定宇宙实体知体用自然大不相同。宇宙

①　熊十力：《新唯识论》文言本，《熊十力全集》第二卷，第 79 页。
②　熊十力：《体用论》，《熊十力全集》第七卷，第 139 页。
③　程志华：《熊十力哲学研究——"新唯识论"之思想体系》，人民出版社，2013，第 98 页。

实体之体用乃客观之描述，唯识义下之体用乃良知心体之呈现。良知心体必然发为道德的行为或存有宇宙万物的道德价值，即是唯识中的体用不二义。

以心性问题为首出，并不是说心性论不需探讨体用关系。相反，体用问题乃是心性论问题的核心。同样，探讨体用问题也必然涵及心性问题，体用关系所欲解决者，乃在良知本心如何发而为道德行为乃至成为宇宙万物的本体。心性问题取代体用问题，乃在以心性本体取代易体或实体成为理论建构之前提，正如康德以知性本体取代宇宙本体作为其理论建构之基础。在以心体为本体的心性论中，体是良知心体，用是良知心体之发用。非如在宇宙论中，体是实体或易体，用是宇宙之生成或变易。在心性本体论中，宇宙或宇宙现象乃心体发用所建构或存有之对象，如康德以知性存在体建构现象世界。

熊十力主张之唯识，与其所欲彰显之易体或实体相对。体用不二义在唯识论与实体论中自有不同的意义。实体论中之体用不二义犹如建立模型以描述实体之运动特征，有明显的科学主义痕迹。唯识义下之体用不二，则不仅是哲学理论问题，更是实践工夫问题。熊十力说"良知是呈现"是唯识义中之体用不二，而非实体论中之体用不二。

三 本体是心体还是实体？

《周易》的宇宙论模式与宋明儒的心性本体论的理路差异，多因传统中有关天道与心性之关系的模糊论述而不能彰显。孔子言："天何言哉？四时行焉，百物生焉。天何言哉？"（《论语·阳货》）孟子言："心之官则思，思则得之，不思则不得也。此天之所与我者。"（《孟子·告子上》）可见原儒多以仁或心与天通之。宋明儒亦多以天道心性贯通为一，"宇宙秩序即道德秩序"，为论证展开之前提，而对于天道与心性的本质差异少有论及。实则，从天道贯通到心性与由心性上通于天道，或者说，"宇宙秩序即道德秩序"与"道德秩序即宇宙秩序"，代表了两种不同的本体论思路。从根本上说，从天道贯通到心性或"宇宙秩序即道德秩序"是《周易》宇宙生成论的理路，而由心性上通于天道或"宇宙秩序即道德秩序"则是存有论的理路。前者乃是以客观的天道为本体向下说到主观的心体，可曰"由超越而内在"，是生成论模式。后者乃是从主观的心体出发，存有或建构宇宙秩序或天道，可曰"由内在而超越"，是存有论模式。

　　在熊十力的思想体系中，心性问题所重在存有论，体用问题所重在宇宙论。以宇宙论为本的体用问题虽然最终必然涉及甚至落脚于心性问题，但其所建构之前提乃是对宇宙实体之客观设定。而以良知心体为本体的心性问题虽然也必然导致宇宙论的建构，但此种宇宙论乃主观心体存有之结果，在儒家可说为道德的存有论或道德的形上学。在此意义上，《周易》之宇宙论与宋明儒之良知学的区别，可说为体用问题与心性问题的区别，其所重者，分别为易体与心性本体。前者本身即是宇宙生成论，且为心性问题展开之前提，依经验知识而建立。后者也必然引向宇宙论，却为道德的宇宙论或道德的形上学，宇宙论或形上学为心性本体存有之结果。熊十力的新唯识论与体用论，虽都以成就道德为鹄的，但二者的理路亦如上所述，存在着巨大的差异。

　　熊十力早期"摄用归体"与晚期"摄体归用"思想产生的张力反映出的问题，实际上亦是宇宙实体与心体何为本体的问题，亦即究竟是以体用问题为本还是以心性问题为本的差异。① 甚至，新唯识论还是体用论本身，其体系内部各自亦存在这种张力。这种张力反映了传统儒学中两种本体论的不同特质。熊十力创作《新唯识论》时所持的问题意识、论证方式、逻辑架构等与宋明儒一样，也受到了佛学的影响。而心性问题或本体论，是佛家理论对儒学形成挑战的重要因素。熊十力从研究旧唯识学到创作新唯识论，其思想经历了由佛向儒的转变，这种转变需要由理论的论证来完成对自我的说服。故，如何将佛家的唯识转变为儒家的心性本体，是其所需重点讨论的。新唯识论更多是从唯识或心性论角度来建构，这与宋明儒的问题意识有类似之处。

　　但熊十力个人的生命体验和宇宙情怀，最终还是将其理论方向引向《周易》的宇宙论，以宇宙实体或易体为本体。他曾说："余少时好探穷者，即为宇宙论。"② 《新唯识论》已经在理论上完成对熊十力本人的自我说服与对佛家理论的超越，他下一步必然按照自己的意志和理论兴趣走向纯粹的理论建构，《体用论》《乾坤衍》就是这种建构的结果。由唯识为本转向体用为主，既标志着熊十力完成了对旧唯识学的超越，也

①　郭齐勇指出，"摄用归体"与"摄体归用"的矛盾，是熊氏"境论"的一个根本矛盾，且分别表现在其早期与晚期的思想当中。（参见郭齐勇《熊十力思想研究》，天津人民出版社，1993，第87~99页）

②　熊十力：《体用论》，《熊十力全集》第七卷，第35页。

标志着其思想向《周易》的复归。这种复归又意味着对宋明儒心性本体论的反转，进而走向实体论的建构。① 然而，此种反转却对其理论在内在逻辑产生了冲击，体用论所欲彰显的实体论之逻辑基础为宇宙实体或易体之设定自不必多言，即便如早期建构的新唯识论，也因其本体论立场的反转在学界造成了诸多的争论。可见，熊十力的这一转变无论在理论上还是在思想史上都有待进一步评价。

熊十力的心性论，虽然呈现了传统心学的维度，但就其理论架构而言，却又与陆王心学有着明显的不同。熊十力虽然也说本心即是本体，而且其工夫论与陆王心学无异。但从其宇宙论来看，本心是贷于宇宙大心的，实乃本体之用而不即是本体，只有宇宙实体是为本体。这不仅与陆王之以良知本心为本体有着巨大的差异，亦与佛家唯识学有根本的不同。在这样的本体论架构中，既然本心是为本体，为何又要说宇宙实体是本体？这岂不是"叠床架屋""骑驴觅驴"？因而在他的境论或本体论中，良知本心的本体地位实则是不牢靠的。他的本体即是恒转的宇宙实体或易体，良知本心只是此宇宙实体之势用的显现，因而终究只是一种用，而不是本体。良知本心既然只是用，而不即是体，那么，熊十力就不能证成良知本心的本体属性，唯识亦成为体用架构下之唯识。熊十力出于对宇宙人生问题的根本关注，试图建立绝对的一本论，宇宙实体即是此一本，而良知本心则只为本体之用，因为心只是本体之辟的方面。可见，熊十力心性论中的良知本心，实则是实体层级下的概念。因以实体设定下之体用为主，唯识之主张未能贯彻到底。

熊十力的本体论，毋论其早期思想与晚期思想的差异，就其同一时期的思想而言，也同时存在生成论与存有论的两种理路。生成论模式与存有论模式的共存，产生的一个根本问题就是本体究竟为何？在生成论模式下，本体是易体或宇宙实体，心性只是宇宙生成之结果，而不是本体，这是科学宇宙论演化的思路。在存

---

① 在创作《新唯识论》时，熊十力对究竟是以心为体还是以易体为体的立场就不甚坚定。当时同师马一浮和熊十力的乌以风就说："熊子真先生著《新唯识论》，至《明心章》觉下笔甚难，以风因以此意告先生。先生曰：心诚不易说。……所以寂然不动，随感而应，兼体、用而言也。若只以感应言心，则是说了一半，见其变易、生灭一边，而不见其不变易、不生灭一边。"（《马一浮集》第 3 册，浙江古籍出版社、浙江教育出版社，1996，第 1142 ~ 1143 页）熊十力主变，其本体乃是易体，即是宇宙本体，心是体之用而不即是体，因此遭到马一浮的批评。

有论模式下，心体才是本体，宇宙秩序乃至实体或易体都为心体建构或存有之结果。可见，生成论模式与存有论模式的共存，必然会导致是以宇宙实体为本体还是以心体为本体的问题。梁漱溟批评熊十力的哲学有"二重本体"，即是从这个角度而言的。

陈来之新著《仁学本体论》，"欲以仁体统摄传统儒家的各种形上学观念，将仁发展为一本体的观念或发展为一仁的本体论"①。他认为此种本体论非以心为体，亦非以理为体，而是以仁为体，表现出欲综合心学与理学或熊十力哲学与冯友兰哲学的倾向。实则，就唯识或良知学而言，理是心之理，仁乃心之仁，无心，则理与仁终究不可稳立。同样，实体之建立，亦需由心建构，非能先建构一实体才言心。凡是不以心为本体所建构的本体论，实则与实体论路向无异。陈来说："如何从全体大用到万物一己，熊十力毫无说明，事实上从熊十力的以心为实体的宇宙论到万物一体的仁学，中间存在着明显的跳跃，与我们从仁体说到万物一体自是不同。"② 乃表明熊十力的体用问题与唯识（唯心）问题的侧重点是不同的，又表明陈来之仁本体与熊十力之新唯识论有根本的差异。而以仁为体与以易为体，只在于认体为仁或认体为易。认者，心也！心体，仁体，易体，何为本体可知也。

四　本体论与形上学的内在张力

有什么样的本体论，就有什么样的形上学。与其境论或本体论一样，熊十力的形上学也有两个层面，一为外在的宇宙论形上学，一为道德的形上学。外在的宇宙论形上学乃以实体论为基础，预先肯定宇宙实体，从上往下说，从外往内说，由超越而内在，宇宙秩序即是道德秩序。道德的形上学则是从道德本心出发，由下往上说，从内往外说，由内在而超越，道德秩序即是宇宙秩序。前者的超越义是实然的，后者的超越义是境界的——故说内在而超越。亦即是说，前者以实体为主，是实然的形上学；后者乃以唯识为基，是境界的形上学。

在现代哲学的视野下，以肯定实体为前提以说明宇宙论形上学乃科学主义的思路。

---

① 陈来：《仁学本体论》，生活·读书·新知三联书店，2014，第 29 页。
② 陈来：《仁学本体论》，第 371 页。

而道德的形上学则是儒家心性论所必然呈现之义。① 就唯识的立场来说，宇宙万物的本体，即是吾人之本心，或者说，"唯吾人的本心，才是吾身与天地万物所同具的本体"②。此与心学的立场完全相同。本心即宇宙的本体，一方面是说宇宙万物不离我的心而独在，"仰视天，天不离我而独在。俯察地，地不离我而独在。中观人与一切有生之物，则皆我之情思所流通贯注"。③ 万物的存有是因为我的心识而得可能的。离开我的心，万物不能证成其存有或存在。另一方面是就宇宙万物何以有道德意义而言。宇宙万物之所以具有道德意义，是因为作为宇宙万物的本体——本心——是道德的。因着道德的本心涵摄流通，宇宙万物才有了道德的意义。宇宙万物的道德意义是道德本心所存有或证成的。

道德本心存有宇宙万物而使宇宙万物证成其存有与意义，即说明道德本心是宇宙万物的本体。道德本心涵摄宇宙万物，使万事万物顺我之情。道德本心涵摄宇宙万物，是万物与我无对，万物在我心之中畅顺流通，此亦是我心之畅顺流通。道德本心存有宇宙本体和宇宙万物，乃孟子所言"万物皆备于我""尽心知性之天"，程明道所言"仁者浑然与物同体"之义。陆象山言"宇宙即是吾心"，王阳明言"大人之能与天地万物为一体也"，亦是此义。熊十力综合佛家唯识思想与心学义理建构新唯识论，在这个意义上才是现代的新陆王学。牟宗三则在此基础上通过沟通儒家与康德，证成了道德的形上学（道德的存有论）。

牟宗三与熊十力的思路有一致之处，他一方面肯定客观的"于穆不已"之实体，一方面阐明良知本心存有宇宙万物乃至宇宙全体，并认为这是道德的形上学之"一个圆圈的两来往"。基于此，他批评象山和阳明"只是一心之朗现，一心之伸展，一心之遍润"，"对于客观面根据'于穆不已'之体而有的本体宇宙论的展示尤无多大兴趣"，

---

① 梁漱溟先生指出，"从来重视人生实践的中国人，在其思想上或涉及形而上学，如《易经》如《老子》等大致只是宇宙论，殊少什么本体论"，熊十力的本体论"也是老式的本体论，宇宙论之典范"，故"严重的失败是其本体论、宇宙论"。梁氏肯定熊十力"一度见体"，乃是从熊十力所言"仁即本体"，"良知是呈现"的角度而言。他批评熊十力"觌体承当之不终"，是因为熊十力晚年建构的宇宙论又否认了"良知非本体"，"仁亦非本体"，"其晚年写出之《体用论》、《明心篇》、《乾坤衍》各书乃全属自毁自杀之作"。（《读熊著各书书后》，《梁漱溟全集》第八卷，山东人民出版社，2005）

② 熊十力：《新唯识论》语体本，《熊十力全集》第三卷，第 18 页。

③ 熊十力：《新唯识论》语体本，《熊十力全集》第三卷，第 18 页。

"客观面究不能挺立，不免使人有虚歉之感"。① 可见，牟宗三所言的道德的形上学不仅有主观面的心体，亦在逻辑上肯定客观面的宇宙实体或道体。他认为"于穆不已"之实体或道体、性体在实践上必然与心体相通且通过心体而呈现，但在逻辑上却又是先在的。这与熊十力以实体为本体建立客观的宇宙论又肯定良知之呈现无根本差别。

可见，在熊十力和牟宗三这里，"宇宙秩序即是道德秩序"与"道德秩序即是宇宙秩序"有两层不同的内涵。前者以宇宙生成论说明宇宙秩序即道德秩序，以实体为基础，所重在体用；后者以心性本体存有宇宙万物乃至宇宙实体，所重在心性或唯识。在这样的架构中，宇宙论形上学则因其科学主义的思路显然会受到挑战，"宇宙秩序即是道德秩序"不可证成。而在唯识或心学的架构中，说"道德秩序即是宇宙秩序"，乃是以心性本体存有宇宙实体与宇宙万物，只是此宇宙乃是一道德的宇宙而非实然的宇宙。就道德的形上学而言，在道德上而言有此道德宇宙便已经足够。唯识义中心体所证成之宇宙论或形上学即为道德的宇宙论或道德的形上学。道德的形上学从道德的本心言即可，无须先建立一客观的实体再言之。熊十力毕竟预设了客观的宇宙实体，牟宗三之"道德的形上学"亦预设"于穆不已"之实体，其形上学之所得所失与其师相同。

无论是在本体论中，还是在形上学中，熊十力都未能贯彻唯识的理路，反而以实体为主。一般认为，熊十力的体用论从属于其新唯识论。但如以实体为首出，则体用关系成为其哲学中的核心课题，唯识义则只从属于实体论架构下的心性论。在这样的架构中，心识只是体之用而不即是体，体用的层级高于心识。从《新唯识论》到《体用论》，虽然在体与用的关系表述上有所变化，但对客观实体之肯定，则是熊十力前后一贯的思路。对熊十力而言，最终的本体即是实体，本体论即是实体论，阐述本体之学终究为体用论，他的新唯识论从根本上是实体论而非唯识论。本心或识乃由实体所派生，唯识论或心性论只为其实体论架构下之一部分。在这样的体系中，唯识或心性不是本体，唯识论或心性论亦从属于实体论。可见，体用架构下之唯识实无本体论的地位，《新唯识论》因无法证成识或良知本心的本体地位亦只有其名而无其实。②

---

① 牟宗三：《心体与性体》上册，上海古籍出版社，1999，第41页。

② 李祥俊指出，"在传统心性涵养之学与现代的科学认识论之间，熊十力并没有完成一个更大的综合，在传统与现代之间仍然保留着更深层次的矛盾"。（李祥俊：《熊十力思想体系建构历程研究》，北京师范大学出版社，2013，第143页）实则熊十力的心性学（转下页注）

熊十力哲学在理论性格上，无论是就唯识义而言，还是就体用义而言，都试图呈现生生不息、健动不已的生命精神，使人感受到强大的生命力量。但在理论的内在逻辑而言，其最终彰显者乃是实体，唯识义乃从属于实体论而只成为实体之用，其所欲彰显之道德本心的力量自然大打折扣。如以唯识为首出，以识或良知本心为本体，体用论却可呈现另一种面目。在这样的架构中，体乃识或良知本心，用乃心识之呈现或存有，实体亦是心识呈现或存有之结果而为体之用。如此，就颠覆了以实体为首出，以心识为实体之用的架构，心识成了唯一的本体。此本体为存有或存在之本体，而非本根或本原。用乃是呈现或存有，而非演化或生成。道德的形上学乃以道德的本心为首出，呈现出道德的宇宙论与形上学。如此，唯识与体用各得其所，各显其能。在此种架构中，熊十力所欲彰显之唯识乃至心学之良知本体，才获得其应有的意义。体用论也只有在唯识的框架中，才能真正产生实践的力量。

（接上页注②）与认识论的矛盾，是由其对本体的看法决定的。以宇宙实体为本体，则心性学与认识论的矛盾在其本体论的架构中是无法通融的。

熊十力与阳明学

摘　要　相较于阳明学道德实践的形上学进路，熊十力哲学之生命体验的宇宙论进路特色更为明显。熊十力于道体之生生不息义特别有得，阳明于道体之万物一体义特别有得。熊先生对阳明学有一个长期的参究过程，而不能轻易地说继承。在熊十力对于阳明学参究的最终成果上，可以说熊十力哲学是"心学的"。熊十力始终是以自己的哲学参究阳明学，也即在自己的学问格局中逼显阳明学的精义，他对阳明学的批评，与其说是道德形上学本身含有的内容，不如说是道德形上学面对时代要求的自身变化。

关键词　熊十力　王阳明　心学　《新唯识论》

对于熊十力与阳明学关系的问题，至今已有较多研究。由于熊十力最终归宗儒学，也由于他对阳明学的推崇，以至于我们直接将熊十力哲学看作是继承阳明学而来，而对于熊先生对待阳明学态度之转变、对于"熊十力对于阳明学之理解过程和程度"之问题，以及对于熊十力哲学与阳明学之间的差异并没有给予充分关注和重视，笔者认为这不仅影响到对熊十力哲学的认识，也在一定程度上影响到对阳明学的认识。将上述问题阐述清楚，或对于认识熊十力哲学与阳明学都能起到一定的作用。以下首先讨论熊十力哲学之进路，以明熊十力是以宇宙论的进路于道体之生生不息义特别有得，而此与阳明以道德实践的进路于道体之万物一体义特别有得不同。其次，讨论熊十力对于阳明学之理解经过，以明熊十力对于异质之阳明学是如何进行长期参究进而试图

---

* 任新民，安徽宣城人，哲学博士，上饶师范学院马克思主义学院、朱子学研究所讲师，主要从事儒家哲学研究。

理解并评价的。最后，就熊十力对于阳明学之理解与评价稍作评论。

一　熊十力哲学之进路

熊十力的哲学进路是宇宙论的，但其宇宙论却不同于康德所批评的从理论理性出发建立的宇宙论哲学体系。李祥俊先生指出，熊十力的哲学建构是建立在生命体验的基础上，他所谓的"生命体验"是"一种人在特定的生存境遇下所达到的心理极限状态，是终极存在直接呈现于自身"，而熊十力一生有六次这样的生命体验。① 熊十力的第一次生命体验据其自述，发生在他十三岁时，他说：

> 年十三岁，登高而伤秋毫，（时喟然叹曰：此秋毫始为茂草，春夏时，吸收水土空气诸成分，而油然滋荣者也。未几零落为秋毫，刹那刹那，将秋毫且不可得，求其原质，亦复无有。三界诸有为相，皆可作如是观）顿念万有皆幻。由是放荡形骸，妄骋淫佚，久之觉其烦恼，更进求安心立命之道。②

人都有面对生死之终极问题而发生困惑恐惧之时，然而哲学家却对这个问题不轻易放过，他们将这个问题留在心中，问题不得到解决，他们将不得安宁。人通常也对生命发生无限感怀，然而哲学家对待生命的感怀却由情的领域进入性的领域，因而引发哲学的思考。如果说这是哲学家初次对生死之终极人生问题发生的体验，而标志着他具有哲学家特质的生命体验则是他在二十八岁时第五次生命体验。

> 壬子，在武昌，一日正午，坐人力车过大街，天无片云，白日朗然，车中无思无念，忽尔眼见街道石板如幻如化，形象与原见之石亦不异，但石体不实，犹如幻化。拟之浮云尚不可，浮云犹实在极矣！见房屋如此，见一切人坐者立者皆如此，见人说话口动亦如此。仰视天、俯视地，一切如幻如化。平常视天，即所谓苍然大圜气界，并无不实在感，此时顿觉大圜气界如幻如化，毫不实在。视车

---

① 见李祥俊《生命体验与哲学建构——熊十力哲学体系基点探秘》，《北京师范大学学报》2008 年第 5 期。以下所说生命体验皆指这种特殊的生命体验。

② 萧萐父主编《熊十力全集》第 1 卷，湖北教育出版社，2001，第 5 页。

及车夫，皆如幻如化。但视自身犹如故，无幻化感。吾视商店两人对话时，口动，面带笑容，皆幻化人也。忽起念云，哀哉！人乃如是耶？①

方以智分哲学为顿悟门和学问门，如果说学问门是好学不已，那么顿悟门是登堂入室。熊十力此次的生命体验标志着他作为哲学家特有的对于终极实在之直接体验。佛家视此为观空，所见之人为"幻化人"，"非无幻化人，幻化人非真人也"。具此智者，称为般若智。《尊闻录》记曰："问：或言先生之学，乃融会贯穿于此土三玄及梵天般若之间，然欤？先生曰：亦说的似。又曰：唯识更张，是一大事。若精力不亏，得就此业，极于真理有所系也。又问：般若之旨可得闻欤？先生曰：此难为汝言也。般若只是破执，然徒在知解上做工夫亦不相干，须是自见本心。禅家实通般若，不了禅而学般若，不会有入处。但对汝说此，亦是闲言语。然汝且置之脑中，将来若能进而用力于禅家与般若，好自理会，或于吾今者之说有默契也。不然者，吾终是闲言语。"② 故熊十力实得般若之智。这两次观空之生命体验是熊十力作为哲学家的基础。有观空之生命体验因而具有般若智，因而可以理解佛学，但并不表示熊十力愿意停留在佛之智慧之内；有观空之生命体验因而具有般若智，也并不表示熊十力一定往佛教内部走，他率求真之性，在参究佛教空、有两宗后，仍不能不遵其至诚之性，继续探求。

不满足于"具有般若智而规定性为空性"，故而内不满佛学，外不合佛子。他继续探求，因而追寻至儒学，然而他对于儒学的探求，虽然是"择其善者而固执之"之好学不已，却对于儒学的精义不能像他对于般若智那样直觉之。他虽然逼显出儒家学问是由伦理实践而上契天道，而且严辨儒佛，归宗儒学，却终究不完全同于儒家对于道德实践而体悟之得。这通过道德实践而体悟之得，在孔子、孟子，在象山、阳明、王艮，是千古不磨之心之相传。熊先生以变易为《易经》之宗，对于道体之生生不息之义特别有得，因而也是以此进路去体会儒家的，比如他主要通过孔子叹水以喻道体之生生不息来理解孔子。这与孟子、象山、阳明、王艮以"不忍人之心"、"六经注我"之本心、良知和"孝悌之至，通于神明，光于四海，无所不通"之孝悌之心相应于孔子不同。如果说上述诸贤对于道德实践颇有自得，那么熊先生通过自己学问逼显道德实践之所得并不与他们相同。孟子、象山、阳明、王艮等都是正面的、积极地通过道

---

① 《熊十力全集》第 5 卷，第 141～142 页。
② 《熊十力全集》第 1 卷，第 568 页。

德实践而于孔子之学有所体悟，熊十力则是通过自己有得的观空之智，负面地、消极地逼显，以及通过对道体之生生不息义之体悟，来参究孔子之学，故而不能认为熊十力哲学与（狭义的）心学完全相同，也不能在没有对"熊十力于阳明学之理解经过和所理解之程度"有所认识之前，就直接说熊十力继承了心学（阳明学）。即使说继承了心学，也应该于熊十力在何种程度上继承了心学，即于"是师承的继承，还是心传的继承；是相应、直接有得的继承，还是相生、参究有得的继承"有所分别，否则，不仅给人以熊十力与阳明学毫无差异之感，更于熊十力对于阳明学的参究之劳苦有所忽略。

李祥俊教授将熊十力第一、五次生命体验归为观空之体验，他还总结出熊十力其他四次生命体验，其中第二、三、四次，他归之为悟有之体验。其中第二次体验据熊十力自述，约在其十六七岁时读陈白沙。

> 当时感受最大最深者，首在《禽兽说》，余乍读此文，忽起无限兴奋，恍如身跃虚空，神游八极，其惊喜若狂，无可言拟。当时顿悟血气之躯非我也，只此心此理方是真我。血气一团宛然成藐小之物，而此心此理则周遍乎一切物之中，无定在而不所不在，是夐然绝待也。人生任血气用事，即执藐小之物为真我，其饥食渴饮乃至穷滥乐淫，一切与禽兽不异，此其人虽名之曰人，实乃禽兽也。若能超脱血气之藐小物而自识至大无匹之真我，则炯然独灵，脱然离系，饥食渴饮著衣居室，皆有则而不乱、循理而不溺，乃至贫贱不移、富贵不淫，浩然大自在，此乃《易》之所谓大人。大人与天合德，即人即天也。天者，真我，非超越乎吾人与万物而独在，如宗教家所谓神也。①

白沙《禽兽说》欲使人超出血气之我，但白沙学与阳明学不同。我们知道阳明对于白沙终不引为同道，亦少提及白沙。熊十力初期对于陈白沙之相应是超过对于阳明之相应的，他曾认为阳明不提白沙之学为阳明之过失。相对于阳明，熊十力更相契合于白沙，这表明他于阳明学是不能直接相应的，然而，虽然不能直接相应，他却有自

---

① 《熊十力全集》第5卷，第279~280页。熊十力摘述白沙《禽兽说》其文如下："人具七尺之躯，除了此心此理，便无可贵，浑是一包脓血里裹一大块骨头，饥能食，渴能饮，能著衣服，能行淫欲，贫贱而思富贵，富贵而贪权势，忿而争，忧而悲，穷则滥，乐则淫，凡百所为，一任血气，老死而后已，则命之曰禽兽可也。"

得之处，他也具有辨识力，能识察阳明学之为中国传统思想中极重要一派而不肯忽略而过，更认为阳明学是他所归宗的儒家的正传。

能见血气之我非真我，但不一定能见何为究竟之真我。孟子不这样看身体，孟子谓"形色天性也"。王艮也不是这样看身体，王艮有尊身之论，尊身即尊道。是故，形色与天性非二也，身与道非二也。这才是真我与形色之躯体无二。分真我与形色之躯为二，非究竟也。熊十力归宗儒学后，更赞扬孟子"形色天性也"一句表明孟子之所以为亚圣之证。对于从道德的实践所契之道体而说出之"形色天性也"究与从思辨参究而理解之"形色天性也"有满份与不满份之别，然而，熊十力虽然于孟子"形色天性也"是思辨参究地理解，却并不预设他要将形色与天性、身与道分为两橛。事实上，正是因为他不能接受这样两橛的结果，他才一步步走出佛家理论，也一步步走进儒家，进而走进、参究阳明学。熊十力说："天者，真我。"这是宇宙论的意味强。"真我"在孟子、象山、阳明和王艮处，主要是通过道德的实践而呈现出来的一个实践理性的概念。这是道德形上学的意味强。熊十力所谓"至大无匹""炯然独灵""脱然离系"之真我，是能见躯壳起念、造作而自觉克除之虚灵明觉之我，此虚灵明觉之我，能察识血气之我之造作而有所醒悟、超离，但不即是不忍人之心所代表之真我。此虚灵明觉之我虽有则而不乱，循理而不溺，是自觉地否定以血气之我之造作，但其所顺之则并不一定是顺"天生烝民，有物有则"之则，其能贫贱不移、富贵不淫、浩然大自在也不一定是以"民之秉彝，好是懿德"为根据，而是以自觉地保任此虚觉灵明之心不丧失所必须操持的修养。所以熊十力此处所引孟子的话，是参究孟子学的引用，不是如阳明对于孟子的话是同心同理地引用；是应用地引用，不是不学不虑地引用。而说《易》之"与天合德"之"大人"，此大人之德即是有"能超脱血气之我"之直觉能力因而有所见之得，而非践仁履德之实践所得。这个真我虽然不是超越乎吾人与万物而独在，而当下就能自觉地觉察到，却不一定是经由道德的实践能与万物一体之真我。熊十力于《易》取其变易义，而马一浮则更取《易》之不变义。① 变易义则侧重于道体之生生不息之方面说；不变义则侧重于道体之万物一体之方面说。

---

① 刘乐恒对于马一浮和熊十力关于《周易》思想的论辩有很好的讨论。见《"复性"与"创性"——马一浮与熊十力关于〈周易〉思想的论辩及其意义》，《哲学与文化》2014 年第11 期。

熊十力明确表示对于阳明"良知"与《大学》"明德"之理解是从读《列子》启发而来，这亦表明他是对于天道"性体"有得，而以"性体"去接近"心体"，以"性体"说"心体"。见其自述其第三次生命体验：

> 王阳明诗曰："无声无臭独知时，此是乾坤万有基。抛却自家无尽藏，沿门持钵效贫儿。"正为《大学》明德作释。少时读此诗，颇难索解。以为"无声无臭独知时"，正谓吾心耳。吾心与吾身俱生，非超脱天地万物而先在，何得说为"乾坤万有基"耶？累年穷索，益增迷网。及阅《列子·天瑞篇》："粥熊曰：运转无已，天地密移，畴觉之哉？"张处度注曰："夫万物与化为体，体随化而迁，化不暂停，物岂守故？故向之形生，非今形生。俯仰之间，已涉万变。"至此，忽脱然神悟，喜曰：吾向以天地万物，为离于吾之身心而独在也。而岂知天地与我并生，万物与我为一耶？向以缘虑纷驰，物化而不神者为心。而岂知兀然运化，无定在而靡不在，遍万有而为之宰，周吾身而为之君者，此乃吾之本心耶？①

> 吾少时不解《大学》明德，阅康成注，只训释文句而已，觉其空泛无著落。阅朱注，以虚灵不昧言，始知反诸自心。及读阳明咏良知诗，即前所引者，则又大诧异。怀疑万端，苦思累年不得解。偶阅《列子》忽尔触悟，天地万物本吾一体，须向天地万物同体处，即万化大源处，认识本心。……余读《列子》，约在二十五岁左右，当时只是僾然一悟，自未至邃密。然对于阳明良知与《大学》明德之了解，确自此启之。②

此两段熊十力明确表示对于阳明良知之理解是通过《列子》启发而来。"运转无已，天地密移"即是描述宇宙生化迁移不已，"向之形生，非今形生。俯仰之间，已涉万变"。此对本体之生生不已、翕辟成变之描述，同于《新唯识论》之体用不二。但是阳明讲万物一体，不从此一路来讲则甚显。不只阳明，凡从道德的进路讲万物一体，皆不是从此宇宙论的进路来讲。熊十力经常说中土贤哲从伦理实践之操练中而上契天道，则暗含他自己不是从此条路数中上契天道。

从著作说，《新唯识论》是熊十力于般若智与道体之生生不息义有得，即对之有直

---

① 《熊十力全集》第3卷，第630页。
② 《熊十力全集》第3卷，第633页。

接体悟之著作，但是《原儒》《明心篇》却不是熊十力作为自己对于儒家有直接体悟而有得之著作而存在，而是熊十力参究儒家学问有间接认识而有得之著作而存在。

总之，熊十力的哲学进路是宇宙论的，他的思想随着他《新唯识论》体系的建立便确定了，即以对于生命存在之终极体验而契悟万有皆幻，进而契悟天道之流行不已。他对于天道性体有得，对此他是直觉地相应的。此后，熊十力便以颇自信的自家学问去参究其他学问——特别是道德形上学。以下结合熊十力著作分述其在不同时期对阳明学的理解及评价，来说明熊十力是以自家于道体之得来参究阳明学的，并对此做出评价。

二　熊十力对阳明学之理解

熊十力对于阳明学有一个长期理解之过程，他不仅自己对之进行了艰苦卓绝的探求、参究，而且与弟子如牟宗三等对阳明学进行了探讨。梳理熊十力于阳明学的理解过程，可以使我们对"熊十力对于阳明学之理解过程和程度"有更清晰的认识，进而有助于我们讨论熊十力哲学与阳明学的差异。

早期对阳明学之接触

> 王阳明诗曰："无声无臭独知时，此是乾坤万有基。抛却自家无尽藏，沿门持钵效贫儿。"正为《大学》明德作释。少时读此诗，颇难索解。以为"无声无臭独知时"，正谓吾心耳。吾心与吾身俱生，非超脱天地万物而先在，何得说为"乾坤万有基"耶？累年穷索，益增迷网。①

可见，熊十力少时读过阳明著作，但此时并不能理解，而且"累年穷索，益增迷网"。但此所谓"少时"究竟是多少岁并不清楚。

> 余读《列子》，约在二十五岁左右，当时只是傥然一悟，自未至邃密。然对于阳明良知与《大学》明德之了解，确自此启之。②

---

① 《熊十力全集》第 3 卷，第 630 页。
② 《熊十力全集》第 3 卷，第 633 页。

据此看，熊十力是通过《列子》来理解阳明，而他阅读《列子》是在二十五岁左右，那么所谓"少时"可以确定在二十五岁之前。熊十力八岁识字，十岁时开始读《三字经》《四书》①，据此，则熊十力阅读阳明在十岁至二十五岁之间。

> 姚江一派阳儒阴释，既不自居于释，毕竟不可谓儒，故称为心学。②

这是熊十力在他的第一部著作《心书》（1918 年）中，对阳明学发表的评价。这时熊十力认为阳明学并不可以归为儒家，这与他后来认定"惟阳明善承孔孟"的观点截然相反。

> 衡阳曾痛心于明季上大夫，以气矜亡国。力诋姚江，其说实非过激。王守仁有术智，未能忘功名，而以圣自居。③

熊十力对历史具有大智慧，这是他在接受王船山历史思想后，从历史思想层面对阳明做出的评价。

总之，熊十力在十岁至二十五岁之间，便开始阅读阳明。在《新唯识论》（1932 年，48 岁）体系建立之前，对阳明学作过初步的思索，但他并不与阳明相契，不能在哲学层面理解阳明学，因而站在哲学的周边对阳明学进行评价。

《新唯识论》体系建立时期对阳明学之认识

熊十力在众生交遍说还是众生同源说上，先是遵护法，持交遍说；在《尊闻录》（1930 年）中，即在《新唯识论》将作之前，又引阳明《大学问》篇"万物一体说"为自己持同源说论证。

> 记得我少时看王阳明《大学问》，自以为得解，由今思之，当时确是以不解为解，如今倒是真解得。④

---

① 郭齐勇编《存斋论学集——熊十力生平与学术》，生活·读书·新知三联书店，2008，第 235 页。
② 《熊十力全集》第 1 卷，第 23 页。
③ 《熊十力全集》第 1 卷，第 40 页。
④ 《熊十力全集》第 1 卷，第 569 页。

在引用阳明《大学问》"大人之能以天地万物为一体也，非意之也，其心之仁本若是"一段后，熊十力说：

> 详此，则同源之义，有明征矣。所谓与万物而为一体之仁者，仁即源也。我与万物所同焉者也，是无形骸之隔，物我之间，故痛痒相关也。否则根本互不相同，见孺子入井乃至见瓦石毁坏，其有恻隐与顾惜之心也哉？至理只在当身，人乃由之而不著焉，习矣而不察焉。道在尔而求诸远，事在易而求诸难，所以为学者之大患也。吾乃今日于此见得真切有味。同源之说，无复疑矣。复问：师今日见地，果自阳明入乎？曰：难言也。谓吾自阳明入，不若谓吾自得而后于阳明之言有深入也。①

这时他思考的问题是"众生交遍说"与"众生同源说"谁更合理，《大学问》只是他对于自己的问题思考清楚后用以证明自己观点的材料，所以熊十力以"仁"释"源"，是以"源"为主词，"仁"为谓词。他得以持同源说而破除他所谓的佛家轮回观念的根据，是在于他自己的思考，所谓"我是直接反求诸心，见得此意"，② 而不是在于此"仁"也。孔孟之"仁"之概念在此时的熊十力心中仍不能清晰，"仁"之为"仁"是不能"在其自己地"呈现在熊十力的脑海中的。

阳明"见"万物一体，不是将万物当作一种中性的观察对象，乃是一种道德性的"见"，是与道德情感（恻隐之心）联系在一起的"见"，此则陈立胜先生已经指出。③故阳明学之为道德形上学，乃是从道德的进路而上契天道，而熊十力对此进路并不相契。他此时于阳明学是隔绝的，虽然此时（《尊闻录》印于1930年）自谓于阳明学"如今倒是真解得"，但由以上分析看来，以及结合他此后仍对阳明学作出不断的参究和评价的事实来看，仍是"以不解为解"。当学生问及是否自阳明学入时，熊十力回答"难言也。谓吾自阳明入，不若谓吾自得而后于阳明之言有深入也"。此则表示熊十力有其"自得"，且于此"自得"颇自信。而此"难言"实有两个方面的原因，一是他

---

① 《熊十力全集》第1卷，第569~570页。

② 《熊十力全集》第1卷，第569页。此处所谓"反求诸心"，不是孔孟、陆王哲学中反求于仁心，乃是反求于他能识幻化的般若智之心。

③ 陈立胜：《"视"、"见"、"知"——王阳明一体观中的体知因素之分析》，《孔子研究》2006年第4期。

自家有得，而自己之所得在万物一体论上与阳明所见不异，且自认为已经于阳明学思索良久，所以很难说不是从阳明入；一是阳明从道德实践的进路特别强调道体之万物一体义，而熊十力从生命体验的宇宙论进路特别强调道体之生生不息义。所以，很难说是从阳明入。若单纯从阳明学得入，而没有"自得"，又或者"自得"就是阳明学之精义，则不难言也。

总之，在《新唯识论》体系建立前后，阳明学及其呈现的效用，始终是他思索、参究的对象。熊十力尊王船山与王阳明，到后来归宗儒家而极力推崇阳明，以及再到后来深入阳明学并对之进行持续参究，乃至批评，都表明了阳明学在熊十力的学术生涯中始终是一个与自家路数相异的学问进路，但自认为又是一个十分重要的学问领域。同时，自从《新唯识论》体系建立了之后，熊十力的思想的内圣学方面便也大体确定了，虽然熊十力后来对于阳明学做出不断的参究，对阳明学的客观理解也在不断加深，但熊十力哲学与阳明学的不同，也自此是被决定了的。熊十力以观空之智以及对于道体之生生不息义之体悟归宗儒家，这是熊十力哲学的根基，他今后对于其他学问的参究，也都是以此为对照，以期达到对不同学问的客观理解，对于阳明学的参究也是如此。他与阳明学从道德的进路体察天道不同，决定了他与阳明学不能完全相应，但以天道为最终的归宿，又自认为阳明学为儒宗正传，故他始终以自己对于天道之体察所得，不断参究阳明学。

参究阳明学之所得

《尊闻录》（1930 年）保存了熊十力由佛归儒的重要思想，而《十力论学语辑略》（1935 年）则表明熊十力开始对儒家思想的理解进入了正面且相应的了解。如果说在《新唯识论》文言文本（1932 年）及其语体文本（1944 年）中，熊十力在论述自己体系时附带提及了他对儒家思想及阳明思想之转变后之正面认可，那么熊十力正式参究儒家思想和阳明思想而有所得，则自其《读经示要》（1945 年）始。以下述论其在《读经示要》中讨论《大学》的相关概念时对于阳明学的理解和评价。

对于《大学》之"意"，张庆熊教授已经在《熊十力对于王阳明"四句教"的解读和批评》一文中指出：熊十力本人在前期和后期对王阳明的"四句教"中"意"以及《大学》中的"诚意"的"意"理解也不相同，从而有他对王阳明在这个问题上从批评到赞同的转变。① 可以说，从最初的批评到后来的赞同，熊十力对于阳明学的理解渐渐加深，但熊十力始终保持着对阳明学独立的态度，例如，即使是赞同阳明的致良知观点，但对一些问题，如格物的解释，则赞同朱子的训释。所以他说："余以为致知之说，阳明无可易。格物之义，宜酌采朱子。"②

在讨论"致知"之"知"时，熊十力即以良知训之。

> 致知之知，即是良知，何以云然？如非良知，则必训此知为知识矣。若是知识之知，则经言正心诚意，何可推本于致知乎？知识愈多，诈伪且愈甚，老子所以有绝圣弃智之说也。经言诚正，必先致知。则此知，绝非知识之知，而必为良知也，断无可疑矣。孟子言良知，盖自此出。而犹未张之以立教。至阳明子超然神悟，始发明心体，即是良知。印之于经，而无不合。于是专提致良知为宗旨。③

对于"致知"之"知"，熊十力不赞成训为知识，而应当训为良知。且在这里指出阳明为何以良知为宗旨。通过参究阳明之良知，熊十力不仅盛赞阳明，而且终于逼显出了"中国哲学（主要指儒家）由道德实践而证得真体"之认识，他评价道："阳明以致知之知为本心，亦即是本体。不独深得《大学》之旨，而实六经宗要所在。中国学术本原，确在乎是。中国哲学，由道德实践，而证得真体。异乎西洋学者之抟量构画，而无实得。复与佛氏之毕竟归寂者有殊。"④ 通过阳明学的参究使得熊十力认识到中国哲学由道德实践而证得真体，这是熊十力参究阳明学的大收获。中国哲学（儒家）通过道德实践的进路进而体悟天道这一方式，既无西学之抟量构画之假，亦非佛家毕竟归寂之虚。故熊十力对于阳明学是间接的参究，而不是直接的体悟，如果径直将熊十力哲学看作心学的直接继承者，则于熊十力对阳明学之苦苦参究有所忽视。

熊十力不仅自己对阳明学作持续的探究，且弟子牟宗三向之问学时，师生间亦相互探讨阳明学，《十力语要》（1947 年）记曰：

---

① 张庆熊：《熊十力对王阳明"四句教"的解读和批评》，《广西大学学报》2015 年第 2 期。
② 《熊十力全集》第 3 卷，第 667 页。
③ 《熊十力全集》第 3 卷，第 656 页。
④ 《熊十力全集》第 3 卷，第 666 页。

　　汝暑中呈四句，时心绪不帖，得月余聚而未及谈，然总在念也。四句不尽忆，似有由思显理、由理起能云云，若思与理与能成次第，非一事然者。如非解谬，则修辞未洽。吾子自谓儒也，儒者之学，唯阳明善承孔孟。阳明以天也、命也、性也、心也、理也、知也、物也打成一片，此宜深究。程朱支离，只在将心性分开，心与理又分开，心与物又分开。阳明大处、深处，不独攻之者不识也，即宗之者又谁识其全耶？佛家若善解空宗义，与阳明无所背。子其苦参阳明，而后自知其所持之误。①

　　凡对于天道性体有得，或于形上学有得，则"思与理与能"非一非二。非一，故有用异；非二，故不为次第。若牟宗三以其所呈四句求教阳明，阳明亦或视"若思与理与能成次第，非一事然者"为不妥。就此可以说，一、熊十力对于阳明已经高度相应。二、熊十力虽比此时之牟宗三更理解阳明，但熊十力仍是以自己学问为根基，通过苦苦参究而有此对于阳明学之认识。肯定唯阳明善承孔孟，则表示熊十力认定阳明为儒学正传，而说"阳明以天也、命也、性也、心也、理也、知也、物也打成一片，此宜深究"，所宜深究者，无论在结论上还是方式上，熊十力认为牟宗三都应该好好深究。就熊十力自己说，虽然在天、命、性、心、理、知、物打成一片之结论上自己与阳明一致，但如何打成一片之方式上，自己与阳明却并不相同，这是他以自己可以将上述概念打成一片的进路为参照而清楚地自明的。

　　《十力语要》中熊十力还因为学生的发问，讨论了自己与阳明的同异问题：

　　故吾之为学也，主创而已，此乃吾所切验而亦征之孔孟遗训以得其符者也。故吾言明智，与阳明良知说有不同者。彼以良知为固有具足，纯依天事立言，而明智则亦赖人之自创，特就人能言也。故阳明可以说草木瓦石有良知，而吾不能谓草木瓦石有明智也，此其与阳明异也。然吾之说明智又有与阳明不异者何也？明智之端绪，即斯人残余的天性底萌蘖。此在阳明谓之良知。［作者自注：阳明言致良知，盖亦见其为萌蘖，故言致也。后来他却说向深处去了。］故据端绪而言，亦可曰明智与良知殊名同实也，吾不能与阳明异也。②

---

　　① 《熊十力全集》第4卷，第298页。
　　② 《熊十力全集》第4卷，第494页。

熊十力于《易》变易义更有得，故主创性说；马一浮于《易》不易义更有得，故主复性说。变易而新新不竭，"故夫人之有是天性也，本心也，明智也，自人创之而已。"① 熊十力所主之创性说，乃是他自家于道体有得，所谓"此乃吾所切验"也，而对于孔孟之学，熊十力是以之为自己所切验者之标符者也。以端绪言，熊十力之明智与阳明之良知不异；而阳明可以说草木瓦石有良知，熊十力却不能说草屋瓦石有明智，因为明智"特就人能言也"。

三　晚年对阳明学之评价

在熊十力参究阳明学时，他对于道德实践之进路及万物一体的陈述和应用是正面的、凸显的。而熊先生晚年的哲学体系可以"内圣外王"体系来概括，在这一体系下，对于阳明学的评价又发生了变化。

《明心篇》（1959 年）是熊十力晚年为《体用论》（1958 年）未完成之"明心篇"补写的独立著作。《明心篇》说："追维孔门传授，有尽心之学。要其旨，在究明本心、习心之大别，毋以污习害其本。易言之，吾人固有良知良能，常与天地万物周流无间，当尽力扩充之，俾其发展无竭。孟子盖尝得其传也。孔门言心，当有专书。惜乎司马谈所称经传千万数，汉世已亡失，今无从考矣。"② 熊十力以本心习心之别，强调保任性智不丧失，从而避免血气之我作主从而会导致"人化物"，但熊十力理解的本心与孔孟、陆王等从道德的进路契入者所理解的本心是有不同的。若从《论语》和《孟子》不能理解孔门之心，则纵使考之千万数经传，亦不一定能理解。"孔门言心，当有专书"，则清楚地表明即使在晚年，熊十力对于道德形上学，因而对于阳明学是不直接相应的。虽不能直接相应，他却能根据自家所得，逼显阳明学的精义，达到对阳明学的深入理解。

> 阳明言"良知"，本承孔门所说之智而开演之。但阳明有时将良知说为本体，此乃大谬，盖为禅宗所误耳。若去其夹杂禅学之谬处，则良知即是智，亦不背圣学。③

① 《熊十力全集》第 4 卷，第 494 页。
② 《熊十力全集》第 7 卷，第 152 页。
③ 《熊十力全集》第 7 卷，第 237 页。

　　阳明就人之同情，征明物我本来一体，自然痛痒相关。（鸟兽亦有同情，阳明只就人说耳。）阳明以天地万物一体之论，揭示道德与事业之根柢。既不忍脱离群众忽视事功，更不忍学人之空谈道德而疏于实践，于是宣道知行合一。将道德、事业，融成一贯。阳明以身作则，继述孔子《大易》之道也。独惜其杂染禅法，（法字指佛家禅宗之义旨。）丧失孔子提倡格物之宏大规模，王学终无好影响。此阳明之钜谬也。①

　　当熊十力"说阳明就人之同情，征明物我本来一体"，而特别揭示出阳明是从"同情"之道德实践之路征明物我一体，则暗含自己的进路不同。熊十力对于阳明之批评，实只能说是对于阳明道德实践进路之不契。与他之前认为阳明善承孔孟不同，此时熊十力将阳明之良知收摄于"智"一概念下，不同意将良知视为本体。所以《存斋随笔》说："至于良知之说，虽有符合于乾道，然乾道有元，阳明未究。又乾坤之义广大深远，阳明单提良知，亦未窥乾坤之蕴也。然阳明之学，简而得要，理学必宗阳明。"②

四　小结

　　熊先生二十五岁之前便阅读过阳明，但当时对阳明思想不能深入地理解，后来读《列子》启发了他对于阳明学的间接认识。《新唯识论》体系的确立，标志着熊先生通过对道体生生不息义的体验而确立了其宇宙论的进路。此后，熊先生便以此进路去客观地参究阳明学，并逼显出"中国哲学是通过道德实践而证得真体"这一结论。在熊先生参究阳明学并且有得的阶段，熊先生对于阳明学之态度和应用是正面的、凸显的，在其晚年，熊先生自己的思想和体系更加确定和成熟，而对于阳明学的评价又有不同。

　　熊先生始终是以自家于道体特别有得之生生不息义去参究阳明学的，且对阳明之万物一体义极力推崇，然而阳明对于万物一体义之达成是通过道德实践之进路完成的，这与熊十力从宇宙论的进路达至对于道体之认识不同。

　　熊先生批评阳明学有忽视知识之嫌，不如说这是熊十力在中国文化面对西方科学

与民主的震动时，就著反思包括阳明学在内的传统学术，给出重视知识的反省，因而熊十力对于阳明学的评价与其说是纯粹客观学术的评价，不如说是他将自己理解的阳明学当作内在于自身的学问，所做出的同体、同情的自身转化和应对时代要求的自我激励。熊十力哲学与阳明学都是儒家心性之学。熊十力哲学是宇宙论的意味强，阳明学是道德形上学的意味强。

牟宗三对康德审美判断力合目的性
原则之衡定与超越

杨少涵*

摘 要 在《判断力批判》中，康德由知识论的进路论证了审美判断力的先天原则是合目的性原则，并以此来弥合自然与自由两界的巨大鸿沟。但牟宗三判定康德这种知识论进路是无效的：审美判断力的合目的性原则不能沟通自然与自由两界，两界也不需要一个第三媒介来沟通。牟宗三认为问题的关键是要先有一个真善美的分别说，再由此转到真善美的合一说，只有这样才能达到真善美的真正沟通，从而在整体上消解并超越康德。

关键词 牟宗三 康德 合目的性 审美判断 真善美 分别说 合一说

牟宗三一生致力于以中国传统智慧消化康德批判哲学，其用功最深者是《纯粹理性批判》和《实践理性批判》，对讲美学的《判断力批判》起初并未十分措意。牟宗三说他"平生亦从未讲过美学。处此苦难时代，家国多故之秋，何来闲情逸致讲此美学？故多用力于建体立极之学。两层立法皆建体立极之学也"。"两层立法"即知性在自然王国之立法与理性在自由王国之立法，这是康德在前两个批判中所做的工作。牟宗三晚年偶读宗白华的第三批判中译本，"觉其译文全无句法，无一句能达"。牟宗三大受刺激，于是决意译出第三批判，并撰写了商榷长文。① 在第三批判中，康德试图

* 杨少涵，河南桐柏人，哲学博士，厦门工学院国学院、华侨大学国际儒学研究院教授，主要从事先秦儒学、宋明理学和现代新儒家哲学研究。

① 牟宗三：《康德〈判断力之批判〉·译者之言（上）》，《牟宗三先生全集》第16册，联经出版公司，2003，第6页。

以自然的合目的性作为审美判断的先天原则，来弥合自然王国与自由王国两界的巨大鸿沟。但牟宗三认为，康德论证合目的性原则的进路从根子上说是一种知识论的进路，这与审美判断的本质特性是格格不入的，所以康德以此来沟通两界也是根本行不通的。本文试对牟宗三这一衡定进行梳理，以窥其美学思想之大端。

一　康德论证合目的性原则的知识论进路

康德论证审美判断力合目的性原则的进路是一种知识论的进路。这清楚地体现在其论证过程中。从总体上看，康德的论证过程可以分为两步：首先，在三种心灵能力与三种认识能力的对应关系中把审美情感与判断力配对，并以类比方法猜测两者有着相同的先天原则；然后，区分判断力为规定性判断力和反思性判断力，进而论证反思性判断力的合目的性就是审美情感的先天原则。这两步都是从认识能力进入的，都带有浓郁的知识论色彩，虽然认识能力在这个过程中并不是为了成就知识。

先来看康德论证的第一步。康德继承了柏拉图对人性的基本划分，认定人有三种高等心灵能力，这就是认识能力、情感能力和欲求能力，一般简称为知、情、意，三种心灵能力的相应领域分别是真、美、善。在前两个批判中，康德又把认识能力划分为三种，即知性、判断力和理性。康德在前两个批判中还证明了认知能力和欲求能力各有其先天原则：认识能力在纯粹知性中有其先天原则，这就是自然对象的合法则性；欲求能力在纯粹理性中有其先天原则，这就是道德实践的终极目的。至此，在三种心灵能力中只剩下情感能力的先天原则尚未讨论。

但问题是情感能力的先天原则从哪里引出来呢？在这个问题上，康德动用了一种类比、猜测的方法，从判断力中寻找情感能力的先天原则。人有认识、情感和欲求等三种心灵能力，认识能力又分为知性、判断力和理性等三种能力。其中认识能力与知性对应，欲求能力与理性对应，认识能力的先天原则存在于知性为自然立法中，欲求能力的先天原则存在于理性为自由立法中。于是很容易就可以看出，在心灵能力中剩下一个居中的情感能力，在认识能力中也剩下一个居中的判断力。"既然知性先天地提供了自然法则，反之理性则提供了自由法则，那么毕竟可以按照类比来期待的是：在两种能力之间充当其关联的中介的判断力也像前两种能力一样为此提供出自己特有的先天原则"，"于是再自然不过的就是猜测：判断力同样也将为愉快和不愉快的情感而包含有先天的原则"。①

　　接下来的问题是，判断力能否为情感能力提供先天原则？从判断力与情感能力的配对关系中推导出一个先天原则，这只是一种形式上的类比和猜测。判断力属于认识能力，与情感能力是完全不同的一种心灵能力。如果不能从理论上充分证明判断力与情感的本质相关性，那么两者的这种配对就会流于随意而无效。这样一来，再把情感能力的先天原则置于判断力也就是没有来由的了。为此，康德做了两个方面工作。首先，康德坚信所有心灵能力的实施都是以"认识能力"为基础的，虽然并不总是以"认识"为基础。② 如果说这一点只是康德哲学之理性主义的立场性说明，那么下面一点就是基于此立场的纯理论论证，这就是审美情感的本质特性与判断力合目的性的本质特征之间的一致性。在康德看来，审美必定要由情感来规定，"美毕竟不与主体的情感相关自身就什么也不是"③，而审美是"在一个客体的表象上纯然主观的东西，亦即构成这表象与主体的关系、而不构成其与对象的关系的东西"④，情感则是"一个表象上根本不能成为任何知识成分的主观的东西"⑤。也就是说，审美情感的本质特性是纯然主观性，不能成为标志客观的知识的任何成分。

　　判断力合目的性的本质特征又是什么呢？这就引入了康德论证的第二步。这要从作为认识能力的判断力自身的功能特性说起。判断力是把特殊归摄于普遍的高等认识能力。根据归摄的方向，判断力分为两种，一是由普遍到特殊的规定性判断力，一是由特殊到普遍的反思性判断力。换句话说，规定性判断力是用已给予的普遍法则来归摄特殊杂多，反思性判断力是由已给予的特殊杂多去寻找普遍法则。规定性判断力没有自身独立的先天法则，因为它从属于提供普遍法则的知性，知性的先天法则就是其先天法则。很显然，规定性判断力服务于知性，是为了成就客观知识，这与审美情感之纯然主观的本质特性格格不入。不过从规定性判断力可知，知性统一杂多以成就知

---

① 康德：《〈判断力批判〉第一导言》，邓晓芒《冥河的摆渡者——康德的〈判断力批判〉》附录一，武汉大学出版社，2007，第136、140页。
② 康德：《〈判断力批判〉第一导言》，邓晓芒《冥河的摆渡者——康德的〈判断力批判〉》，第172页。
③ 康德：《判断力批判》，《康德著作全集》第5卷，李秋零译，中国人民大学出版社，2007，第226页。
④ 康德：《判断力批判》，《康德著作全集》第5卷，第198页。
⑤ 康德：《判断力批判》，《康德著作全集》第5卷，第199页。

识，那么杂多必定有能够被知性统一、能够与知性的统一性相协调的性质，否则知性根本无法统一杂多，知识也根本无法形成。在反思性判断力中，特殊杂多是已知的而普遍法则是未知的、有待于寻求的，知性之统一性是预设的而自然杂多之与知性统一性的相协调性是必然的。于是判断力的先天原则就找到了，这就是自然杂多之合于普遍法则的性状，这即是自然的合目的性。自然的合目的性包括自然的形式合目的性亦即主观合目的性，与自然的质料合目的性亦即客观合目的性。在进行反思性判断时，有多种认识能力在同时运作：想象力领会对象的直观形式，判断力把直观形式与知性概念联系起来，反思性判断力则把直观形式与判断力这种联系能力进行比较。在这个过程中，对象的形式与判断力的联系能力相适应，或者说想象力与知性相一致，这就是对象的合目的性，而且是一种形式的合目的性；又由于这个判断只存在于主体的认识能力之间，而且这时知性概念还没有带进来，客观知识还没有形成，还不可能成为知识的任何成分，所以这又是一种主观的合目的性。这种适应性和一致性会引起一种愉快的情感，"而这愉快所能表达的就无非是客体与在反思性的判断力中起作用的认识能力的适应性"①。这即是说，反思性判断力的合目的性是一种纯然主观的形式的合目的性，这种合目的性会带来一种情感上的愉悦。可见，合目的性的本质特征与审美情感的本质特性是完全相合的，所以康德把自然合目的性的这种性状称为自然对象的审美表象，这时的反思性判断力也就称为审美判断力。通过反思性判断力就为审美情感找到了先天原则，即自然的主观形式的合目的性原则。

　　显然，康德以上两步论证是建基于知识论之上的。在第一步论证中，康德把三种心灵能力与三种认识能力配对，并认定审美情感与判断力有着相同的先天原则，这是一种以认识能力规定心灵能力的路数。在第二步论证中，反思性判断力虽然并非为了成就知识，但判断力毕竟属于认识能力之一种，这也为反思性判断力合目的性原则的论证铺上了一层浓郁的知识论底色。

　　如果说第一步论证只是康德哲学的理性主义背景所决定，那么第二步论证则蕴含了康德更深层的考虑，这就是为审美判断确定普遍必然性，以免流于主观偶然的感官判断。审美判断与感官判断一样，都是一种感性判断。但感官判断是质料的合目的性，根本不与认识能力发生关系，所以由感官判断的合目的性带来的情感就是

---

① 康德：《判断力批判》，《康德著作全集》第5卷，第199页。

一种私人情感，私人情感是没有任何普遍必然性的。而审美判断必须有普遍必然性，一个对象的表象不仅对我来说是美的、令我愉悦的，而且同时也在主观上要求对所有人来说都是美的、令人愉悦的，否则就无所谓美不美。审美判断的普遍性在哪里呢？就在其主观形式的合目的性原则中。形式的合目的性是想象力和知性等认识能力之间协调一致的自由游戏，认识能力保证了合目的性具有普遍性，进而保证了审美判断具有普遍性。因为在康德眼中只有标志客观的知识是能够普遍传达的，"除了知识和属于知识的表象之外，没有任何东西是能够被普遍传达的"①。知识能够普遍传达，知识得以形成的想象力和知性等认识能力及其之间的协调关系也必然是能够普遍传达的。那么，由认识能力的协调关系所带来的审美情感也必然能够普遍传达，当然，这种普遍必然性是先于知识形成的无概念的普遍必然性。这就是鉴赏判断后三个契机所表达的内容。

二　牟宗三对康德进路的衡定

如上所述，康德根据知识论的进路，在三种认识能力与三种心灵能力的对应关系中让判断力与审美情感配对，并从反思性判断力所搭建起来的想象力和知性等认识能力的协调运作关系中发现审美情感的先天原则。在这种进路中，认识能力至少发挥着三个方面的作用：其一，认识能力是审美判断的运作基础，因为所有心灵能力的运用实施都是以认识能力为基础的；其二，诸认识能力的协调运作是审美情感的前提，审美情感是诸认识能力自由协调活动的结果；其三，认识能力为审美判断的普遍必然性提供了先天保障，不基于普遍必然的认识能力之上的愉悦情感只是偶然的不具普遍必然性的私人情感。

牟宗三对认识能力在康德以上论证中的三个方面的作用都持怀疑态度。首先，康德以认识能力作为审美判断的基础，牟宗三感到这个基础的作用之轻重不好把握。康德反对那种"试图把一切能力都纳入到单纯的认识能力上来"②的做法，坚信认识能力、情感能力和意欲能力是三种不可化约的心灵能力。但这并不是说三种心灵能力毫无关系，它们既然统一于人的心灵，必定有其更深层的相关性。康德在《判断力批判》

---

① 康德：《判断力批判》，《康德著作全集》第 5 卷，第 225 页。

② 康德：《〈判断力批判〉第一导言》，邓晓芒《冥河的摆渡者——康德的〈判断力批判〉》，第 138 页。

的第一导言中认为，这种相关性就是所有心灵能力的实施运作都要以认识能力为基础。但对康德这种讲法的理解可重可轻。从重的来说，可以理解为认识能力决定其他两种心灵能力。但这样一来就会陷入康德所反对的做法当中，所以决不能如此理解认识能力在其他两种心灵能力中的基础作用。从轻的来说，可以理解为在情感能力实施的同时必然伴有认识能力的运作，认识能力在其中没有积极的意义而只有辅助性作用。康德把审美判断力限制为反思性判断力，并从反思性判断力中追溯情感能力的先天原则。在这个过程中，作为认识能力的判断力只是服务性的，情感能力才是决定性的。① 所以，认识能力在情感能力实施过程中的基础作用只能在这个意义上来理解。既然如此，认识能力对审美判断的基础作用就不具决定性作用。不具决定性而只有辅助性的作用到底有多大作用？这实在不好说。所以康德在《判断力批判》正式的导言中淡化了对这种作用的提法。提法虽然淡化了，但进路仍然是老路，仍然是知识论的进路，认识能力仍然是审美判断的基础。牟宗三对此非常不满，认为审美要以认识为基础就等于说审美的人必须"吃饭"、"非白痴"，但"这对审美而言，究竟有多少作用呢？强探而至此，岂不太鄙而等于无话可说乎？"②

　　其次，牟宗三认为自然的合目的性所带来的情感愉悦并不一定是审美情感。根据康德的论证进路，自然杂多必然具有合于普遍法则的性状，这就是自然的合目的性。自然的合目的性又分为主观形式的合目的性和客观质料的合目的性，前者是在诸认识能力的自由协调活动中认识对象的形式与认识能力的<u>丝丝入扣</u>，这会带来一种情感愉悦，后者是自然对象在趋向最高目的时展现出的有条有理，这也会带来一种情感愉悦。牟宗三认为，这两种愉悦情感都不一定是审美情感。牟宗三举例说："不知对象（如花之形式）之这么一种合目的性究竟于'美'有何切义？是因花这个对象之依其目的而可能而然呢？抑或是因其适合于主体之认知机能而然呢？如果是前者，则花之美是目的论的判断，而不是审美判断。如果是后者，则我很难了解反省判断中主体之认知机能之自由表现究竟于我之直感花之美或景色（风光韶光）之美有什么作用或有多少作用。此则太迂曲而离歧以至切合不上'美'。"③ "适合于主体之认识机能"即反思性

---

①　邓晓芒：《冥河的摆渡者——康德的〈判断力批判〉》，第 27 页。

②　牟宗三：《以合目的性之原则为审美判断力之超越的原则之疑窦与商榷》（以下简称《商榷》），《牟宗三先生全集》第 16 册，第 41 页。

③　牟宗三：《商榷》，《牟宗三先生全集》第 16 册，第 17 页。

判断力中认识能力之自由协调活动，对象形式与认识能力丝丝入扣，这固然可以带来一种愉悦情感，"但这个情不一定是美情"①。"对象之依其目的而可能而然"即自然对象趋向于一个最高目的，自然世界由此会呈现为有条有理的有机整体，这固然也可以带来一种愉悦情感，但"这个世界这么有条有理，这么美，这是神学家口中所说的美，是传道的牧师口中所说的美，不是严格意义的那个美的意义"②。

最后，康德以认识能力之普遍必然性来保证审美情感的普遍必然性，牟宗三认为这种论证过于迂曲穿凿。康德按照知性范畴的质、量、关系和模态四要素来揭示审美的要素，这就是鉴赏判断的四个契机，即无利害的愉悦、无概念的普遍性、无目的的合目的性和无概念的必然性。从知性范畴的四要素引出鉴赏判断的四契机，这显然是知识论的进路。当然，康德对四个契机都作了限定，它们虽然源于知性范畴，但不是为了成就知识，是无概念的。牟宗三称这种限定"是藉用，是权用、虚用、方便用，不是实用，因为不依靠概念。要是依靠概念就是实用，不依靠概念就是虚用、方便的权用"③。虽然康德对四契机的使用作了限定，但牟宗三认为康德对此并没有提前声明，"康德之依据一般判断之量、质、关系与程态以明审美判断之特性，这只是方便用之以为窍门以说明审美判断之本性之四机要，这只是权用，而非实用。但康德并未先明此义"④。就四个契机本身来说，鉴赏判断第一契机是没有任何利害关心、不带任何兴趣，这种愉悦情感才称得上是美的。牟宗三对第一契机是持肯定态度的，说这是"最为肯要之语，最切审美判断之本性者"⑤。鉴赏判断的后三个契机有着内在的联系，第三契机是主干，也是第三批判的核心，另外两个契机是为保证此核心之普遍必然性

---

① 牟宗三：《康德第三批判讲演录》（八），《鹅湖月刊》第 310 期（2001 年 4 月），第 4 页。

② 牟宗三：《康德第三批判讲演录》（三），《鹅湖月刊》第 305 期（2000 年 11 月），第 1 页。

③ 牟宗三：《真善美之分别说与合一说》，《鹅湖月刊》第 287 期（1999 年 5 月）。

④ 牟宗三：《商榷》，《牟宗三先生全集》第 16 册，第 62 页。牟宗三在此过于吹毛求疵，因为康德对鉴赏判断四契机之于知性范畴四要素的借用关系还是有所声明的，只不过不够显豁，仅仅在一个注脚中声明："要把一个对象称为美的，这需要什么，必须由对鉴赏判断的分析来揭示。这种判断力在其反思中所注意的要素，我是按照判断的逻辑功能的指引来寻找的（因为在鉴赏判断中，总是还包含着与知性的一种关系）。"（康德：《判断力批判》，《康德著作全集》第 5 卷，第 210 页）康德在此指明他寻求鉴赏判断的要素是按照逻辑功能的"指引"而来的，但这些逻辑功能只起到一种引子作用，并无实际的逻辑功能。

⑤ 牟宗三：《商榷》，《牟宗三先生全集》第 16 册，第 69 页。

所作的解释和说明。但合目的性的普遍必然性与知识之基于概念之上的客观的普遍必然性不同，而是一种无概念的主观的普遍必然性。康德这样论证的目的，一方面是为了照顾审美情感纯然主观的非知识性，另一方面是为了保证鉴赏判断的普遍必然性。如果没有这两个方面，鉴赏判断就会陷入二律背反，即（正论）鉴赏判断不能建立在概念之上，否则就会引起争辩；（反论）鉴赏判断又必须建立在概念之上，否则就会引起争执。康德消解此二律背反的方法是把反论中的概念理解为不确定的概念即理念。①但康德似乎忘了，不确定的概念仍然是概念，理念即理性的概念也仍然是概念，而"当初说审美判断之量相（普遍性即对每一人有效之普遍性）并不基于概念，这不基于概念是不基于任何概念，并非是单不基于决定的概念，而尚可基于一可决定的理念上"，所以牟宗三认为康德这种消解最终只能落入"可笑之戏论"。②究其原因，正如牟宗三在下面将要说到的，审美情感自有其普遍必然性，不需要其他来保证，而康德硬要拐个弯把审美情感的普遍必然性系于认识能力，"这想法太迂曲而不顺适，太生硬而不自然。一言以蔽之，曰'凿'而已矣"。③

总之，牟宗三对康德论证审美判断力合目的性原则的知识论进路看得非常清、认得非常准，当然对其也非常不满。牟宗三说："康德的思路大体是很正确的，但是，有一个核心的地方不切，总是格格不入。那就是审美判断的超越原则的问题，就是那个合目的性原则跟审美判断不切的。……康德对审美判断的分析是对，大体不错。就是讲审美判断的超越原则那个核心问题不切。"④这是牟宗三对康德论证审美判断力合目的性原则之进路的整体衡定。

三　牟宗三的真善美之分别说与合一说

在牟宗三看来，康德论证审美判断力先天原则的一切问题都在于其知识论的进路。审美与认识是不可化约的两种不同的心灵能力，既然如此，它们就应当有其各自不同的先天原则，讨论这些先天原则的进路也应当不同。所以牟宗三强调，讨论审美问题

---

①　康德：《判断力批判》，《康德著作全集》第 5 卷，第 56、57 节。

②　牟宗三：《商榷》，《牟宗三先生全集》第 16 册，第 65 页。

③　牟宗三：《商榷》，《牟宗三先生全集》第 16 册，第 31 页。

④　牟宗三：《康德第三批判讲演录》（六），《鹅湖月刊》第 308 期（2001 年 2 月），第 1 页。

不能从作为认识能力的判断力讲起，而要从头另讲，要"脱离这个判断力，脱离认识机能另讲。……不要再胶着在这些认知能力的词语上讨论审美判断"①，"直接从知、情、意的'情'讲"②。脱离认识能力直接从情来讨论审美的先天原则，这就是牟宗三的真善美之分别说。

真善美之分别说就是把真善美看成是各自独立的三个领域，知情意是分别属于三个领域的三种心灵能力。牟宗三说："知是一独立的领域，情是一个独立的领域，意是一个独立的领域。这叫做三足鼎立。这三种东西都是就人类讲的。真、美、善配合着知、情、意。知是一个独立的领域，知成功知识，知识的领域求真。从知这个地方说真，从情这个地方说美，从意这个地方说善。知、情、意是我们人的三种心灵能力，三种心灵的灵魂，所以美有美的灵魂，知有求知的灵魂，善有道德的灵魂。这是人类之所以可贵的地方。康德名之曰心灵的能力"③，"知、情、意三种心灵能力表现真、美、善三个世界"④。至于心灵不多不少恰巧有此三个领域和三种能力，牟宗三认为这是不能追问为什么的，是没有理由的天然事实。⑤心灵的三个领域和三种能力虽然不能问何以如此，但可以知道的是"此三者皆由人的特殊能力所凸现"⑥。具体地说，真的领域是由感性、知性等认识能力所凸现，善的领域是由意欲能力所凸现，美的领域是由情感能力所凸现。这种凸现，牟宗三经常用另外两个更为形象的词"挑起"、"趋起"来表达："这三个独立的领域通通是人类心灵所挑起，通通是为我们人类的主体而挑起。……善的领域是我们的自由意志所皱起来的，真的领域是我们的感性、知性所皱起的，美的领域是我们的 taste 所皱起的。……真、美、善三个领域都是通过人类主体三个不同方面的能力所皱起，所凸显。"⑦

具体到审美来说，分别说的美情不是认识能力协调运作的结果，而是一种独特的"审美力"⑧。审美力与作为认识能力的感性、知性不同，也与作为意欲能力的自由意

---

① 牟宗三：《康德第三批判讲演录》（六），《鹅湖月刊》第 308 期（2001 年 2 月），第 8 页。
② 牟宗三：《康德第三批判讲演录》（十四），《鹅湖月刊》第 316 期（2001 年 10 月），第 6 页。
③ 牟宗三：《康德第三批判讲演录》（七），《鹅湖月刊》第 309 期（2001 年 3 月），第 3 页。
④ 牟宗三：《康德第三批判讲演录》（七），《鹅湖月刊》第 309 期（2001 年 3 月），第 4 页。
⑤ 牟宗三：《康德第三批判讲演录》（八），《鹅湖月刊》第 310 期（2001 年 4 月），第 5 页。
⑥ 牟宗三：《商榷》，《牟宗三先生全集》第 16 册，第 76 页。
⑦ 牟宗三：《康德第三批判讲演录》（十四），《鹅湖月刊》第 316 期（2001 年 10 月），第 6 页。
⑧ 牟宗三：《商榷》，《牟宗三先生全集》第 16 册，第 69 页。

志不同，它是一种特殊的智慧、特殊的感觉，牟宗三称之为"妙慧"①。当然，只有这种妙慧还不行，要有美情的发生，还必须有外在的东西来刺激妙慧。对妙慧施以刺激的外在物，牟宗三称之为"气化之多余的光采"，"所谓多余意即无与于知识之构成，亦无与于道德之构成"②。其实，三种心灵能力都要受到气化刺激才能在相应领域产生相应结果，气化刺激认识能力产生知识，气化刺激意欲能力产生道德，气化偶然刺激情感能力（妙慧）则产生美情，"这个多余的光采，和我们表现审美的能力那个妙慧一碰头，这个美就显出来了"③。

既然真善美是三个不同的领域，那么它们就应当有其各自独立的先天原则，"三个独立的领域，每一个领域代表一个原则"④。牟宗三用比喻的说法指出："知识代表呼吸；道德代表提起来的奋斗；美代表放平、喜悦，这才是真正的生命之源。"⑤ 那么"分别说的'真'是生命之窗户通孔，生命之'呼吸原则'。分别说的'善'是生命之奋斗，生命之提得起，是生命之'精进不已之原则'。分别说的'美'是生命之'闲适原则'，是生命之洒脱自在。"⑥ 概括地说，真善美三个领域的先天原则分别是呼吸原则、奋斗原则和闲适原则。

从理论上说，审美情感之闲适原则源于牟宗三所谓的"无相原则"，而无相原则又源于"无向判断"。与康德分判断为规定性判断与反思性判断不同，牟宗三将判断分为"有向判断"和"无向判断"，"'无向'云者无任何利害关心，不依待于任何概念之谓也。有利害关心即有偏倾，偏倾于此或偏倾于彼，即有定向。而任何概念亦指一定向"。⑦ 概念意味着定向，定向的固定就形成定相。无概念就无定向，无定向就不会形

---

① 牟宗三在交待"妙慧"一词的来源时说："我记得有一天看报纸，不知是谁写的两句话，我把他名字给忘掉了，这两句话就是'非妙慧者不能言感，唯古诗人可以云怨'。"（《真善美之分别说与合一说》，《鹅湖月刊》第 287 期）按：该句词源于清代吴绮《纳兰词序》："嗟呼！非慧男子不敢善愁，唯古诗人乃可云怨。公言性吾独言情，多读书必先读曲。"原句中并无"妙慧"一词，牟宗三所记有误。

② 牟宗三：《商榷》，《牟宗三先生全集》第 16 册，第 86 页。

③ 牟宗三：《真善美之分别说与合一说》，《鹅湖月刊》第 287 期（1999 年 5 月）。

④ 牟宗三：《康德第三批判讲演录》（九），《鹅湖月刊》第 311 期（2001 年 5 月），第 5 页。

⑤ 牟宗三：《康德第三批判讲演录》（九），《鹅湖月刊》第 311 期（2001 年 5 月），第 5 页。

⑥ 牟宗三：《商榷》，《牟宗三先生全集》第 16 册，第 79 页。

⑦ 牟宗三：《商榷》，《牟宗三先生全集》第 16 册，第 69 页。

成固定的定相。所以"无向就含蕴着无相"①。无相原则必然是无概念、超越于概念，当然也就不能从知识论的进路来论证。

　　无相原则虽然无关于概念、超越于概念，不能由知识论的进路来论证，但仍有其普遍必然性，只不过其普遍必然性不同于知识论的普遍必然性。康德由认识能力出发论证审美判断的普遍性是一种量的普遍性，这种普遍性虽然不基于决定性概念，却基于非决定性概念。但在牟宗三看来，审美判断"独立不依于任何概念，不管是决定的概念，抑或是不决定的概念，如是，它的普遍性显然不是由概念而来"，这样的普遍性"不是量意义的普遍性，而是质意义的普遍性"。② 同样，审美判断的必然性也不依赖于任何概念，只要有那样的气化刺激，必然会有这样的美感产生。这种必然性为妙慧美感原本所含有，"此为妙慧直感之无诤之所必函，没有'然'与'不然'之更替之可能，只有一个妙慧之'然'之'无外'：'无外'之'然'实即必然"③。

　　康德以合目的性作为审美判断力的先天原则，目的是为了弥合自然与自由两界的巨大鸿沟。主观合目的性是反思性判断力中想象力与知性等认识能力的自由协调活动，认识能力为自然立法而又能自由活动，于是自然与自由就在主观合目的性中融为一体。客观合目的性是自然内在地趋向于最高目的，而最高目的属于超自然的自由界，于是自然与自由在客观合目的性中达成统一。通过主客观合目的性原则，自然与自由就能够相互通达而成为一体。但牟宗三对此却甚为怀疑："审美判断究竟是否能担当这个两界沟通的责任呢？而且，你还可以进一步问：两界是否一定需要这么一个第三者来沟通呢？这里有问题呀。这个审美判断怎么能一定沟通自然与自由呢？而且，为甚么自然与自由之间一定要成为问题，需要一个第三者来沟通呢？这是有问题的。"④

　　牟宗三的疑问包括两层：一是审美判断能否沟通两界？二是两界是否需要第三者来沟通？牟宗三对此的回答是：审美判断不能沟通自然与自由两界，自然与自由两界也不需要第三者来沟通。首先，审美判断担负不起沟通两界的重任。康德以合目的性作为审美判断的先天原则，但主观合目的性中自然对象与认识能力的丝丝入扣和客观合目的性中自然界趋向最高目的而呈现出的有条有理所带来的愉悦情感都不一定是审

---

① 牟宗三：《康德第三批判讲演录》（二），《鹅湖月刊》第 304 期（2000 年 10 月），第 9 页。
② 牟宗三：《商榷》，《牟宗三先生全集》第 16 册，第 70~71 页。
③ 牟宗三：《商榷》，《牟宗三先生全集》第 16 册，第 72 页。
④ 牟宗三：《康德第三批判讲演录》（六），《鹅湖月刊》第 308 期（2001 年 2 月），第 6 页。

美情感。而且，分别说的审美是空泛的，没有积极的贡献，既无助于知识构成，也无益于道德实践，所以它担负不起沟通两界的责任。① 其次，自然与自由两界可以直接沟通，不需一个第三者横插进来。自由属于道德，自然属于实践，"依中国传统，道德目的直接贯下来，用不着借助媒介"②，自由意志通过道德实践直接作用于自然界，于是自由与自然两界就直接沟通起来。康德之所以要用审美沟通两界，是因为他摆开了两个世界，自由王国与自然王国没有实际的关系，老死不相往来，所以"自由贯不下来，自由本身是一个设准（postulate），它不能直贯下来的"③，这才需要一个第三者作为媒介沟通两界。

牟宗三认为，康德的问题出在他只有真善美的分别说而无真善美的合一说。真善美是各自独立的三个领域，真只是自然，善只是自由，由合目的性原则所规定的美只是善的象征，并不能真正沟通两界。要达到两界的真正沟通，需要有一个周折，先有真善美的分别说，把它们各自的原则讲清楚以后，再来一个合一说，不但自然之真与自由之善达到真正沟通，而且真善美三者都完全化而为一。

牟宗三所说的真善美之合一不是康德那种以审美沟通自然与自由所达成的形式上的和谐统一，"乃是于同一事也而即真即美即善之合一"。④ 牟宗三经常用诗句"吹皱一池春水"来比喻真善美的分别说与合一说：人类心灵好比一池春水，微风吹来，分别掠动三种心灵能力，便成真善美三个领域。他还经常借用陆象山"平地起土堆"的比喻：真善美"这些领域，这些精彩，这些花样，通通是平地起土堆"，都是平地上平空而起的三个土堆。⑤ 当然，真善美"三足鼎立的这三个世界是人类心灵皱起的波浪，这些波浪既然是波浪，可以起来，也可以平伏下去。平伏下去也就没有了。"⑥ 波浪和土堆可以平空而起，也可以寂然平伏，真善美平伏下去仍然是春水一池，仍然是平地一块。平空而起就是真善美的分别说，平伏下去就是真善美的合一说，"真、美、善合

---

① 牟宗三：《康德第三批判讲演录》（八），《鹅湖月刊》第 310 期（2001 年 4 月），第 4 页。
② 牟宗三：《康德第三批判讲演录》（三），《鹅湖月刊》第 305 期（2000 年 11 月），第 10 页。
③ 牟宗三：《康德第三批判讲演录》（六），《鹅湖月刊》第 308 期（2001 年 2 月），第 6 页。
④ 牟宗三：《商榷》，《牟宗三先生全集》第 16 册，第 80 页。
⑤ 牟宗三：《康德第三批判讲演录》（十五），《鹅湖月刊》第 317 期（2001 年 11 月），第 4 ~ 5 页。
⑥ 牟宗三：《康德第三批判讲演录》（七），《鹅湖月刊》第 309 期（2001 年 3 月），第 4 页。

一的境界根本是个平地的境界"①。

　　按照无相原则，真善美合一其实就是真善美各自独立的相状被消解、超越。真善美分别说时，真是真相，善是善相，美是美相，三足鼎立，各不相干。但真善美合一说时，真之真相被化掉，善之善相被化掉，美之美相亦被化掉。这就是牟宗三所说的"此无相原则既反身地形成审美品鉴之无向性，复超离地超化一切有独立意义的事物之自相，如超化道德的善之善相，超化知识底真之真相，甚至亦超化审美品鉴中的美之美相"。② 真善美各自独立之相被化掉，其实就是在无相原则之下，整个心灵升化为无是非、无善恶、无美丑的淡然境界。牟宗三认为"此一'合一'之妙境非西哲智慧所能及"③，而中国传统智慧中却不乏这种境界，在儒家是所谓"天理流行"，在道家是所谓"圣人无情"，在佛家是所谓"平常心是道"。④

　　至此，牟宗三自信他根据中国传统智慧中的无相原则，由真善美的分别说再到合一说，不但消解了康德审美判断力合目的性原则中的滞凝穿凿之处，而且站在了更高的层次超越了康德三大批判所达到的境界。

---

① 牟宗三：《康德第三批判讲演录》（十五），《鹅湖月刊》第 309 期（2001 年 3 月），第 5 页。
② 牟宗三：《商榷》，《牟宗三先生全集》第 16 册，第 70 页。
③ 牟宗三：《商榷》，《牟宗三先生全集》第 16 册，第 80 页。
④ 牟宗三：《康德第三批判讲演录》（九），《鹅湖月刊》第 311 期（2001 年 5 月）。

牟宗三与刘宗周论寂感真几：比较与省思

陈　畅[*]

摘　要　寂感真几在当代新儒家牟宗三道德形上学哲学体系中具有重要的地位和作用，而"宋明理学最后一位大家"刘宗周对寂、感、几之论述亦有甚深奥义。通过比较两家论述可以看出，双方在创造性问题乃至根本性思维方式上存在重大差异。反思这种古今差异，对于当前中国古典思想研究不无裨益。

关键词　寂感真几　牟宗三　刘宗周

新儒家宗师牟宗三先生是当代中国哲学研究重镇，1995 年出版的《剑桥哲学词典》称其为"当代新儒家他那一代中最富原创性与影响力的哲学家"，评价不可谓不高。牟先生以会通中西哲学（主要是儒家与康德）、建构独特的"道德形上学"哲学体系著称，其哲学理论研究的一大特点是以哲学史、思想史的梳理和建构为主要开展途径。在此过程中，被其称为"宋明理学最后一位大家"晚明大儒刘宗周具有重要的地位。近代以来学术界的刘宗周思想研究，以牟先生的研究成果最为突出、最具影响力。而牟氏对刘宗周的分析和评论，有令人击节赞叹的睿智之见，亦有不少重大失误。针对这一特点，本文以牟氏哲学体系中频繁出现的一个术语"寂感真几"为中心展开讨论。"寂感真几"向来较少受到学界关注，但是对于我们深入理解牟氏思想基本性格有重要意义。而刘宗周对"寂、感、几"议题的论述亦有甚深奥义，可说是今人进入其慎独哲学体系的一把关键钥匙。有鉴于此，本文将在梳理牟氏寂感真几论述的基础上，通过与刘宗周相关论述作一对比性考察，彰显双方思想特质，反思牟氏失误之成因，就教于方家。

---

*　陈畅，广东梅县人，哲学博士，同济大学哲学系副教授，博士生导师，主要从事宋明理学及明清哲学研究。

一　牟宗三对寂感真几的论述

"寂感真几"一词是牟氏依托传统思想自造的新术语，在其道德形上学体系中具有重要的地位和作用。其重要性表现在两个方面：1. 寂感真几是"最后的实体（ultimate reality），百理皆由此出"①；2. 寂感真几"打通了道德界与自然界之隔绝"，"是儒家'道德的形上学'之彻底完成"②。这一术语的源头是《周易·系辞上》"易无思也，无为也。寂然不动，感而遂通天下之故。非天下之至神，其孰能与于此"与《系辞下》"几者动之微"两处，牟氏用以表述天理的重要内涵。按牟氏的说法，这是从宋儒程明道那里得到的启发。二程有一则语录云：

> "寂然不动，感而遂通"者，天理具备，元无欠少，不为尧存，不为桀亡。父子君臣，常理不易，何曾动来？因不动，故言"寂然"；虽不动，感便通，感非自外也。③

此则语录未注明谁语，牟氏认为是明道语。从字面上看，此则语录从"寂然不动，感而遂通"推导出两大内容：天理具备恒常不易的特质；充塞于天地的天理亦内在于人，故而人能对天理感而遂通。而牟氏的评论却阐发出另一番深意。他认为明道用寂感来诠释天理，意在表明天理是动态的，不是死静的；④ 同时也表明"於穆不已"的天理实体，即是心体（神体、诚体）。理是心体之自发、自律、自定方向、自作主宰处。理使心具备客观存有义；心使理成为主观、具体而真实，具备活动义。⑤ 换言之，寂感真几恰当地表述出天理实体即活动即存有、即主观即客观的内涵。牟氏的论述中需要特别注意的是，心体与天理如何通过寂感等同起来？事实上，牟氏的思路颇经历了一番曲折。他从《周易》本义展开论述，认为寂感文句本来是描述著卦占筮之知几，指几之感应表现为无思无为而又自然迅速如神。卜筮是根据卦爻或蓍草的运算规律来

---

① 牟宗三：《宋明儒学的问题与发展》，华东师范大学出版社，2004，第53页。
② 牟宗三：《心体与性体》上册，上海古籍出版社，1999，第155页。
③ 程颢、程颐：《二程集·河南程氏遗书卷第二上》，中华书局，2002，第43页。
④ 牟宗三：《宋明儒学的问题与发展》，第53页。
⑤ 牟宗三：《心体与性体》上册，第63、64页。

断吉凶得失，卦爻或蓍草只是几笔图画或器物，其本身无生无情、无思无为；然而蓍卦之布算却能预知吉凶得失，其感应之神妙完全基于问者之精诚。因此卜筮之本质是由精诚之感应洞见宇宙实相，蓍卦在其中只是一个象征。① 牟氏称：

> 首先，由蓍卦之布算而悟到其无思无为知几如神之感应，由此为象征而悟到天道无思无为之生化，再由此而归于主体悟到"圣人以此洗心，退藏于密，吉凶与民同患"，以及"圣人以此斋戒以神明其德"。类而通之，无论在天道之生化，或在圣心之神明，皆可以"无思无为，寂然不动，感而遂通"形容之。而此总之，即曰"寂感真几"。故超越实体者即此"寂感真几"之谓也。神化与易简皆其本质之属性。此皆由精诚之德性生命、精神生命之升进之所彻悟者。②

上引文在寂感之外增加了"真几"一词。"几"取《系辞下》"几者动之微"义，"真几"说明天理实体是一微妙而真实的动源、生源。所谓动源、生源，是指天理实体是万物得以生生而不已的根源。③ 如前所述，卜筮是精诚之感应，寂感的意义在于说明精诚的德性生命能够了解到宇宙实相。因此，"寂感真几"一词之实义是指，通过寂感这种精诚而不测的心体神用来了解形而上的真实。正是在这一意义上，牟宗三直接把寂感真几说成是创生之源、神化之源，具有神妙不测的生化作用。牟氏认为，西方哲学通过形式（form）与物质（matter）、有与变化（being and becoming）、原子与虚空（atom and void）等方式来了解真实的存在（reality）；而儒家则是通过"寂感"来了解。寂感具备内通而无限制的妙用：自其为寂言，它是无声无臭、绝对的冥寂；自其为感言，它是不疾而速不行而至，遍体万物而不遗；寂感非分为二，而是即寂即感，是"动而无动，静而无静"的神用。那么，形而上的真实究竟何指？牟氏有一个提醒非常关键：神用无方的寂感真几"必意许为精神的、超越的"。④ 牟氏以"精神"、"超越"来解释寂感，有其特殊的理论考量。牟宗三的观点建立在他把心体、天理、寂感真几的内涵规定为创生之实体（Creative Reality）基础之上，而他对问题的处理完全是康德式的。

创生之实体又名为"道德的创造性"。牟宗三把"创造性"区分为两大类：实然

---

① 牟宗三：《心体与性体》上册，第 263 页。
② 牟宗三：《心体与性体》上册，第 263 页。
③ 牟宗三：《心体与性体》下册，第 69 页。
④ 牟宗三：《宋明儒学的问题与发展》，第 59、60 页。

的自然生命之创造性（如生机主义的生物学的生命之创造、文学家所歌颂的天才生命之创造）与道德的创造性（含宗教信仰上的上帝之创造）。他认为自然生命的创造并非真正意义上的创造性，只有道德的创造性才是创造性原则最基本、最原初、最恰当的意义，即便是宗教意义上的上帝创造，落实而言也还是道德的创造性。①"道德的创造性"与"自然生命的创造性"的区分建立在"精神生命"与"自然生命"的等级关系之上。牟宗三说：

> 天命、天道可以说是"创造性的本身"（Creativity itself）。然而，"创造性的本身"在西方只有宗教上的神或上帝才是。所谓"本身"，就是不依附于有限物的意思。譬如说手足可以创造工具，诗人有创作才华便可以创造诗歌，这一类的创造显然附着于有限物如人体，所以都不是创造性本身。②

牟宗三认为创造性只能建立在纯粹、无限的精神生命之上，自然生命由于其有限性与不纯粹性被排除在外。这种"纯粹、无限的精神生命"与"不纯粹、有限的自然生命"的截然二分，源于西方实体主义哲学尤其是近代认识论转向之后的物质精神二分的思维模式。但是，牟氏并非简单重复这种二分，而是试图以儒家义理弥合之。此即寂感真几概念的意义源头。牟氏的处理方法是沿着康德思路推进并以儒家的方式超越康德。牟氏在总结康德哲学的基础上指出，精神生命服从自由意志所先验构成的（自律的）普遍的道德律；自然生命服从感觉界、经验界之自然因果律。前者属于价值界、道德界，后者属于自然界、实然界；如何沟通这两个世界进而合一，是现代哲学一大问题。在牟氏看来，康德解决问题的方式局限于概念和范畴推理，且视自由意志为一假设，故而其统一两界只是强探力索的理论建构之结果，难以达到圆熟的境界。而儒家自始就有一种通透的、具体的圆熟智慧，能把道德性之当然渗透至充其极而达精诚恻怛之圆熟境地，从而解决康德哲学难以解决的问题。所谓意志底自律（Autonomy of the will），即意志自身给它自己立法，既不涉及感觉经验，也不涉于任何外在的

① 牟宗三：《心体与性体》上册，第 153~154 页。关于牟宗三"道德创造性"理论，可参黄慧英《道德创造之意义——牟宗三先生对儒学的阐释》（载氏著《儒家伦理：体与用》，上海三联书店，2005）与何乏笔《何谓'兼体无累'的工夫——论牟宗三与创造性的问题化》（载杨儒宾、祝平次主编《儒学的气论与工夫论》，台湾大学出版中心，2005）两文。
② 牟宗三：《中国哲学的特质》，上海古籍出版社，1997，第 22 页。

对象，意志遵循法则而行完全是无条件的、必然的。牟氏认为，依儒家义理，这样的意志在中国传统上名为心体、性体，是定然地真实的，是呈现；其内涵有三：第一，儒家的心体、性体斩断一切外在对象的牵连而具有普遍和必然性，此为主宰性；第二，心体性体是宇宙万物底实体本体，此为即主观即客观、即内在即超越的表现；第三，心体性体落在具体生活层面有真实的体现，此即践仁尽性。牟氏认为这是康德所不能及的儒家道德理性三义，他用禅宗云门三句"截断众流、涵盖乾坤、随波逐浪"来分别概括之。① 在牟氏的论述中，寂感真几总括此三义（尤其是第二和第三义），能呈现精神实体所蕴含的实践的体证意义；并且，它虽然是超越的，却不是隔绝的，在其创造性之呈现过程中，实然自然的物质与动态超越的精神直下贯通于一起而不容割裂。这种功能是牟氏道德形上学体系中的其他术语所不具备的。故而牟宗三说，寂感真几"始打通了道德界与自然界之隔绝。这是儒家道德的形上学之彻底完成"。②

　　显然，牟宗三对寂感真几（天理、心体、性体）的论述，无论从理论目标、思路和方法，都是以康德哲学为模本。虽然他以"呈现 VS 假设"的新儒家公案来超越康德，但是他对寂感真几（天理、心体、性体）内涵的界定，都打上了鲜明的康德哲学烙印。例如，牟氏以寂感真几打通道德界与自然界之隔绝，使世界成为一个圆融的整体，其所谓"打通"是在限定意义上谈的。在牟氏的创造性机制中，事物的意义在根本上来说不在作为有限物的事物本身，而在于"不依附于有限物"的纯粹精神。因此，牟氏所说的"创造"（创生）被转化为精神觉润（妙运、始活、引发、滋生）物质之义③，"觉润"是万物得以生生而不已的根源，亦即道德创造性能排斥"自然创造"而成为创造性原则之基本意义的根本原因。由此，虽然牟氏意在打通道德界与自然界、弥合精神与物质之二分，但他的解决方式却以在另一层面确认甚至深化了这一区分。关于这种思想特质，可通过与刘宗周思想的对比看出。

二　刘宗周论寂、感、几

　　在刘宗周的慎独哲学体系中，寂、感、几都是重要的核心词汇，它们与动、静、

---

① 牟宗三：《心体与性体》上册，第 98～118 页。
② 牟宗三：《心体与性体》上册，第 155 页。
③ 见牟宗三《心体与性体》上册，第 394～395 页。

未发、已发等名相相配合，共同表述心体与性体的内涵。因此，厘清刘宗周对寂、感、几的论述，进而与牟宗三论寂感真几相比较，能帮助我们深入理解双方思想之特质、古今语境之差异。

刘宗周称：

> 或问：“人心既无无喜怒哀乐之时，而藏发总一机矣。若夫气机之屈伸，毕竟有寂然不动之时，又有感而遂通之时。寂然之时，此喜怒哀乐终当冥于无端；感而遂通之时，此喜怒哀乐终当造于有象。则又安得以未发为动，而已发反为静乎？”曰：“性无动静者也，而心有寂感。当其寂然不动之时，喜怒哀乐未始沦于无。及其感而遂通之际，喜怒哀乐未始滞于有。以其未始沦于无，故当其未发，谓之阳之动，动而无动故也。以其未始滞于有，故及其已发，谓之阴之静，静而无静故也。动而无动，静而无静，神也，性之所以为性也。动而无静，静而无动，物也，心之所以为心也。”①

刘宗周对出自《中庸》中和说的“喜怒哀乐”有独特的界定，他在理学“以生意论仁”传统的基础上，以天地人物共有的“生气”来定义“喜怒哀乐”。生气是贯通主客观界、主导事物变化的造化力量，蕴涵着无穷的活力，而喜怒哀乐则是生气之别名。在刘宗周的论述中，喜怒哀乐不是随情境而起灭的情绪，而是一种贯穿人生在世的所有场合、影响力无所不在的基本情感（生命力）。并且，刘宗周把喜怒哀乐界定为人的基本情感并赋予其宇宙论背景，从而成为根源性的“气序”。所谓气序，是指贯穿于天地自然万物的生机（生气）在其流行发育过程当中的秩序。在刘宗周，生气被概括为盎然而起、油然而畅、肃然而敛、寂然而止四个阶段，分别命名为喜、乐、怒、哀；喜怒哀乐虽名为四，实只是一气，此“一气”流行妙运故有千变万化，而千变万化之大化流行有一定的次序、秩序，这些秩序总结起来就是喜怒哀乐四者；四端之心、仁义礼智、春夏秋冬，都是这一秩序在各个层面的展现。② 总之，刘宗周所说的喜怒哀乐是心体，也是性体；这是一种把人契入更为广大的天地自然秩序中确认和证成自身的思维模式。这种独特的界定有两个值得注意的地方。第一，就心体而言，在日常

---

① 刘宗周：《学言上》，《刘宗周全集》二，中研院中国文哲研究所，1997，第 462 页。
② 详参拙作《刘宗周慎独哲学的政教义蕴》，载《集美大学学报》（哲社版）2014 年第 4 期。

生活情境中，喜怒哀乐并非时时形著外在，更多的是"未形著外"的情况；而当其未形，喜怒哀乐存诸内在，虽然无所赋形、不著于形色，但内心并不是一个空无之境。因此，《中庸》中和说里的未发是指喜怒哀乐未形于外、存诸中的状态；已发是指喜怒哀乐发于外的状态。未发已发关系是存诸中与发于外的关系，不是一般所理解的截然对待关系（详后）。第二，就性体而言，喜怒哀乐本身是气序，"盈天地间，一气而已矣"①，万事万物由气所构造，而气的秩序是万事万物自身所蕴含，非由超越于事物的任何实体所赋予。

刘宗周"性无动静，心有寂感"的提法，表明心之寂感与性之"不动"相关联，亦即：心之寂感与动静有关，只不过这个动静是在"动而无动，静而无静"的意义上谈的。一般人会把寂感和动静挂起钩来，从而以寂感、有无、未发已发、动静截然区分为两个阶段。刘宗周则不然，他把寂然不动与动而无动、喜怒哀乐未始滞于无、阳之动等同起来，把感而遂通与静而无静、喜怒哀乐未始滞于有、阴之静等同起来。刘宗周所说的"寂然不动"是在主静立极的意义上谈的："天枢万古不动，而一气运旋，时通时复，皆从此出。主静立极之学本此。"② 主静之静不是动静分立之静，而是指一气运旋（喜怒哀乐四气周流）、诚通诚复之神妙不测（动而无动：非动非静，亦动亦静，即动即静③）状态。"感而遂通"是指在喜怒哀乐四气周流、通达的境域之中，具体而万殊的事物呈现出互相通达、彼此相与的整体性（静而无静）状态。概言之，刘宗周对寂感的界定，首先是对万物化生秩序的本然描述：天地之间为生生之气所流行贯通，万物本真地处于互相敞开的境域，处于一种动态、生机的关系之中。

必须说明的是，寂感是从动静（通达之动静）角度来说生气，未发已发则是从另外一个角度来说生气。刘宗周之前的理学家（如朱子学者）往往由心之寂感来划分未发已发：未发之前为寂然之心体，已发之时为感通之情。刘宗周对未发已发关系有独特的界定。前文已说明刘宗周对喜怒哀乐的独特使用，刘宗周还列举了人的日常生活经验来说明喜怒哀乐未发已发之间的关系。首先，必"存诸中"方能"发于外"，存发之间不是即存即发的关系，而是"存"涵盖"发"，这是生机呈现的枢纽（机）：

---

①　刘宗周：《学言中》，《刘宗周全集》第二册，第480页。

②　刘宗周：《学言上》，《刘宗周全集》第二册，第444页。

③　刘宗周：《周易古文钞》，《刘宗周全集》第一册，第122页。

"第思人心之体，必有所存而后有所发，…总之，存发只是一机，故可以所存该所发，而终不可以所发遗所存。"[1] 其次，中和、未发已发互相蕴含、完全一体化（一性）："未发为中而实以藏已发之和，已发为和而即以显未发之中。"[2] 总而言之，则是"存发一机、中和一性"的关系，存与发（未发与已发）、中与和如同"阴阳互藏其宅，通复互为其根"[3]，都是相互蕴含着的关系。这种喜怒哀乐之存诸中与发于外的关系，刘氏门人黄宗羲将其概括为"已发未发，以表里对待言，不以前后际言"[4]，甚为精确。刘宗周认为，只有这种全新的体用思想才真正符合子思在《中庸》中以"喜怒哀乐"指点"性体"的用意："分明天地一元流行气象。所谓'不识不知，顺帝之则'，全不涉人分上，此言性第一义也。"[5] 亦即：打开天人之间自然而然的通达维度，令生机自然流行不已。刘宗周指出，按照他对喜怒哀乐中和说的解释，自能明白："若喜怒哀乐四者，其发与未发，更无人力可施也。（后人解中和，误认是七情，故经旨晦至今。）"[6] 天地一元流行气象即天分上事，与人分上事（人力）相对待而言。概言之，刘宗周的未发已发说是从天分上（自然）来谈生气流行，其所追求的是天机流行、自然而然的秩序和节奏。

在刘宗周，虽说寂感是从动静（通达之动静）角度来说生气，未发已发则是从天分上（自然）角度来说生气；但综合起来，两者又是一体的，共同与人分上事（人力）相区别开来：

> 程子曰："天下之道，感应而已矣，喜怒哀乐之谓也"。易曰："咸，感也。"天下惟感应之道为无心，动以天也。感之以喜而喜焉，感之以怒而怒焉，绝非心所与谋也。[7]

喜怒哀乐与感应（寂感）是相即内蕴的关系，"寂然之时，亦有未发已发；感通

---

① 刘宗周：《答史子复》，《刘宗周全集》第三册上，第446页。

② 刘宗周：《学言上》，《刘宗周全集》第二册，第461页。

③ 刘宗周：《学言下》，《刘宗周全集》第二册，第536页。

④ 黄宗羲：《子刘子行状》，载《刘宗周全集》第五册，第47~48页。

⑤ 刘宗周：《证学杂解》解十九，《刘宗周全集》第二册，第318页。

⑥ 刘宗周：《学言上》，《刘宗周全集》第二册，第468~469页。

⑦ 刘宗周：《学言上》，《刘宗周全集》第二册，第460页。

之时，亦有未发已发。"① 两者共同传达天机自然秩序之消息。而远离人欲干扰和遮蔽的天机自然秩序正是宋明理学天道追求的核心目标，如明儒湛甘泉有一个与刘宗周相似的观点，可谓宋明理学之共识："夫天下之大，感应而已矣。感应之道，自然而已矣。自然者，无心者也，不显者也。天地之常，普万物而无心，故不言而四时行焉，百物生焉，而物之应者勃然矣。"② "天地之常，普万物而无心"是程明道《定性书》的文句，而《定性书》正是理学传统中论述心体自然义的经典文字。《庄子·达生》讲了一个"醉者坠车，虽疾不死"的故事，说明遵守天的秩序和节奏能帮助人全身远害（圣人藏于天，故莫之能伤）。事实上，理学所追求的天（自然），和《庄子·达生》醉者故事所传达的"天"有其内在一致性。理学存天理灭人欲，就是要祛除人欲对天的秩序的干扰。也正是在这一意义上，刘宗周区分"天分上事"和"人分上事"，致力于追求天机自然流行的秩序。

对刘宗周来说，遮蔽天秩序的因素除了众所周知的人欲之外，还有实体性的天理观念。由前文的讨论可知，刘宗周寂感、未发已发、喜怒哀乐等概念及其间关系的辨析都是以"生成"、"构成"（境域）状态而非以"实体"状态为标准来展开。所谓"生成"、"构成"（境域）状态，也就是上文所说的"动而无动、静而无静"的万物之间生气相互通达、贯通状态。而"实体"状态其实类似于"动而无静，静而无动"之"物"状态，是指在对象性的思维模式中作为本质、理念的存在形态。一谈到天理或天的秩序，就涉及人对于"天"（本体）的想象；但此类想象往往局限于人类日常生活经验，从"盈满天地"、有形有质的"物"之特征来描述"天"之奥秘，从而造成极大的误解。刘宗周将此类情况概括为："古今性学不明，只是将此理另作一物看"。③ 针对这一问题，刘宗周提出"天者，万物之总名，非与物为君也"④ 加以对治。前文曾提及"盈天地间，一气而已矣"，气的秩序是万事万物自身所蕴含，非由超越于事物的任何实体所赋予。这一内涵与"天者，万物之总名"完全一致。刘宗周进一步说：

① 刘宗周：《学言下》，《刘宗周全集》第二册，第 536 页。
② 湛若水：《格物通》卷七，四库全书本。
③ 刘宗周：《学言中》，《刘宗周全集》第二册，第 494 页。
④ 刘宗周：《学言中》，《刘宗周全集》第二册，第 480 页。

性无性，道无道，理无理，何也？盖有心而后有性，有气而后有道，有事而后有理。故性者心之性，道者气之道，理者事之理也。①

"性无性，道无道，理无理"提法的首要目标是回返天的秩序，前文所述把性理当作一物看，其实就是人类的主观造作，甚至是理性的盲目作为所致。对于刘宗周来说，私欲的危害大家都了解，需要他大声疾呼提醒人们警惕的是"理性的盲目作为"之害处。天的秩序，就是气化流行过程中每一事物自身所蕴含的气序，此气序不是异己之物所赋予，故而称"有事而后有理，理者事之理。"尊重每一事物自身秩序，就是尊重天的秩序；也是置身于喜怒哀乐四气周流、通达的境域之中，并与事物互相通达、彼此相与的前提。如果说牟宗三道德创造性模型是建立在精神与物质的等级差异上，那么，刘宗周的创造性模型则是建立在天的秩序（万物感通）上。天的秩序表现为天地之间一气流行贯通，万物本真地处于互相敞开的境域，处于一种动态、生机的关系之中。人、物愈与他人（物）感通，而后愈有更大之创造的生起；而欲望和理性的人为造作将形构出狭隘的自我，自我隔限于万物感通的本然状态，远离生生不穷的创造性本身。②

在刘宗周，对非实体的构成状态（动而无动、静而无静之神用）还可以用一个术语加以描述：几（意）。刘宗周的几论述有一个突出的优点，即能够把玄妙的构成状态、神用落实为一个具体的、可操作的工夫下手处。刘宗周称：

意为心之所存，则至静者莫如意。乃阳明子曰"有善有恶者意之动"，何也？意无所为善恶，但好善恶恶而已。好恶者，此心最初之机，惟微之体也。吾请折以孔子之言。《易》曰："几者，动之微，吉之先见者也。"谓"动之微"，则动而无动可知；谓"先见"，则不著于吉凶可知；谓"吉之先见"则不沦于凶可知。③

刘宗周认为"动之微"是对"动而无动"之神用的描述，而作为心之所存（存诸中）的"意"正是在"动而无动"的意义上与"几"等同起来。甚至于，几和意在内

---

① 刘宗周：《会录》，《刘宗周全集》第二册，第608页。
② 唐君毅：《中国文化之精神价值》（广西师范大学出版社，2005）对此有精彩论述，可参看。
③ 刘宗周：《学言上》，《刘宗周全集》第二册，第459页。

容上也是同构的：意以好善恶恶为内容，几则以"吉之先见"为内容。具有"动而无动"之神用的"几"，自然能够不著于吉凶、不沦于凶，成为纯粹的"吉之先见者"。意之好善恶恶也同样，刘宗周指出，"意根最微，……而端倪在好恶之地，性光呈露，善必好，恶必恶，彼此两关，乃呈至善。故谓之如好好色，如恶恶臭。此时浑然天体用事，不人力丝毫"。① 意的作用是好恶，更具体地说是好善恶恶，刘宗周举《大学》中类似生理性的感觉反应"如好好色，如恶恶臭"为例，以其说明好恶是心之发动最初的作用，即杜绝人为安排的自然之动，故而称为"此心最初之机"。杜绝人为安排的自然之动，更表现为"意有好恶而无善恶"②。刘宗周认为，没有先于好恶存在的善恶，并且好善即恶恶、恶恶即好善，故而"意"必然呈现出渊然定向于善的内涵。由此，刘宗周的意（几）论述淋漓尽致地展现出寂感神用的内涵，而在工夫论上也呈现出"创造性机制"把握先机的意义。

三　牟、刘论述之对比考察

牟宗三和刘宗周对寂感真几的论述初看似有不少相同之处，但是这种表面上的相似无法掩盖背后深刻的差异。例如两人同样强调寂感的神用。牟氏把天理视为精神实体，故而"动而无动、静而无静"之神用，就成了纯粹精神不受到物质性的限制而自作主宰、自我展开的运动。因其不受到物质性的限制，故而有神用；一旦精神受到物质性的污染，其神用将马上消失，陷为"动而无静、静而无动"之物。这种诠释模式凸显了牟氏哲学对于精神的张扬，以及对于作为有限物的个体事物本身的消解；而与以刘宗周所代表的理学传统重视天的秩序的做法大异其趣。刘宗周思想追求"全不涉人分上"、"无人力可施"的天机自然秩序，力图突破私欲和人类理智的人为造作之限制，回归一气流行过程中每一事物自身的秩序（天的秩序）。质言之，牟氏寂感真几论述展现的是精神物质二分的思想脉络，而刘宗周寂感几论述展现的是天人合一秩序的思想脉络，两者之间存在本质的差异。

物质精神二分的理论预设是西方实体主义哲学、尤其是近代认识论转向之后的主

---

① 刘宗周：《学言下》，《刘宗周全集》第二册，第 535～536 页。
② 刘宗周：《答叶润山民部》，《刘宗周全集》第三册上，第 387 页。

流思维模式和框架，正如海德格尔所批判的，这种预设的前提在存在论上是错误的，因为它把人（此在）与世界在"实际性"上被分割为"现成存在"的两个"存在者"——主体与客体，两者在分立、对立的"前提"下，"一个'主体'同一个'客体'发生关系或者反过来。"这种思维方式完全耽搁了人的存在问题，从而使存在问题本身走入迷途。① 这种物质精神二分的实体主义思维与中国古典哲学并不相伴。宋儒程伊川有言："圣人本天，释氏本心"②。天不是精神物质二元对立之下的精神实体，而毋宁说是超越于精神物质区分的根源秩序、自发的秩序。古今之间的差异或可模仿伊川之言而概括为：古人本天，今人本精神。对于现代哲学研究来说，这种古今差异不会有什么问题；但是对于古典思想研究而言，情况则完全不同。

在古典思想史研究方面，牟先生把刘宗周思想之特质概括为"以心著性"和"归显入密"③，可谓影响深远。若单从名相上看，"以心著性、归显入密"似简洁明了地归纳出刘宗周以喜怒哀乐界定心体与性体、注重把人契入更为广大的天地自然秩序中以确认和证成自身的思维模式，令人拍案叫绝。然而，一如牟氏与刘宗周在寂感真几论述上展现的巨大差异；牟氏这种概括实际上在表述康德式哲学观念的同时，也将刘宗周思想往刘氏本人所反对的方向诠释。且以牟宗三对刘宗周"性无性"思想的诠释为例，做一说明。

"性无性"毫无疑问是刘宗周思想中最为精彩的部分之一，例如黄宗羲在《明儒学案序》中提出的"心无本体，工夫所至，即为本体"观点即为刘氏思想的扩展④。如前所述，刘氏这一独特思想的主要内容是"有事而后有理，理者事之理"命题。刘宗周有进一步的表述：

> 盈天地间，一气而已矣。有气斯有数，有数斯有象，有象斯有名，有名斯有物，有物斯有性，有性斯有道，故道其后起也。而求道者，辄求之未始有气之先，以为道生气。则道亦何物也，而能遂生气乎?⑤

---

① 海德格尔：《存在与时间》，三联书店，2006 年修订译本，第 69 页。
② 程颢、程颐：《二程集·河南程氏遗书卷第二十一下》，第 274 页。
③ 参牟宗三《从陆象山到刘蕺山》第六章第一节，上海古籍出版社，2001。
④ 详参拙作《论〈明儒学案〉的道统论话语建构》，载《学海》2012 年第 1 期。
⑤ 刘宗周：《学言中》，《刘宗周全集》第二册，第 480 页。

"道生气""理生气"云云，显然是指程朱学派的理气观而言。"未始有气之先""道生气"等说法，则是用形象化的语言描述程朱学派以理为本的理气二元论思想。牟宗三曾严厉批评这种形象化的说法，认为刘宗周此说是把程朱的"理生气"解为"气从理生出来，一如母之生子"，纯属"以误解栽赃"，"以此误解而反对理先气后亦只是乖谬而已矣。"① 其实不管是否存在"误解"，以刘宗周"理为气之理"的立场，断然不可能接受程朱学派的观点。而牟氏维护程朱学派理气论的原因，不外乎其精神物质二元的理论框架能够从程朱理气论中获得他所需要的理论支持。这一点可从牟氏对刘宗周喜怒哀乐说的评论中看出：

> "以心之气言性"，其意是"天命之性即此而在"，非真是以气为性也。蕺山是将喜怒哀乐比配孟子之四端之心，不以七情言。此皆是如此说而已。要者是在彼将喜怒哀乐紧收于"於穆不已"之体而一滚说。一滚说可，非认"於穆不已"之体即是喜怒哀乐之气也。故分解言之，朱子谓理自理，气自气，并不误。此不能反对也。惟其视理为只存有而不活动，则差耳。心性可是一，而理气不能是一。理气一者只是体用不离之一滚说而已。又蕺山以喜怒哀乐比配四端，则四端之心亦气也。此亦非是。四端之心不可以气言。此皆滞辞。……蕺山不能视四端之心为气。如视为气，则亦形而下者。在孟子，四端之心即本心。阳明就中指出良知，蕺山就中指出意根诚体。良知、意体与本心为同一层次。如视四端之心为气，就此言性为落于第二义，则良知与意体亦形而下者乎？②

刘宗周明明指出以喜怒哀乐四气论性为千古论性第一义，牟氏称若就此言性则落于第二义；刘宗周指出四端之心为心之气，牟氏则称"此亦非是"；刘宗周明确反对理气二元论、认为这是性学不明于世之根源，牟氏则称"朱子谓理自理，气自气，并不误"。处处与刘宗周唱反调，还声称"然而蕺山之实意吾亦知之。且拨开这些烟雾而直窥其实意亦可矣"③，牟氏道德形上学体系判教之威权特色于此可见一斑。牟氏评论的要点在于"心性可是一，而理气不能是一。理气一者只是体用不离之一滚说而已"。在

---

① 牟宗三：《心体与性体》上册，第 336 页。
② 牟宗三：《心体与性体》中册，第 431 ~ 432 页。
③ 牟宗三：《心体与性体》上册，第 336 页。

牟宗三看来，"心性一"与"理气一"不是同义语。前者是存有论陈述，后者只是境界论陈述。牟氏用概念断定语句与圆顿语句来指称之。"心即理、心理为一是本心一概念之建立上之断定语句，而理气一、道器一则是圆顿语句。"所谓概念断定之一，是指"心即理蕴含心即性，心性是一，乃至心性天是一"；概念断定语句"仍可进一步言其具体表现上之理气一、道器一，乃至形上形下一，此皆是圆顿之一。概念断定上之一不是于至变中见不变，圆顿之一则是。"① 牟氏这一观点源于其"道德创造性"模型建构的需要。在牟宗三，理气二分对应于精神生命、自然生命之二分，理便是创造性本身，要保持理的纯粹超越性就得严格区分理与气。理不能是气之理，"理总是超越的、普遍的、绝对之一的实体，而不会是气之谓词（性质），或是气之关联的特质。"② 理虽可谓为气所固有，但"此'固有'乃是超越地固有，因'运之而为其体'而为其所固有，不是现象地固有。"③ 在牟氏看来，理气一体的存有论主张容易落于自然主义之实然平铺，进而失去"道德创造性"。因此牟氏最为排斥的就是"唯气论"或接近此的立场。与此形成鲜明对比的是，刘宗周思想正是牟氏所排斥的"唯气论"。由此，继承刘宗周思想的黄宗羲将理界定为气之理，被牟氏斥为"自然主义的实然平铺"，原因就在于这一界定有将理降格为气之"谓词"的倾向，侵犯了理的超越地位。④

牟宗三对刘宗周思想之臧否，完全以是否符合自己的道德形上学为标准。牟氏的批评有其哲学根据，但是，这种批评只有建立在双方理论预设（创造性模型）一致的基础上才是有效的。由上文讨论可知，牟氏与刘宗周思想差异甚大，可说是两种完全不同甚至是针锋相对的创造性模型。因此，牟氏之批评非但无效，还彰显了其诠释困境。从方法论的角度看，描述研究对象 X（What is it to be X）必须先于提出关于 X 的形上学问题（What is X）和知识论问题（How do we know X）；它在逻辑上优先于后两者，后两者的提出势必以包涵前者为前提。⑤ 因此，如果在描述上已经与研究对象

---

① 此三句引文见牟宗三《心体与性体》中册，第 115 页。

② 牟宗三：《心体与性体》上册，第 342 页。

③ 牟宗三：《心体与性体》上册，第 379～380 页。

④ 详参牟宗三《心体与性体》上册，第 333～345 页；中册，第 102～114 页，第 173～177 页。

⑤ 参考林镇国《理性、空性与历史意识》一文的相关讨论，收入氏著《空性与方法——跨文化佛教哲学十四讲》，政大出版社，2012。

相脱离，其诠释亦必然失真。牟宗三曾借用佛教用语描述其诠释方法："其初也，依语以明义。其终也，'依义不依语'。"① 依其所述，义与语的区别就是康德所谓的理性知识与历史知识之别。事实上，这只是一种理想性的描述；在实际运作中，理性知识之获得无法脱离具体脉络中的诠释语境。当他以一种基于物质精神二分之预设而有的实体形上学视角去解读理学思想时，无论是义或语，均依附于基于这一视角产生的某种前见。换言之，牟氏屡屡将刘宗周本人最为得意的理论创见斥为矛盾之说，这种现象所显示的牟氏诠释困境不是个别思想命题上的不相应，而是体系性、整体性的不相应。而这种困境正是牟氏对刘宗周诸多近乎谩骂式的评论（如"蕺山之辩驳多不如理…此是穿凿，不通之甚！"②"刘蕺山之智可谓凿而死，往而不返者矣！"③）的根源。

四　余论

无论从理论预设、研究方法或结论来说，牟宗三哲学都以西方现代哲学（康德哲学）为模本，或以引出西方现代价值为目标。作为一名现代学者和思想家，牟氏以现代观念为基石所建构的哲学系统自然有其意义。但是问题在于，其以哲学史、思想史的梳理和建构为哲学研究的主要开展途径，这种方式颇具迷惑性：当其以自创的哲学体系为判准疏理古典思想时，会引发诸多严重的问题，但这些问题在其思想史面具的掩盖之下不易发现。概言之，牟氏判教式的研究把古典思想从它所在的脉络中抽离出来，并把现代人的观念投射回去，放大某种意义，其直接后果便是：古典思想中一些不能由现代思路所涵盖的精义，在这种现代重述中变得毫无立身之地。这对于当前中国古典思想研究来说，不能不说是一个值得深究的经验教训。

---

① 牟宗三：《现象与物自身·序》，台湾学生书局，1990，第9页。

② 牟宗三：《从陆象山到刘蕺山》，上海古籍出版社，2001，第320～323页。

③ 牟宗三：《心体与性体》上册，第341页。

王龙溪之"究竟圆教"与胡五峰之"真正圆教":
牟宗三宋明理学判教的最终抉择及其内在张力[*]

徐 波[**]

摘 要 圆教是牟宗三从佛教天台宗吸收而来解决圆善问题的一个重要概念,他认为儒释道三家虽然就圆教的具体表现形态而言各不相同,但其实殊途同归。在有关儒家圆教,特别是宋明理学判教的具体论述中,他先是肯定王龙溪"四无句"为儒家究竟圆教,继而又认为按照天台圆教的判教方式,胡五峰之学才是真正的圆教。这样一种明显的前后不一致是牟宗三在融合天台圆教义理系统过程中所遇到的理论张力。牟宗三的圆教系统脱胎于佛教天台宗,并以天台圆教为尺度对儒学的发展进行了评判,但其最终立足基点仍是在儒学本身。为了解决这其中潜在的矛盾和张力,除了回归圆教义理本身,以及从思想史的具体发展上做分析外,更要重视牟宗三在晚年借用天台术语所提出的"纵贯纵讲"。通过在纵贯系统内部针对儒释道三家各自特色而作出的有选择性的安排,牟宗三思想内部因融合异质思想而带来的巨大鸿沟,最终被转化为其系统内部的一个具体问题。这一系列理论建构的过程中,牟宗三对佛教思想的重视体现了其开放融合的一个侧面。

关键词 牟宗三 儒佛交涉 圆教

一 牟宗三圆教概念的思想背景

圆教本是一个中国佛教特有的概念,它融合了汉字"圆"所带有的圆满含义与早

---

* 此文系节略版曾以《牟宗三哲学中的两种圆教形态及其内在张力》为题,发表于《哲学研究》2016 年第 10 期,现增补引文、注释并对内容进行了修改,特此说明。

** 徐波,江西丰城人,哲学博士,复旦大学哲学学院讲师,香港科技大学哲学博士,主要研究方向为现当代中国哲学和比较哲学。

期佛教的判教思想，是佛教传入之后在中国的文化土壤中所成长起来的一个新概念。天台宗被认为是第一个在中国成长起来的佛教宗派，其中具有决定性的因素正是"圆教"这一概念的提出。由于佛经浩瀚众多，且因时间、地点、机缘、对象的不同，所以在内容、形式、方法等方面都有所区分，甚至在一些看似完全相同的问题上会有迥然不同的说法。因此，就有必要对佛经进行系统整理的判教工作，对这些内部的问题进行解释以回应来自佛教内外的质疑，最终说明全部佛经之间没有自相矛盾之处，而是相辅相成、依次递进的关系。这样一种判定、解释教义的判教工作，自然会产生高低、上下和深浅之分，而以"圆满"作为最终究极标准则是中国本土佛教思想家的独创。圆教这一概念由天台宗肇始，之后华严宗等宗派又加以继承与发展，进而成为整个中国佛教义理中的重要特质。

　　牟宗三所使用的圆教在佛教圆教的原有含义的基础上融入了一些自己的认识，而不仅限定在佛教原有架构内。在牟氏看来，圆教所谓的圆满并不是一般意义上笼统的圆满，至少须包含有两层意思：一层是以佛性为主线而阐发的"圆满无尽"，另一层则是般若系统所彰显的"圆通无碍"，两者缺一不可。系统本身的完整并不保证其整个体系能够成为圆教，而圆教的圆满也不仅仅是指某个观念的圆满。例如柏拉图哲学系统、基督教神学系统就其本身而言都可以说达到了相当程度上的完备，但在圆教的尺度下则并不究竟。正如天台宗将体系相当完备的阿赖耶等系统判为别教，因其对应圆教之"八圆"而显示出有"八别义"①之隔，而佛性"圆满无尽"要求圆教须要确保一种众生皆可成佛的现实可能性。类似地，在"圆通无碍"的标准下，《华严经》虽然体系完备、高大庄严，但却因为需要隔绝包括人世间在内的九法界的方式来凸显出佛，最终在天台圆教看来也未达到彻底圆融的境地。

　　圆教的价值意义在牟宗三的理解中更在于它所蕴含的是一种现实的无限性，并着力于在实践层面来实现这种圆满。它不是一种假定，也不是仅具有逻辑意义的前提。这样一种特殊的思维模式在西方哲学的理路中是相对陌生的，圆教的问题从未在其体系内出现过②，但在中国却普遍地为儒释道三家所共有，是中国哲学思想的特质所在。道家通过道心玄智入手，而儒家则以良知本心作为基点，二者都初具圆教的理论规模，

---

① 参见智顗《四教义》，CBETA（中华电子佛典协会），T46，no. 1929，p. 0722，a18 - b10。
② 牟宗三：《中国哲学十九讲》，上海古籍出版社，1997，第 301 页。

而天台宗则从中国佛教所认同的般若与佛性思想出发，在其实际创始人智顗匠心独具的判教体系下，最终将圆教这一观念真正彰显出来。在此意义上，牟宗三认为天台宗因其圆教概念的提出而在理论完备性上甚至要胜过儒家。①

牟宗三在他的中后期著作中十分重视圆教这一概念，在他看来，只有在圆教的义理模型下，德福一致（圆善）这个哲学终极问题才能够得到圆满而真实之解决②。圆善须以圆教为基础，二者紧密相连。在其佛学巨著《佛性与般若》中，牟宗三围绕"圆教何以成立"这一问题意识，根据"佛性"与"般若"这两条主线对中国佛教的哲学思想发展进行了梳理和阐释。而在其后的《中国哲学十九讲》以及《圆善论》等总结性著作中，牟宗三更进一步发挥了圆教的思想，将其定义从佛教本身的义理体系拓展到整个中国哲学乃至于普遍哲学问题上。即使在主要围绕康德哲学的《现象与物自身》中，都有专门的章节讨论天台圆教何以有一种存有论意义下的圆具③。

总体而言，圆教一词贯穿了牟宗三成熟时期论著的始终，是我们今天了解牟宗三思想过程中不可或缺的一个关键环节。牟宗三所使用的圆教，虽然明显受到佛教内部天台圆教的影响，但他通过自己的理解和诠释，将这个源自佛教的概念融入其对于中西哲学的整体认识当中，最终内化为其自身哲学体系的一套独特理论模型。而在这一互动融合的过程中，天台宗等中国佛教宗派的思想也浸润到牟宗三哲学的核心，在其思想内部扮演了不可或缺的角色。

二　两种圆教形态的潜在矛盾

牟宗三在《圆善论》中具体阐释了中国哲学内部的儒释道三家有着各自不同形态的圆教，并认为三者殊途同归。然而，之后在对儒家圆教进行梳理的论述中，却有一个看似非常明显的前后不一致：他认为王龙溪（王畿）和胡五峰（胡宏）之学分别代表了儒家内部两种不同形态的圆教，但两者谁为更圆却未详细展开。这一问题的背后，实则是圆教的佛教背景与儒家义理系统在内核上的异质性所导致，如何妥善处理这些

① 牟宗三：《圆善论》，联经出版，2003，序言第 14 页。
② 牟宗三：《圆善论》，联经出版，2003，序言第 14 页。
③ 参见牟宗三《现象与物自身》，学生书局，2004，第 428～430 页。

因异质性而带来的问题甚至矛盾，是不同思想间沟通以及跨文化交流中的共同课题。而通过对这些具体问题的考察，我们也能够管中窥豹，了解牟宗三哲学体系中的一些潜在张力并作出可能的解答。

关于王龙溪之学为儒家内部的圆教，牟宗三是将其"四无句"（心是无善无恶之心，意亦是无善无恶之意，知亦是无善无恶之知，物亦是无善无恶之物）与王阳明"四有句"（无善无恶心之体，有善有恶意之动，知善知恶是良知，为善去恶是格物）进行了对比研究。牟氏在高度评价王阳明对孟子思想的继承和发扬并明确提出阳明学得孟子学真传的同时亦指出：

> 王阳明之四句教尚不是究竟圆教，但只是究竟圆教之事前预备规模。究竟圆教乃在王龙溪所提出之"四无"。①

阳明四有句只是圆教的预备阶段，这点在其稍早之前的著作《从陆象山到刘蕺山》中，牟宗三也已用了许多的篇幅来说明四无句对四有句进行了改良的"调适上遂"之力。根据牟宗三的理解，这两者除了在学界一般认为的根器上下、顿渐不同的分别以外，更在于圆教实现方式与层次的差别。四有句中"意"之所以可能的超越根据在无善无恶的良知，但意之具体发动却是后天的，从此处开始，就已有善恶的参与和对立。因此四有句在牟宗三看来是一个两层结构：一方面超越地对心体有所肯定，另一方面又在经验层上从具体事物入手。② 在这样一种有所"对治"的两层结构中，四有句中的心、意、知、物四者都有其不可或缺的角色所在，其整体结构是一种以正面的、层层分解的方式（分别说）来说明圆满境界的方法。

若以圆教的尺度视之，四有句虽然肯定了良知圆满无尽而能实现顿悟的超越依据，但因其始终有两层之区分、有所"对治"，其实践工夫最终是以"渐"的方式展开而为一无限的过程，经验层对物之肯定也未在圆满的境界中与超越的心体化归为一。牟宗三认为在龙溪四无句中，心、意、知、物四者并没有两层的区分，也没有心与物的"对治"，而是"一齐皆在浑化神圣之境中为无相之呈现"③，从而使得在"有"上立

---

① 牟宗三：《圆善论》，联经出版，2003，第307页。

② 参见牟宗三《从陆象山到刘蕺山》，上海古籍出版社，2001，第197页。以及氏著《圆善论》，联经出版，2003，第311页。

③ 牟宗三：《圆善论》，联经出版，2003，第307页。

足的四有句转变为从无处立根基、一体而化的四无句。牟宗三判定四无句的相对圆融之处在于，如果依四有句的教法，则我们的心境必须落在"有"之中，不能浑然而化到达究竟圆满的境界。而通过四无句的转化，龙溪"知是无知之知"在浑然而化的圆满境界中能够表达出良知没有一种在经验层上的意与物相对，因此能够达成王龙溪所谓"体用显微只是一机，心意知物只是一事"。四有句中后天工夫尤为重要，而且为其教法所必须。而四无句则是彻头彻尾的圆顿之教。不过，牟宗三亦指出，两者的差别也并不是根本上的差别，阳明之四有句毕竟得孟子学之真传，虽然强调后天的工夫，但亦从一开始就肯定了顿悟化境的可能性。如果后天工夫做的纯熟，即可到达四无句之浑然化境。所以从这个意义上讲，阳明四有句为四无句之根本，龙溪四无句是顺阳明学之本来思路而"调适上遂者"。①

在《圆善论》论及儒家圆教的部分，这一问题稍加叙述之后本来已经可以划上句号，其思路即是王阳明四有句初显圆教规模，至王龙溪四无句则臻于完善，而儒家形态的究竟圆教亦就此定型。但是，牟宗三在讨论四无句的末尾，却相当"突兀"地引入了佛教天台学，继而对儒家圆教进行了重新定位：

> 至此（笔者按：指龙溪四无句之圆教义）可谓极矣。然若依天台圆教之方式而判，此种从"无"处立根之说法犹是于四有之外立四无，乃对四有而显者。此如华严圆教唯是就佛法身所示现之法界缘起而说十玄之圆融者然，犹是高山顶上之别教一乘圆教也。若真依天台"一念三千，不断断，三道即三德"之方式而判，则四有句为别教，四无句为别教一乘圆教（笔者按：粗体为原文所有），而真正圆教（所谓同教一乘圆教②）则似当依胡五峰"天理人欲同体而异用，同行而异情"之模式而立。③

---

① 牟宗三：《从陆象山到刘蕺山》，上海古籍出版社，2001，第199页、第221页。

② 天台学内部本无"别教一乘圆教"与"同教一乘圆教"这两种圆教之分，这是后起华严宗的术语。在华严判教系统中，以《华严经》不共声闻、缘觉二乘的别教一乘圆教为真正圆满教法，天台所尊的《法华经》则为同教一乘圆教而相对次之。牟宗三不同意华严宗的这种高下之判，但亦认为随着佛教义理的细化，有必要吸纳这两个新的名词进入天台圆教系统中来更好地说明天台、华严这两大判教系统内部的差别。因此在其经过调整后的天台圆教系统中，同教一乘圆教才是真正的究竟圆教。

③ 牟宗三：《圆善论》，联经出版，2003，第314页。

上述文字中龙溪圆教与五峰圆教的形态特色差别已经相当明显，我们也不难发现此处有一个亟待解答的潜在矛盾：牟宗三在《圆善论》这部晚年可谓其定论之作中，最为推崇的儒家圆教形态究竟是王龙溪四无句，还是胡五峰的"天理人欲同体而异用，同行而异情"模式？为何牟宗三在同一章节先认为四无句是"究竟圆教"、"可谓极矣"，而紧接之后却称其仅为"别教一乘圆教"而"非真正圆教"？结合整个上下文来看，这一段引入天台学的文字并不是牟宗三在行文中常见的借题发挥，而是在论述儒家圆教形态过程中承前启后的阶段汇总。再者，根据在《圆善论》末尾牟宗三做总结的颂词中提到的"四有四无方圆备，圆教有待龙溪扬。一本同体是真圆，明道五峰不寻常"来看①，这一方面固然是在表述儒家内部思想发展演进的递进关系，另一方面也正是在总结时重复了龙溪圆教和所谓"真圆"的五峰圆教这两者的潜在矛盾。而更耐人寻味的是，若牟宗三确实认为胡五峰模式为最圆，其在行文中又为何用"似当"这一不甚确定之语？而《圆善论》全书其他地方又为何几乎没有提及胡五峰？

这一系列问题牵涉甚广，首当其冲的是儒家内部，尤其是宋明理学内部不同思想流派的定位问题，这与牟宗三引起诸多争议的"三系说"② 直接相关。而对于圆教形态的最终认定，更涉及牟宗三哲学体系内部终极圆善问题的解决。牟宗三在已经判定儒家究竟圆教之后，又以天台圆教为模型来重新判定的表述方式，也会引起一个自然而然的疑惑：作为现代新儒家代表人物的牟宗三难道是以佛教圆教形态来以佛释儒？这一系列疑问和看似矛盾之处，究其根源是正是来自儒家思想和佛教义理在思想内核上的巨大鸿沟所致。而这一问题的最终聚焦，正是体现在以佛教形态的圆教模型来衡量儒家时，究竟何者为最圆？而此最圆之形态又是如何与儒家思想本身的发展理路相洽等问题上。

三　矛盾的展开与可能的解答

目前的相关研究中，包括谢大宁、杨泽波等学者都曾在不同程度上对这一问题有

---

① 牟宗三：《圆善论》，联经出版，2003，第 325 页。

② 牟宗三"三系说"因为判朱熹"别子为宗"、在传统程朱理学和陆王心学之外梳理出"五峰－蕺山"新系统等观点的提出而引起了相当大的争议。在目前的研究中，论者主要从具体概念的理解与思想史的实际演进等角度进行了细致而深入的讨论，然较少有学者从牟宗三自身所看重的圆教的理路切入，是为憾也。

所讨论。谢大宁先生较早注意到了牟宗三在《圆善论》中论及王龙溪之"儒家究竟圆教"和在天台圆教视域下认为胡五峰之学方为"真正圆教"这两种圆教形态的矛盾之处。在他看来，这段引入天台学的论述"奇特而突兀"，不仅是牟宗三所"不曾正视"、"随口说说而已"①，更是牟宗三哲学体系中一个无法克服的难题："天台圆教的义理模型，和牟先生所说的圆教基型，其实根本是不相容的"、"圆教之所以为圆的哲学模型必须依本于天台的思路，而牟先生从未依天台思路说儒家圆教。"② 而杨泽波先生则认为不能将两种形态的圆教简单对立起来，而应该视为一个问题的两个方面："牟宗三解决圆善问题最基本的路数就是'诡谲的即'和'纵贯纵讲'。龙溪代表后者，五峰代表前者。只有将这两个方面结合起来，才能达成圆善，才能进至圆教。"③ 以上两位前辈学者从不同角度将牟宗三在《圆善论》中所涉及的这一潜在矛盾彰显了出来，也为我们继续在这一方面进行深入分析奠定了基础。而对这一问题的进一步回答，则要建立在牟宗三对儒、佛两种圆教形态的整体认识上，尤其需要回到牟氏在《佛性与般若》中所阐明的圆教何以成立的立论基点。

之所以要回到《佛性与般若》这部学界讨论并不算多的百万字巨著，原因在于我们首先需要厘清牟宗三的圆教概念虽然经过他的重新诠释，但具体的衡量尺度和理论架构依然在于天台学，而非儒家。谢大宁先生对于牟宗三两种不同圆教形态间矛盾的批评相当直接而犀利，但其采取的进路却是从宋明理学入手，先阐明儒家圆教的特点，再以儒家圆教为基点去比较、衡量天台圆教在理论形态上的差别，其结果自然南辕北辙。事实上，在专门讨论宋明理学发展进路的论述中，牟宗三谈及王阳明四有句与作为圆教的龙溪四无句之间的差别与联系时，已经多次强调了判定"四有"与"四无"之间一个主要的差别在于：四无句是最终以一种"非分别说"的方式来体现了儒家究竟的圆实之教，而四有句则是通过"分别说"（或"分解说"）的方式来实现。

---

①　谢大宁：《儒家圆教的再诠释——从"道德形上学"到"沟通伦理学的存有论转化"》，学生书局，1996，第106~107页。不过，笔者在撰写博士论文期间从黄敏浩先生处得知，《圆善论》中此段看似"奇特而突兀"的文字绝非随意，相反是在刘述先先生的提醒之下，牟宗三先生特别修改之后方成。

②　谢大宁：《儒家圆教的再诠释——从"道德形上学"到"沟通伦理学的存有论转化"》，学生书局，1996，第146页、第327页。

③　杨泽波：《贡献与终结：牟宗三儒学思想研究》第四卷，上海人民出版社，2014，第39页。

（四有句中的）意是以实然的分解观点而被表示……物亦然。凡正面分解地说者……即有"有"相。①

四无之境中，"体用显微只是一机，心意知物只是一事。"（〈天泉证道记〉）此方是真正的圆实教。心、知是体是微，意、物是用是显。然这"体用显微只是一机，心意知物只是一事"并非是分别地说者，乃是非分别地说的四无化境中之事。②

"分别说"与"非分别说"是牟宗三在《佛性与般若》中通过对中国佛教的理解而提炼出来的一个重要理论架构。"非分别说"在佛教内部的含义是指需要用一种说法来破除对名相概念的执着，同时又要保证这种说法本身不陷入对自身的执着。这种看似"诡谲"的说法方式就称之为"非分别说"③，其典型例子即是天台宗"烦恼即菩提，无明即法性"等类似表达。牟宗三特别重视这一架构，认为"我们若想了解圆教的意义，首先就要了解什么是分别说与非分别说"④。在他看来，真正的圆教必须以"非分别说"这样一种特殊的方式才得以成立，这也是牟宗三判定圆教得以成立最为基础的一个步骤。《从陆象山到刘蕺山》一书本身涉及圆教的部分并不明显，但从引文中我们可以看到，牟宗三在论述中已经使用了"非分别说"这一架构对心学一路的各个思想流派进行梳理、评判。如果我们将此与《圆善论》中牟氏用"非分别说"来阐释儒家圆教部分的论述联系起来，就不难发现，牟宗三是一以贯之地在使用天台圆教模型中的"非分别说"架构，并以此为尺度来重新审视儒学的发展。所谓有所"对治"、立足根基处是"有"或是"无"，其实都是"非分别说"这一架构在分析四有句与四无句过程中的具体应用。实际上，引文中在《圆善论》里阐述"非分别说"之后紧接着的，正是牟宗三"奇特而突兀"地以天台圆教系统重新判定儒家那段引起争议的文字。而《圆善论》序言一开始其实就已经明言，该书的构思开始于其讲天台圆教时。⑤研究者若是对"非分别说"架构的天台学背景以及《圆善论》直接来源于天台圆教的

---

① 牟宗三：《从陆象山到刘蕺山》，上海古籍出版社，2001，第 191 页。
② 牟宗三：《圆善论》，联经出版，2003，第 313 页。
③ "非分别说"是牟宗三哲学中一个相当重要的基础架构，笔者已有另文详述，参见拙文《牟宗三"分别说"与"非分别说"辨析》，东吴哲学学报（台湾）第三十期，2014 年 8 月。
④ 牟宗三：《中国哲学十九讲》，上海古籍出版社，1997，第 314 页。
⑤ 牟宗三：《圆善论》，联经出版，2003，序言第 3 页。

问题意识有所认识，就会理解《圆善论》在讨论儒家思想时引入天台圆教不但早有先例和伏笔，更是一以贯之，丝毫不显得"奇特而突兀"。

而对于两种圆教形态所可能引起的矛盾，杨泽波先生具有洞见地指出龙溪圆教代表了"纵贯纵讲"，而五峰圆教代表了"诡谲的即"，两者须结合在一起方能成就真正圆教。此是从两种圆教所显示出来的不同哲学倾向入手，就圆教与圆善的整体问题而言是一个较为妥当的解答。然进一步地讲，具体就牟宗三对于二者圆教不同形态的分判来看，根本差别似并不在此。牟宗三在判定圆教的过程当中，"非分别说"是一个关键要素，"诡谲的即"是"非分别说"的具体表现，龙溪之学作为儒家形态的究竟圆教，虽然仅是"别教一乘圆教"，但毕竟已是圆教，所以必然满足"诡谲的即"这一必要条件，此点在之前分析四有句与四无句时已有涉及。而两种圆教的差别也并不在于"纵贯纵讲"，因为二者都是在肯定道德主体创生意义的前提下继承先秦儒家"生生不息、於穆不已"的基本精神，所以五峰圆教亦莫能外乎"纵贯纵讲"。

实际上，龙溪圆教与五峰圆教二者的真正差别在于实现圆教过程中对于现实日用人伦的态度，这也正是那段"突兀"引入天台学来重新判定儒家圆教的文字用意所在。在牟宗三看来，龙溪圆教"此种从'无'处立根之说法犹是于四有之外立四无，乃对四有而显者"①。四无句是直接针对王阳明四有句而发，虽然就圆教的实现方式而言已经达到圆满的境地，但其在解决四有句有所"对治"等问题的同时，四无句主要关注在"无"的浑然一体理想境界中，而对现实关注有所不足。牟宗三认为这恰恰类似于其所理解的华严圆教所谓"高山顶上之别教一乘圆教"的理论架构，只针对根器极高的菩萨乘讲法，而声闻、缘觉二乘则无缘得闻，如聋如哑②。真正究竟的圆教，必须按照天台宗"一念三千、不断断、三道即三德"之方式而来，即对现实生活的种种首先予以一种"非分别说"式的肯定，并最终将其纳入到圆教最终的圆满境界之中。天理与人欲、圆满境界与日常生活的差别并不是本质上的，而是同一事在不同情况下的具体区分。诸如饮食、男女这类世间万象，顺天理则是天地之化，不顺乎天理则是人

---

① 牟宗三：《圆善论》，联经出版，2003，第314页。
② 需要指出的是，此种认识是牟宗三根据其自身理解所提出的一家之言，并未得到佛学界的广泛认可，而即使在现代新儒学内部，也有不同意见，比如唐君毅先生就认为华严圆教方是最为圆满之圆教形态。

欲横流。世界上本无一法可废，圆教应致力于除病而非除法，而其最终的圆满境界也不能孤悬在高山之上，而要包涵现实世界在内。简言之，牟宗三的"突兀"之语或是潜在矛盾，事实上正是以天台圆教的立场，对理论形态上更接近于华严圆教的龙溪圆教进行了重新判定，进而肯定了五峰圆教的"真正圆满"。

那么，我们回到之前的问题，若牟宗三确实认为五峰圆教模式为最圆，他在行文中又为何用"似当"这一不甚确定之语？且在《圆善论》中几乎没有就提到胡五峰呢？针对以上问题以及两种圆教所带来的潜在矛盾，笔者从牟宗三的相关论述出发，结合具体的思想史背景，提出一种可能的答案。首先，牟宗三对于儒家圆教形态的认定是以其理解的天台圆教为尺度，若以此来衡量宋明理学各个思想流派，则胡五峰之学为真正圆满的圆教。但五峰之学南宋以后长期不为人所熟知，著作也多有散失。其"天理人欲同体而异用，同行而异情"之语虽然牟宗三认为其极为圆满，但就儒学内部的实际发展而言，其影响并不算大。加之朱熹在《知言疑义》中曾对这句话进行了严厉地批评，认为此语实际上等同于"性无善恶"说，是将天理和人欲进行了混淆。① 所以胡五峰之学的真正意义实际上一直隐而未显。而反观龙溪之四无句，则在经历有明一代的思想涤荡之后，通过继承阳明学之精华，进而调适上遂以至于大成。虽然其思想在牟宗三看来亦不免"闪烁模棱"而"多有荡越处"，但终究是"人病而非法病"②，在思想传承和体系建构等方面都要远远胜过五峰之学。因此，就现实达到的成就而言，龙溪之学虽有欠缺，但已达到了"别教一乘圆教"的极高境界，从而成为现实中得到充分彰显的儒家圆教形态的究竟圆教。但这并不意味着儒家意义上的究竟圆教就必须止步在"别教一乘"的境界，五峰之学从其立意大旨上讲已经完全具备了牟宗三所理解的天台圆教系统中"同教一乘圆教"的理论架构，虽长期隐而未显，没有像天台圆教系统或是像龙溪圆教那样彻底地彰显出来，但毕竟已经从义理上确认了这样一种真正究竟圆教在儒家内部的可能性。也正是在这个意义上，牟宗三指出儒家在圆教方面本来是"不全备"的③，有着进一步开拓的空间，而他在《圆善论》中的具体梳理和评判，实际也意在于此。

---

① 朱熹：《胡子知言疑义》，见《胡宏集》，中华书局，1987，第329～330页。
② 参见牟宗三《从陆象山到刘蕺山》，上海古籍出版社，2001，第199页。
③ 牟宗三：《圆善论》，联经出版，2003，序言第14页。

四　圆教的最终定位与纵贯系统的提出

如果将牟宗三对圆教的解释与运用放在儒佛交涉的背景下，儒家与佛家孰优孰劣，哪家为更圆则是一个相当自然的疑问。尤其在面对儒家内部两种圆教形态的可能矛盾时，牟宗三以佛教天台圆教为尺度来衡量儒家思想，这岂不是"以佛释儒"了吗？这些相当常见却似是而非的问题和推论，需要加以回应以免产生不必要的误会。

在已有研究中比较常见的是根据牟宗三被标签为"儒家"的刻板印象（stereo-typed image）以及其较早的著作诸如《佛家体用义之衡定》等文中对佛教缺乏创生体用义的批评来认定牟宗三哲学系统中儒家的定位要绝对地优胜于佛教，而对其百万字佛学巨著《佛性与般若》以及之后如《中国哲学十九讲》、《圆善论》等总结性的著作中大量关于佛教的正面论述重视不足。对此，笔者在《牟宗三对佛学研究的两次转变及其意义》一文中详细考证了牟宗三撰写完成《佛性与般若》之后对于佛教定位态度的根本转变。简而言之，在数十年对佛教进行钻研的基础上，牟宗三认识到天台圆教的特殊之处，继而认为佛教和儒家思想均能够代表人类文明的顶峰，"至充尽圆实之境者，自现实人类言，唯释迦与孔子始能之。"[1] 虽然两者学说在展开方式上存在着巨大的差异，但就对哲学终极问题的反思而言，却是殊途同归，均在终极的维度进行了哲学的拓展。因此，实际上不宜就佛教而说创生体用义，也不能以此为标准来认为佛教是异端，或者反过来从佛教的立场说其他各家是执着。[2][3]

在这样一种相对开放融合的立场上，牟宗三利用天台圆教为尺度对儒家思想进行评判并不意外。牟宗三对于佛教思想的借鉴，实际上更多地集中在概念和方法的使用上，而对此可能带来的误解，他明确指出：

> 王龙溪云："无心之心则藏密，无意之意则应圆，无知之知则体寂，无物之物

---

① 牟宗三：《佛性与般若》，联经出版，2003，第1029页。

② 牟宗三：《中国哲学十九讲》，上海古籍出版社，1997，第404页。

③ 但与此同时也应该看到的是，在涉及有关儒家特质及其定位的总结性表述上，牟宗三现代新儒学的基本立场并未有太多改变。牟宗三对佛教态度的转变，虽然限定在其佛教研究的领域而言已是一个根本性的转变，但若将这种改变放到其对中国哲学的整体认识中，则完全不是毫无保留180度大转弯地投入佛教阵营，而是在坚守儒家立场上所做出的微调。

则用神。"这层意思……是儒释道三家之所共有，并非来自禅而又与禅不分也。儒释之分不在此。①

在牟氏看来，真正决定儒释之分的并不是天台圆教的判教方式这种方法上的差别，虽然其以天台圆教为尺度对儒家思想的演进进行了判定，但这一点并不能决定二者思想的高低，其差别在于更深层次的价值依归等问题。对这些问题的处理以及对两种圆教形态的最终定位，在牟宗三哲学体系内部事实上是以"纵贯纵讲"与"纵贯横讲"的理论架构来解决的。

"纵横"的概念来自于天台宗实际创始人智颛在《摩诃止观》中的讲法："若从一心生一切法者，此则是纵；若心一时含一切法者，此即是横。"② 由"心"而能扩展出"一切法"，这是牟宗三认为儒家所特有的生生不息的道德创生义的佛学式表达，也是他利用佛学术语来进行理论建构的又一例证。纵贯与横剖相对，意指人类生命智慧对于生命境界的升华以及存在意义的创造，而横剖则是指建立在主客观对立基础上对科学知识的认知。牟宗三认为现代人的心智对知识、科学这一横剖面重视过多，而对纵贯面，诸如文化生命、文化背景的意识则日渐淡薄。然而，生命若是没有纵贯面的觉悟是没有意义的，中国哲学的特质即在于对此有自觉的反省，并且儒释道三家都采取了从实践入手的进路。因此，从大分类上来讲，儒释道三家均可以是纵贯系统。在《中国哲学十九讲》最后一讲中牟宗三对儒释道三家都能够在纵贯系统达到圆满境地做了肯定，并认为三者并无层次上的高下之分。

> 我们现在先说明，这三个系统最后所指向之处都属于同一层次，此处无高低可言，只能并列地比较其同异。若要说我高你低，那是护教的立场，我们现在不采取这个立场。③

在他看来，儒释道三家的差别，尤其是儒家与佛道二家之间的差别在于儒家是"纵贯者纵讲"，而道家和佛教的圆教形态都是一"纵贯者横讲"的系统。纵讲与横讲的差别在于儒家以天命不已、生生不息、创生万物的道体体现其道德实践的积极面，

---

① 牟宗三：《从陆象山到刘蕺山》，上海古籍出版社，2001，第193页。
② 智颛，《摩诃止观》，CBETA，T46，no. 1911，p. 0054，a13－15。
③ 牟宗三：《中国哲学十九讲》，上海古籍出版社，1997，第400页。

而道家以不生之生体现其境界形态，佛教则通过一种存有论上的圆满具足，将一切法之可能性与佛法本身一起呈现出来。就其最终的定位而言，牟氏从创生义上肯定儒家之纵贯纵讲为最圆，而佛道二家之圆教在纵贯系统下只是"团团转之圆教"。但他亦指出这样的区分并不是高下之判，而只是进路不同所显示的差别。牟氏对于"纵贯纵讲"与"纵贯横讲"的判定相当小心，他多次强调纵贯系统已经预设是以儒家创生义为基础，"实际上是以儒家作标准"①，以此来评价佛道二家从一开始就并不适宜。② 纵贯系统的最终目的是以此为模型将儒家之"生生不息，於穆不已"的道德创生义之积极面更好地展现出来。事实上，这是牟宗三"选择"了以纵贯系统为其理想的理论模型，这种选择并不意味着在理论高度上的判定，而是哲学家自己的一种理论倾向。在牟宗三为我们充分展现儒家圆教、佛教圆教的特点之后，我们在此基础之上对于理论高度相当的儒释道三家圆教乃至于整个中国哲学，完全可以有不同的解决方案和自己的哲学倾向。

就其理论意义而言，"纵贯纵讲"这一模型的价值更在于，通过这样一种理论框架的建构，牟宗三思想内部因儒释二家思想异质而带来的巨大鸿沟，最终被转化为其理论内部的一个具体问题。通过纵贯系统的理论建构，牟宗三给予了儒释道三家以分别的定位，在承认天台圆教圆融性的同时，更确保了儒家思想的相对正统地位。在儒佛交涉这一思想史和哲学史上的大问题下，牟宗三对在民间信仰以及文化思想方面的"三教合一"思潮中过分重视融合而忽视差别的倾向有着哲学家固有的警惕。他特别指出他的立场和态度"并非往时三教合一之说，乃是异而知其通，睽而知其类，立一共同之模型，而见其不相为碍耳。"③ 通过"纵贯"系统的展开，牟宗三不仅为儒家圆教、佛教圆教给予了各自恰当的定位，更通过由"纵贯"系统而凸显的儒家"生生不息，於穆不已"的道德创生义，点明了其与佛教"存有论圆具"形态圆教之间的根本差别，也彰显了儒家圆教系统在解决圆善问题上"十字打开"的恢宏气魄。而我们如果结合"圆教"这一词语本身由早期印度佛学与中国汉字融合而来的背景，也可以发现，在这种"我中有你，你中有我"的交融互动中，原本与儒学异质的佛教思想一步步彻底内化为中华文化的固有传统，最终成为现代中国哲学内部共同的学术话题和思想资源。

---

① 牟宗三：《中国哲学十九讲》，上海古籍出版社，1997，第400页。

② 参见牟宗三《中国哲学十九讲》，上海古籍出版社，1997，第110，113，404～408页；《圆善论》，联经出版，2003，第319页。

③ 牟宗三：《现象与物自身》，学生书局，1990，序第17页。

试论"感通"观念在牟宗三哲学建构中的意义

姜明泽[*]

摘 要 本文尝试从对感通之原初含义之追索中，展现其从气化宇宙论概念发展为道德心之作用之基本线索，进而揭示出其所潜存的综合性。在此基础上，结合牟宗三对宋明理学——尤其是对濂溪的诠释，透过其对感通之神感神应之本体义的重新阐发，反思牟宗三哲学建构中所关涉到的几个重要问题——牟宗三哲学与气论的关系、神感神应之自我停住之必然性与可能性等等。而感通在牟宗三哲学建构中的意义，亦逐渐呈现。

关键词 牟宗三 感通 气化 本体宇宙论

一 气化、感通与神

1. 气化与感通

"感通"是中国哲学最古老也是最基本的范畴之一。感者，感应；通者，畅通。阴阳二气交互作用，为感；感而畅通，万物并兴。《周易》最早使用"感应"这一范畴。《周易·咸·彖》："咸，感也。柔上而刚下，二气感应以相与。……天地感，而万物化生。"二气相感是万物畅通的必要条件："天地交而万物通也，上下交而其志同也。"（《周易·泰·彖》）如果阴阳二气不能相感，则万物不通。"上下不交而天下无邦也。""是天地不交而万物不通也。"（《周易·否·彖》）

---

* 姜明泽，山东德州人，哲学博士，深圳大学人文学院哲学系讲师，主要从事港台新儒家研究。

孔颖达《周易正义》："感者，动也；应者，报也，皆先者为感，后者为应。"有感有应，先感后应；实际上"二气感应以相与"，感应乃二者你来我往、我来你往之双向交流。依此，生机畅通，成氤氲之貌。"天地氤氲，万物化醇；男女构精，万物化生。"（《周易·系辞》）《老子》"万物负阴而抱阳，冲气以为和"同样指二气相感、氤氲而万物化生。《庄子》认为"万物之生"乃"阴阳相照，相盖相治，四时相代，相生相杀，……雌雄片和，于是庸有"。（《庄子·则阳》）《荀子》有"天地合而万物生，阴阳接而变化起"。（《荀子·礼论》）上述种种二气交感而万物化生之说，重在表达阴阳二气作为矛盾的双方而发生作用，宇宙大化即在这种作用中得以展开。

实际上，除了上述的异质之感，还有同质之感。比如"同声相应，同气相求。水流湿，火就燥；云从龙，风从虎。圣人作而万物睹，本乎天者亲上，本乎地者亲下，则各从其类也"。（《周易·乾卦·文言》）孔颖达解释"同气相求"说"天地之间共相感应，各从其气类"。（《周易正义·乾卦·文言》）《庄子·渔父》有"同类相从"之说。《吕氏春秋·召类》有"类同相召，气召则合，声比则应"等等。

宇宙生化作如是观，即有圣人用感、观感之说："圣人感人心，而天下和平。观其所感，而天地万物之情可见矣。"（《周易·咸·彖》）因此，感通既是一个客观的宇宙论话题，亦是一个实践论价值论范畴。"通"不只是客观的对宇宙生化的描述，亦是一种追求。

2. 感通与神

二气相感，万物并兴而氤氲成化，即显出宇宙运行之秩序，同时亦隐含"妙"义。如将平铺的万物相感之统一的大秩序提起来讲，即含有一虚拟的"造物主"之神之形态——创造万物而使万物并行而不悖。由妙而显出神，所谓"神也者，妙万物而为言者也"。这是从气化宇宙论的角度看感通与神的关系。

感通作为一整词被广泛使用，更多是源自"寂然不动，感而遂通"。"寂然不动，感而遂通天下之故"起初是就占筮讲；龟壳、蓍草寂然不动，无思无为，但感应发生时，"一通全通，感通全宇宙"。① 牟宗三说"寂然不动，感而遂通天下之故"是讲"神"；《周易》讲神，最后的结论是："神也者，妙万物而为言者也。"②

---

① 牟宗三：《周易哲学演讲录》，华东师范大学出版社，2004，第 77 页。
② 牟宗三：《周易哲学演讲录》，华东师范大学出版社，2004，第 52 页。

“妙万物”之“妙”是从能讲，即无限地运用万物；所妙者，万物之阴阳不测。有妙用，才有“阴阳不测、无穷无尽、生生不息”；由“阴阳不测、无穷无尽、生生不息”而见妙运。“神妙万物”彰显承继大道之万物之永永不息与虚灵而化。“神妙万物”，牟宗三说“神”有本体义。

“妙当动词用。……这个神就显出超越的意义，……这个神有本体的意义。”① 妙“在万物后面运用”、② 妙“是个运用，它是个主动，万物是个被动。万物要后面有个神在运用才能够变化，生生不息，有千变万化，无穷的复杂”。③ “所以，‘神也者，妙万物而为言者也’这句话有本体的意义。”④

如是，一个原本为气化宇宙论内的概念，具有了本体论意义。到了宋明儒学，感通与神、理、天道的关系不断被深化，其所蕴含的本体论意义得到了极大发挥。最典型者当属张横渠。横渠说：“太和所谓道，中涵浮沉、升降、动静、相感之性，是生絪缊、相荡、胜负、屈伸之始。”（《正蒙·太和篇第一》）牟宗三解释说：

> 道是动态的，一定要带一个行程，浩浩大道。……它带着一个行程，这里面就涵着气化的意思，但光是气不能说道，道是一个综合的词语。所以，张横渠《正蒙》说：“太和之谓道。”太和就是道，通过太和来了解道。太和就是至和，和，谐和（harmony）。光是个理无所谓和谐，有种种调子，才有谐和。

牟宗三说这里的“道”：“一方面含太虚。太虚就是神，当他说太虚，虚是灵的意思，虚则灵，也就是太虚含着神的意思。”⑤ 太虚之神即保证气化流行之畅通，“……气不是死气，气不互相冲突。假如气互相冲突，就没有谐和，没有谐和在里面，这个气就是死的。一定有虚灵，神在这里面运用。太虚是神在里面，神来指导运用气，这个气才不死，才不互相冲突，才谐和”。⑥ 在这里，横渠和牟宗三较《周易》而言有一

---

① 牟宗三：《周易哲学演讲录》，第 73 ~ 74 页。
② 牟宗三：《周易哲学演讲录》，第 74 页。
③ 牟宗三：《周易哲学演讲录》，第 74 页。
④ 牟宗三：《周易哲学演讲录》，第 74 页。
⑤ 牟宗三：《周易哲学演讲录》，第 55 页。
⑥ 牟宗三：《周易哲学演讲录》，第 55 页。

个转折。在《周易》"神"是由气化流行、万物相感而变化莫测而显出，"神"只是对这一历程作客观地、平铺地描述。而到了横渠以及经过牟宗三的重新诠释，神成了"神体"——成就气化宇宙论的基石。

> 无所不感者虚也，感即合也，咸也。以万物本一，故一能合异；以其能合异，故谓之感；若非有异则无合。天性，乾坤、阴阳也，二端故有感，本一故能合。天地生万物，所受虽不同，皆无须臾之不感，所谓性即天道也。（《正蒙·乾称篇第十七》）

横渠这段话表现得更为明显：万物之所以相感是因为有虚灵之神；"万物本一"亦指出在气化流行之外尚有一层被称为"性""天道"的综合体。牟宗三在《周易哲学演讲录》中区分神的两种意义，第一种即为就变化莫测而显之气化之神；第二种为作为本体的神。实际上，其所作的区分有些牵强。牟宗三之突出神之超越的本体的意义，背后的意图是将其与儒家"天命不已"之性相贯通，是将宋明儒家之重在超越层讲神化——纵贯之创生，突出出来。牟宗三说："理学家讲《易经》是往上提，往高层次上讲，不是落在造化之妙的气化的层次上讲。"[1] 可见牟宗三对宋明理学家相对于《周易》之转折与推进有相当自觉。

称为"推进"，是因为仅就气化言神，在理论上尚有可推进的空间：相感相通之气化之大秩序不是神秘的而无法把捉，其内在和谐由理来表征。总而言之，"理"观念的加入，使得气化流行之秩序突出出来；虚而灵之理使得万物相感相通。

二　诚体与心用

1. 诚体与寂感真几

在《周易》中，"感"有就客观而言的二气之相感、万物之相感；有就主观而言的圣人观感用感。"几"纯是就客观的万事万物变化之端倪而言。到了周濂溪，"感"侧重在主观而言的人之"感于物"之感，而"几"重在就"感于物"之初发动而言。

---

[1]　牟宗三：《周易哲学演讲录》，第11页。

如是，“感”就成了心之感、“几”就成了心之感之初发动。寂感真几成为专就道德实践而言的心之活动。牟宗三非常重视濂溪对寂感真几的创造性转化。

周濂溪《诚几德》第三有言：“诚无为，几善恶。……性焉安焉之谓圣，复焉执焉之谓贤。发微不可见，充周不可穷之谓神。”牟宗三说：“诚体虽无为，虽静无而动有，至正而明达，然吾人之感于物而动，其动之几、克就几之为几之本身言，则不能无差异之分化，即不能必保其纯一，故有或善或恶之分歧也。”① 如是，“感于物”之感与“几”皆是诚体表现于现实的重要环节，亦是善恶之形成的重要环节。牟宗三说：“其动之几纯承诚体而动者为善，以不为感性（物欲）所左右故，纯是顺应超越之诚体而动故。若不顺应诚体而动，而为感性所左右，则即为恶。”② 牟宗三直接明确说：“此处所言之‘几’即后来所谓‘念’也。”③ 濂溪《圣》第四：“寂然不动者诚也。感而遂通者神也。动而未形、有无之间者几也。诚精故明，神应故妙，几微故幽。诚神几曰圣人。”牟宗三说：

> “寂然不动，感而遂通”是先秦儒家原有而亦最深之玄思（形上智慧）。濂溪即通过此两句而了解诚体。“寂然不动者诚也”，此就诚体之体说。“感而遂通者神也”，此就诚体之用说。总之，诚体只是一个“寂感真几”。此为对于诚体之具体的了解（内容的了解）。④

之所以称之为“具体的了解”是因为将诚体通过寂感真几而落实到心上、落实到道德践履上。诚体不再是“外在的潜存的肯定”，而是“通过道德意识与道德践履而呈现而印证”。⑤ 总而言之，“寂感真几”是贯通道德践履与诚体之枢纽。就道德工夫而理解寂感真几，更能突出这一点。

上面也说到，牟宗三说濂溪所谓“几”即“念头”。照察念头是重要的道德工夫。如果道德工夫深，不论细念多么细微，心对之照察都能如光天化日之下——心之动纤毫毕现于心自己。心之反应神速，“不行而至，不疾而速”。牟宗三说：“知几即在动

---

① 牟宗三：《心体与性体》上，吉林出版集团，2013，第283页。
② 牟宗三：《心体与性体》上，第283~284页。
③ 牟宗三：《心体与性体》上，第284页。
④ 牟宗三：《心体与性体》上，第285页。
⑤ 牟宗三：《心体与性体》上，第285页。

之微处而神感神应。常戒慎恐惧而保其清明之体，故能知微（通微）。知微而至神感神应，即是'无思无不通'而为睿矣。"① "此确是彻底清澈自家生命之道德工夫，此是道德实践之基本义。"②

从道德践履体现诚体，不同根性的人有不同表现。尧舜性之，安而行之。不假工夫，本性自然如此。此可谓道德践履之充其极。从寂感真几的角度来看，即是"神感神应"：

> 性焉安焉称体而行，其发也几微隐幽而不可见，然而其感应迅速顿时"充周而不可穷"，扬眉瞬目，一念之动，即感应无方而无穷无尽，此即为圣而神矣。③

牟宗三说："此亦与孟子所谓'大而化之之谓圣，圣而不可知之之谓神'同也。'大而化之'是从广大说。'性焉安焉'是从精微说。其极皆不可知也。'化'字亦广大亦精微，亦不可知也。"④ 总而言之，寂感真几在成就道德本心尤其是道德工夫与境界上有着重要意义。

2. 诚体之神之存有论意义

诚体之神是超越的，"然理非空言，道不虚悬，必待人之体现。""圣人之所以能尽其性，亦不过诚而已矣。"⑤ 诚体感物而动，即在顺物之感应中，有具体妙用。如是，本是动而无动静而无静的诚体之神，则现出动静相，即所谓"动而生阳，静而生阴"。

"动而生阳，静而生阴"，这种"生"被牟宗三解释为"成全地生，成全地有"。⑥ 即是通过"成全"而将物与事带入存有之境遇中——成全物之存有。如何理解"成全"其存有？

牟宗三认为，就个体生命而言，若不能通达诚体之神感神应，只任自然生命之张

---

① 牟宗三：《心体与性体》上，第291页。
② 牟宗三：《心体与性体》上，第292页。
③ 牟宗三：《心体与性体》上，第284页。
④ 牟宗三：《心体与性体》上，第284页。
⑤ 牟宗三：《心体与性体》上，第282页。
⑥ 牟宗三：《心体与性体》上，第312页。

弛放肆，其后果很明显，“试想若不是有这活灵之一，妙以成全之，那迹上该动该静者若一味顺自然生命滚下去，而至于发狂而死，或腐烂而死，则将何有存在之事之可言乎？使存在之事永远生息下去而不至于梏亡，这便是对于存在之创造”。① 对于万物而言，知体明觉神感神应之成全万物乃是在人之道德生命之永恒中，被动地带入进来，同道德生命之永恒而获得永恒。这即是创生，这即是存有。

人之生命张弛有度，德性之光广被，万物亦得遂其生而生生不息；人之生命广大、万物亦广大，此即“物各付物，全体敞开”。② 此是从德性广被而说到成就万物；亦可如此说：从万物得成就而说德性之广被，而说到诚体之神之具体的确立，此即“神不虚悬”。③

牟宗三在诠释《周易》“神也者，妙万物而为言者也”时指出在这里“神”有本体义，并指出“寂然不动，感而遂通天下之故”之寂感之神当落实在心上讲。但在《周易》，神之为本体只是外在的潜存的，或只是形式的，而尚非具体的真实的。到了濂溪这里，就道德践履而言的诚体之神感神应广被万物、圣人之仁之朗润万物，诚体之神作为万物之本体得到真实的具体的确立。较《周易》更进一步，无论神感神应之成全人之生命还是成全物之存有，其同时表现为理、表现为律则。并且，神理为一。牟宗三说：

> 神理一也，而存在之事亦得其必然而非偶然。抽象地从律则本身说，是客观的存有，而律则之根在神用，是以具体地说，即融于神用中而与寂感神用为一事。即神用即存有，两者不分能所而立体地直贯于张弛等之实事。④

如此，寂感神用又从主观复回到客观；同时，其自身原始的宇宙论的意味更加淡化，而变得越来越理性。

只因濂溪、横渠亦在内，是从《中庸》《易传》开始，不甚能提挈之以孔子之仁与孟子之心性，遂亦使人有割截之想法。然谓其诚体，甚至横渠之太和太虚，不含有宇宙论意义的“心”义不可得也。⑤

---

① 牟宗三：《心体与性体》上，第317页。
② 牟宗三：《心体与性体》上，第317页。
③ 牟宗三：《心体与性体》上，第317页。
④ 牟宗三：《心体与性体》上，第315页。
⑤ 牟宗三：《心体与性体》上，第315页。

在牟宗三看来，虽然濂溪（横渠亦在内）从宇宙论的进路确立诚体之神（在横渠是太虚神体），其并未直接以道德本心之创生而言寂感之神，但濂溪和横渠之神都不能不与心合一。"心神寂感理合一即是诚体。"① 濂溪与横渠并非不能成就"立体直贯型的道德创生之实义"，同时亦能符合"惟天之命于穆不已""这一根源的智慧"。② 不过，从儒教内判教的观点来看，牟宗三认为濂溪与横渠有不足之处。"自体现诚体之工夫说，必须言及心，而濂溪对于孔子之践仁以知天，孟子之尽心知性以知天，总之对于孟子之心学，并无真切的理解。……如能正视孔子之仁，孟子之心，而真能透彻之，心之'道德的实体性之体的意义'真能挺得起，……。"③ 因此，只有将寂感真几落实到心上——尤其是道德本心上，寂感之神之意义才能充分彰显。但在《周易》中，就"寂然不动，感而遂通"而言的心并非限定在道德心上，而只是心随万物生化之莫测而莫测，只是心之神妙。这种神妙在儒家看来，道德心表现得最为充分。

3. 心之通用与圆用

心之用，有就一般而言，有就特殊而言。就一般而言即通常所说的心之思虑；就特殊、就道德意义而言，心之思有更丰富的含义。牟宗三说：心之思"乃心之通用（一般性的作用）。但此一般性之作用，就道德实践之工夫言，亦有其特殊的意义"。④ 就一般而言，心之用表现为经验界、感性界之思；就道德实践而言，与前者性质迥异，心之思是一种"超越之睿思"，⑤ 牟宗三称为心之明通、心之圆用。

心之明通，"心之第一步的道德意义，即不为感性所蔽而主宰乎感性"。⑥ 进一步言之，此即为"心之解放，从感性之拘囿中而开阔其自己，是心之超越乎感性以上而明朗其自己"。⑦

心之"圆用是否能由心之自己而挺立，即是否能本质地挺立起"？⑧ 牟宗三说：

---

① 牟宗三：《心体与性体》上，第 315 页。
② 牟宗三：《心体与性体》上，第 315 页。
③ 牟宗三：《心体与性体》上，第 305 页。
④ 牟宗三：《心体与性体》上，第 290 页。
⑤ 牟宗三：《心体与性体》上，第 291 页。
⑥ 牟宗三：《心体与性体》上，第 290 页。
⑦ 牟宗三：《心体与性体》上，第 290 页。
⑧ 牟宗三：《心体与性体》上，第 297 页。

"光只注重此心之通用而当然地如此说，似尚不能解答此问者。此即表示说，若心只是此思用，则不必然地能至此圆用之境者。"① "而若心只是思用，则不必真能至此。"② 牟宗三说：

> 吾之提出此义，旨在表示就体现诚体之工夫而注意及心而言，此时之心即不能只注意其思用，必须进一步更内在地注意其道德的实体性之体义，此即是"其圆用能本质地挺立起"之关键，亦是"其圆用即是此诚体寂感神用"之关键。此道德的实体性之体义的心即是孟子由之以说性善的心，即所谓本心，……。③

"由此开工夫更是真切于挺拔之道德践履者，更是切近于先秦儒家所表示的道德的创造之阳刚之美者。而不是只从思用以言也。"④ 牟宗三并未否认"从思用以言"之心——心之通用，之意义；其只是拒绝忽视心之道德义而只就心之通用言心，并且认为只有进至道德本心，心之圆用义才能切实地本质地挺立。

心之圆用义，着眼于仁心、本心，更为明确而显豁。牟宗三说孔子从不安、不忍愤悱不容已说仁，是"感通之无隔，觉润之无方"。无隔、无方，即健行不息、纯亦不已，其无极限，而必"以天地万物为一体"。"此仁心是遍润遍摄一切，而与物无对，且有绝对普遍性之本体，……。"心之圆用，于此充分确立。

心之圆用虽然是超越的，但其不是抽象的，而是要表现在现实生活中。仁心本心随时是寂然随时是感应，这种种意思，都相应于寂感之神与气化相融相即之综合历程。这一点在成立心之圆用之生起事迹、具体化诚体之神之创生万物，发挥着至关重要的作用。

寂感之神——心之圆用，不必然能分析出一个现实世界。如果将其视为心之通用之另一面，其表现要依于其通用——包含感性的心，那么，心之圆用之无相即可表现出相来。牟宗三说："寂然不动，感而遂通"本身是一个东西，就是即寂即感，同时是寂同时就是感。但在我们现实生活上，在我们的感性方面，就我们人类的现实的感性上讲，寂是静的时候，而感是动的时候。所以，王阳明讲"动静，时也"。一个人

---

① 牟宗三：《心体与性体》上，第297页。
② 牟宗三：《心体与性体》上，第297页。
③ 牟宗三：《心体与性体》上，第297页。
④ 牟宗三：《心体与性体》上，第297页。着重号为引者所加。

现实上有动的时候，有静的时候，所以说"动静，时也"。时就是现实世界，在时间之内，你这个时候是动就是动啦，下一个时候是静就是静啦。所以，这个是从时间方面看。①

三　神感神应与起执

1. 心之圆用生起事迹

诚体之神本是无动无静之活灵，但诚体之神感物而成就客观事物。这些客观事物，牟宗三说："从诚体之神活灵之一方面说，是迹；从客观存在方面说，是事。这些——迹或事——都是神之妙用之所起，之所创生。"②

诚体之神既超越而内在，妙用之为具体的妙用，虽说不能由诚体之神内在的分析出，但诚体之神自身即不能是虚悬，似乎也是诚体之为诚体所应有之义——诚体必须是"活灵之一"。活灵之一，是就诚体之神妙运气化而言。一者，全神即气，全气即神。神气相即，其内在机理，牟宗三有"皱起一池春水"喻。

> 在诚体之神顺物感应之具体妙用中，它顺迹上之该动该静其自身不能不相应而起皱皱，此即小词家所谓"吹皱一池春水"也。一池春水本是动而无动静而无静的。然而春风一起，则不能不应之而起皱皱。这活灵的春水相应风吹便成全了那些如此如此之皱皱。这些皱皱虽是应风而起，却也是其自身之所起，因其为其自身之所起，所以也可以说为为其自身之所具——此之谓因起而具。你可以说，这春水本身本无所谓起或具，即，这些皱皱本不是这春水本身所本有的。但这只是抽象地（隔离地）说这春水本身，而事实上这春水本身却永远是在具体的处境中，所以若是具体地圆融地说这春水本身，它必永远是有起有具的，它必永远带着这些皱皱而不离的。③

诚体之神从无动无静而现为动静相、从超越层而现于经验层，其可能性是诚体自

① 牟宗三：《周易哲学演讲录》，第80页。
② 牟宗三：《心体与性体》上，第314页。
③ 牟宗三：《心体与性体》上，第313页。

身之所具？牟宗三又说此"具"为"因起而具"，到底是"起"还是"具"？似乎在牟宗三看来无进一步申述的必要。牟宗三在《佛性与般若》中，就真常心一系内部如何解决烦恼来源一问题时，亦有上述比喻。在那里，牟宗三说烦恼是自性清净心因为无明的插入而生起，正如春水因风而起波澜。在这里牟宗三说诚体之神表现为事迹是"因起而具"，似乎表现出某种"困境"。诚体之自性是超越的，自然不便说其具动静；但若说成其起动静，则依牟宗三之判教，此为超越地分解之路，较性具而言，性起不是最终之圆教。总而言之，"因起而具"究是性起还是性具？似乎需进一步确认。

牟宗三说：

> 若是一块平平的木板或大理石，则虽有风吹，也不能应之而起皱皱。这平平的木板或大理石，只能说它是定静之一，而不能说它是动而无动静而无静之活灵之一。定静之一是不能说动而生阳的，但活灵之一却可以说，活灵之一即象征所谓神而不是气，那皱皱之多即象征所谓气（事、迹）而不是神——此是分解的说。若圆融地说，则全神是气，全气是神，相即相融，永永为一。明道云："气外无神，神外无气。或者谓清者神，则浊者非神乎？"此即圆融地说。①

牟宗三说诚体之神之"活灵之一即象征所谓神而不是气，那皱皱之多即象征所谓气（事、迹）而不是神——此是分解的说"。② 所谓分解，是将心之神用自上而下说其表现于现实——为突出心之超越的道德性，亦强调心在道德工夫中的意义。心之神用圆用回过头来——神感神应自己停住，与心之通用义相融合，而成就神之"事"与"迹"。"若圆融地说，则全神是气，全气是神，相即相融，永永为一。明道云：'气外无神，神外无气。或者谓清者神，则浊者非神乎？'"③ 既是神又是气、相即相融，就心而言，即是感性之心与超越之心之相即相融，重新成就心之全用。

圆融说，有种种不同表述。就体用而言，可说全体是用；就神迹而言，可说"全神是迹"；就一多言，可说"一即一切"。圆融地说，非是体用、神迹、一多不可分，

---

① 牟宗三：《心体与性体》上，第 313 页。
② 牟宗三：《心体与性体》上，第 313 页。
③ 牟宗三：《心体与性体》上，第 313 页。

更不是不须区分，"就其诚体之神自身说，仍是动而无动静而无静的，此即全用是体，全迹是神，而一切即一"。①

"分解说"与"圆融说"作为两种不同说理方式，前者可说是方便说、权说，后者为究竟说。诚体之神与活灵之一，本来即是同一历程。只是为了突出诚体之超越的道德性，而暂时将诚体之神上提而安立于超越处。这两种不同的说理模式，非只是形式上的诠释方式之差异，二者非是平行的可以交替者。圆融地说，是将神与气相即相融，这种综合状态是必然要达到的——必当有此理境。徒作分解说，不能达到此状态。实际上我们可以看到，牟宗三并没有积极地正视圆融说的神气"相即相融，永永为一"，所以气化宇宙论中的物之理，在牟宗三必然依于本心之执。在后面我们会重申牟宗三所谓的儒家的"纵贯纵讲"不能容纳横向的气化宇宙论，神气相即相融、永永为一不能得到充分地证成。

春水生起皱皱因有风的鼓动，诚体神感神应而现为事迹，因感于物。设若诚体神感神应不感于物，则神感神应成为隔绝之道。神感神应感于物同时而成全物，人之道德生命与自然生命同时得到成就。此即理气圆融。"从超越层上说下来，说动而生阳，静而生阴，或说张而有动，弛而有静，此所谓'生'或'有'乃是成全地生或有，不是说自然生命连同其曲折与波浪皆是存在地由诚体而生出也。"②

春水之所以能生起皱皱，是因为春水"即超越即经验"；皱皱本质不异春水，"即经验即超越"。佛教雅言"不一不异"即如此。

几动是现象，即如其为现象自身言之，它属于经验层。而知几之知，通微之思，乃至于睿，则属超越层，是清明心体之用。若知之即化之，则动从寂体，即经验即超越，即用即体，则纯善而无恶。③

"几动是现象"，现实中的心动之几是发生在时空中的现象；其动有动相，触发善恶。但经验层面直接成就善恶的心之动时，有超越的本心诚体之神妙运之。说妙运之，并非是说本心诚体一往而为主宰；只是从应然层面说本心诚体而为主宰——妙运之。知之即妙运之。若经验层的心动顺承诚体，则其从经验层一跃而同时即是超越的，即

---

① 牟宗三：《心体与性体》上，第317页。吉。
② 牟宗三：《心体与性体》上，第315页。吉。
③ 牟宗三：《心体与性体》上，第292页。

是本心诚体之用。同时，本心诚体从超越层一落而入经验层，即从无动无静而显出动静相。

从哲学史发展的角度，牟宗三亦注意到了这一点，故有如下言：

> 能就孟子之道德的实体性之体义的心，而谓其即是此天道诚体之神用，因而极成其所为"一本"者，乃是明道；能由之而开工夫而更真切于挺拔之道德践履，更切近于先秦儒家所表示之道德创造之阳刚之美者，则为陆象山。此则乃进于濂溪者。但吾人必须于濂溪之言心处，记住此义，始能知后来之发展，以及洞澈学派分立之关键。①

在牟宗三看来，明道与象山都进一步将道德本心之神用以及其创造推进一步。但若依天台圆教来看，真正的圆教则在五峰。天台宗以法性与无明之诡谲地相即树立成佛不必断九，华严宗则是超越地分解的路数，成佛需缘理断九。牟宗三《佛性与般若》判天台宗为最终之圆教。如是，儒家内部而言，最终圆教当是五峰模式。牟宗三说：

> 若真依天台"一念三千，不断断，三道即三德"之方式而判，则四有句为别教，四无句为别教一乘圆教，而真正圆教（所谓同教一乘圆教）则似当依胡五峰"天理人欲同体而异用，同行而异情"之模式而立。②

不妨将"同体"用作名词，指综括天理人欲之体。体者，事体，非是本体。用者，作用表现，非是体用之用。毫无疑问，同体当落实于心上说，"异用"即心之不同作用不同表现。无论天理还是人欲，都是心之作用——心可表现为人欲亦可表现为天理。"同一事体，溺则为人欲，不溺为天理。"③ 从道德践履与道德工夫说心之圆用义，说本心明觉之神感神应，说其创生义，说其成全万物之存有义。然天理不虚悬、道体要表现于人事中——本心明觉是具体的呈现，因此，心之神感神应之圆用一面与人欲不相割裂，而为同一事体；虽同一事体而"进修君子宜深别焉"，不应作"天理人欲混为一区"之谈。

---

① 牟宗三：《心体与性体》上，第297～298页。
② 牟宗三：《圆善论》，吉林出版集团，2010，第248页。
③ 牟宗三：《心体与性体》中，第376页。

2. 神感神应之停住

知体明觉神感神应而无执着，故无任何相：知无知相，意无意相，物无物相。妙万物之妙即如此。因此，要成立现象的对象——知有知相、意有意相、物有物相，知体明觉之神感神应需要作一番转折。这种转折牟宗三称为神感神应之自己"停住""停滞"，如此，知体明觉便从无执转为"执"。"这一执就是那知体明觉之停住而自持其自己。所谓'停住'就是从神感神应中而显停滞相。"① 知意物亦随之而显停滞相。

通常所言的我执是消极的，当超克；而从无执起执，此种我执不一定是消极的，因其不复是起初之情执，而类似证得无生法忍之后从空出假，乃是"无执之执"。其只有执着相，并无执着之实。明觉感应之神感神应之能停住，有无必然性？停住而又不失自性，其必然性何在？

实际上，知体明觉之停住、停滞亦只是一种幌子，其并非真的停住、停滞，只是以知体明觉为主宰而发展出一方便、权用。从这个角度理解本心明觉之从无执而起执，比从本体的角度来申述要方便得多，也不会产生无谓的纠缠。将本心树立为本体，知体明觉如何发生与其本质相悖的作用，问题越绕越复杂。牟宗三说知体明觉之无执而执乃是"明觉之光之凝滞而偏限于一边"，"它自身之影子，而不是它自身"② 这种说法太着实，易生误解。再比如，他说神感神应停住而成立现象之物时，"既有此停住而自持其自己的'形式的我'，则明觉感应中之物即被推出去而成为一所思之对象，此对象即是现象义的对象"。好像明觉感应中"有"物、并且其中之"物"是多，实际上，明觉感应之神妙万物而显出神之本体义，牟宗三亦强调是"成全"、成全式的创生，并非有物居于神之中。

知体明觉神感神应本是成全万物之存有，如今却要通过自我否定使万物进入存有之影子中——现象的存有。万物"暂时"摆脱知体明觉之朗润而进入现象地存有，可以说是从知体明觉中解放出来。这亦是另一种意义的"物各付物"。这一步如牟宗三所说为成就自然科学之必须，但就存有论视域内来看，这一步亦是成全全幅存有之必须。道理如下。

---

① 牟宗三：《现象与物自身》，吉林出版集团，2010，第 123 页。
② 牟宗三：《现象与物自身》，第 123 页。

在本体界存有论内，万物得道德本心之朗润，一方面随本心之神妙而进入神妙、随本心之永恒而进入永恒——永恒的意义；另一方面，实际上是以牺牲自己以成全道德——物之自然生命被压抑——万物化生之神妙莫测被本心诚体之神吞没。成全地创生万物之本心诚体之神——本体界存有论之实体，遗忘了其气化宇宙论的背景；虽然牟宗三亦主张“全神即气，全气即神”之综合状态，强调本心诚体之理携气化而行之综合状态，但其所标榜的“纵贯纵说”——天道、本心、诚体之纵贯地创生，实际上无法容纳横向的气化宇宙论。所以，牟宗三讲儒家之存有是成全地存有，其有时亦说道家佛家之存有也是成全地存有——纵者横讲，儒家与道释两家的分际并不明显。诚体之神感于物而动，其所感亦应以气化宇宙为基础。如何调和横摄的气化宇宙论与道德本心之纵贯的创生，在牟宗三似乎并未得到完美的解决。

牟宗三以良知的坎陷——神感神应之自我停住，主动起执而形成一现象界的存有；但这种“执”乃是“无执之执”，很类似天台宗所谓的“法性性无明”（天台宗有“无明法法性”，牟宗三仿此而自撰“法性性无明”）。法性性无明，而无明即法性；除病不除法——成佛不必断九界法，而九界法同为净法。但天台此义是以性具为基石的，依此来看，如果要成就牟宗三所谓无执之执、所谓现象界的存有，当以现实的“心之官则思”为基础，以心之通用与圆用之全幅含义为基础，重新确立道德践履于人生现实之意义。

从幸福到永福：牟宗三的圆善论试析

肖　雄*

摘　要　聚焦于"福"这个概念，本文通过分别考察康德与牟宗三对该概念的使用情况，发现两者在解决德福一致的进程中，均有从现象义的幸福滑向本体界的永福之趋势。就康德而言，固然是紧扣现象义的幸福言德福一致而为人熟知，但是他在将解决方案追寻至本体界时，因为上帝只创造物自身而非现象，一种物自身意义上的福即永福就不可避免地成了与神圣的道德一致的福，尽管康德只是略微提到了这点。牟宗三承接了康德的至善问题，以及德福必然结合只能发生在本体界、上帝只能创造物自身的前提，另一方面又从东方的传统出发，肯认自由意志的真实性及其在今世可以达至完全的神圣性，从而取消了或架空了灵魂不朽与上帝存在的悬设，明确与德性一致的福是物自身意义上的永福。你可以说牟宗三未能处理现象界的幸福与德性如何一致，但却不能说他歪曲了康德，因他只是以异于基督教的传统，同时在遵守康德哲学基本框架的前提下，解明了康德的问题。

关键词　牟宗三　康德　至善　永（天、道）福

引　言

关于牟宗三的"圆善论"，学界已有不少研究讨论，甚至还引起了一些争论。① 受

* 肖雄，湖南岳阳人，哲学博士，湖北大学哲学学院讲师，主要从事宋明理学和港台新儒家研究。

① 杨虎：《论康德与牟宗三圆善论的幸福指向——驳杨泽波教授》，《学术界》2016年第5期；曾海龙：《再论康德与牟宗三圆善论的幸福指向——兼谈杨虎博士对杨泽波先生的批评》，《学术界》2016年第11期。

李瑞全、陈荣灼、关镇强、彭国翔等学者的论文之启发，① 本文从康德与牟宗三皆有两种含义之"福"去切入对此问题的讨论，或有澄清争议之效。据笔者的观察，许多的绞绕都是未能区分开现象义的福与物自身意义上的福之缘故。笔者将分别从康德与牟宗三的文本出发，来考察两位哲学家在解决德福一致问题时，不自觉地发生的关于福之含义的滑转。如此处理，不但可以厘清牟宗三的幸福含义，而且也可以说明其对康德做如此诠释并不违背康德的本意，毕竟康德本人前后也有发生幸福含义的滑转。从而，本文将依次从康德之言"福"、德福关联、牟宗三之方案及其福之含义的滑转展开这项讨论。

一　康德之言幸福与永福

在《纯粹理性批判》中，康德只是初步地提到了至善及其解决之道，更加详备的讨论则在《实践理性批判》中。在完成了对纯粹实践理性各要素的解析之后，康德就开始正式考虑一个综合性的问题，即德性与幸福如何结合的"至善"问题。

> 至高的东西可以意味着至上的东西（supremum【最上面的东西】），也可以意味着完满的东西（consummatum【完成了的东西】）。前者是这样一种条件，它本身是无条件的，亦即不从属于任何别的条件（originarium【原初的东西】）；后者是这样一个整体，它不是某个同类的更大整体的一个部分（perfectissimum【最完备的东西】）。德性（作为配享幸福的条件）是一切在我们看来只要可能值得期望的东西，因而也是我们谋求幸福的一切努力的至上条件，所以是至上的善，这在分析论中已经证明。但是，它因此就还不是作为有理性的有限存在者的欲求能力之对象的完整的和完满的善；因为要作为这样的善，就还要求有幸福。……现在，如果德性和幸福在一个人格中共同构成对至善的拥有，但此处完全精确地与道德

① 李瑞全：《福报与圆善》，《当代新儒学论文集·内圣篇》，文津出版社，1991，第 21~31页；陈荣灼：《圆善与圆教》，《当代新儒学论文集·内圣篇》，文津出版社，1991，第 40、49 页；关镇强：《无待的幸福——牟宗三先生的幸福观初探》，《鹅湖》第二十二卷第七期（总第 259 期），1997 年 1 月，第 11 页；彭国翔：《康德与牟宗三之圆善论试说》，《鹅湖》第二十三卷第二期（总第 266 期），1997 年 9 月，第 25、28 页。

成正比来分配的幸福也构成一个可能世界的至善，那么，这种至善就意味着整体，意味着完满的善。①

简单地讲，至善可以有两义，一是指无条件的德性，一是指完满的德福一致，后者则是康德接下来要解答的。至善的两个部分：德性和幸福，是相互独立的而非分析的关系，而且是按照精确的比例匹配的。至善不能是有德而无福，否则这便是不完满的，甚至危及道德法则本身的真实性。② 在《实践理性批判》分析论与辩证论中，康德对于德性的理解是前后一贯的，但是对于"福"的看法却有两种，即幸福（happiness）与永福［beatitude（Seligkeit），或译为天福］，这是极需注意的。即尽管康德心目中最初所意指的、与德性匹配的"福"是幸福，但他通过自由意志、灵魂不朽与上帝存在的悬设而达成的"福"却在某种意义上有"永福"的倾向。所以，为了更好地讨论德福一致的问题，我们很有必要再次回顾康德所言之两种福，及其与德性之关系。

（一）康德之言幸福

对于幸福的含义，康德在《实践理性批判》中明确谈到，他说：

> 出自一个事物的实存的表象的愉快，就它应当是对这个事物的欲求的规定根据而言，建立在主体的易感性之上，因为它依赖于一个对象的存在；……只有当主体从对象的现实性那里所期待的惬意的感受规定着欲求能力的时候，愉快才是实践的。但是在，一个有理性的存在者对于不断地伴随他的整个存在的那种生活惬意的意识，就是幸福。③

> 幸福是尘世中一个理性存在者的状态，对这个理性存在者来说，就他的实存的整体而言一切都按照愿望和意志进行，因而所依据的是自然与他的整个目的，此外与他的意志的本质性规定根据的协调一致。④

---

① 康德：《实践理性批判》，李秋零译注，中国人民大学出版社，2010，第104页。
② 康德：《实践理性批判》，李秋零译注，中国人民大学出版社，2010，第107页。
③ 康德：《实践理性批判》，李秋零译注，中国人民大学出版社，2010，第20页。
④ 康德：《实践理性批判》，李秋零译注，中国人民大学出版社，2010，第116～117页。

愉快是通过实存的事物刺激我们的感性所致，愉快之所以可能，首先需要有事物的实存——这是客观面，其次是我们的感性——这是主观面。这两面"协调"了就会产生愉快的感觉，而幸福就是在我们的生活中不断地有这种"协调"、愉快；当人们以之为动机（因）时，幸福或这种愉快又是实践的。在第一段话中，康德是从我们的欲求能力方面去说幸福的，而在第二段话中，康德则是从我们的意愿、意志去说幸福的，两种说法似并无不同，只是后者更加抽象。接下来的一段话则是从幸福是人类所必需的这个角度说的。

> 成为幸福的，这必然是每一个有理性但却有限的存在者的要求，因而也是他的欲求能力的一个不可避免的规定根据。因为他对自己的整个存在的满意绝不是一种源始的财产，不是以他的独立自足性的意识为前提条件的永福，而是一个由他的有限本性本身强加给他的问题，因为他有需要，而且这种需要涉及他的欲求能力的质料，亦即与一种主观上作为基础的愉快或不快的情感相关的东西，由此他为了对自己的状态感到满意而需要的东西就得到了规定。①

在此，康德不再就人类而言幸福，而是在神人的比照下言幸福。人类作为有限的理性存在者，因为具有感性欲求，幸福乃是必需的。与之不同，上帝作为无限的存在者，对于其自己的整个存在——为他自己所创造，有一种自足的永福意识。这里涉及康德的一个基本区分，此即现象与物自身的区分，幸福显然是现象界的事②，而永福则属于物自身界。在与幸福的对比中，永福的含义也得到了一定程度的阐明。

（二）康德之言永福

在幸福与永福之间，还存在一种中间状态，康德把它叫做"自我满意"或"理智的满意"，这是人类所特有的，并且相对于与幸福的关系，它更加接近于永福。

---

① 康德：《实践理性批判》，李秋零译注，中国人民大学出版社，2010，第23页。
② 康德认为"幸福"这个概念是"想象力的理想"而非"理性的理想"，并且属于它的一切要素都是经验性的。（康德：《道德形而上学的奠基》，李秋零译注，中国人民大学出版社，2013，第36、37页）

但是，人们就没有一个不像幸福一词那样表示着一种享受、但却指示着对自己的实存的心满意足、指示着必须必然地伴随德性意识的幸福的一种类似物的词吗？有！这个词就是自我满意，……。自由和对自由是一种以占优势的意向来遵守道德法则的能力的意识，就是对于偏好的独立性，……而且就我在遵循我的道德准则时意识到这种独立性而言，它就是一种必然与之结合在一起的、不基于任何特殊的情感的、不可改变的满意的唯一来源，而这种满意就可以叫做理智的满意。①

这种满意在其来源上就是对自己的人格的满意。自由本身以这样的方式（亦即间接地）将能够有一种享受，这种享受不能叫做永福，因为它并不包含对偏好和需要的完全独立性，但它毕竟和永福相似，也就是说，只要至少它的意志规定能够保持不受这些偏好和需要的影响，因而至少按照其起源来说与人们只能赋予最高存在者的那种自足类似。②

有学者认为，康德的这种自足的说法是结合了现象（福）与物自身（德）两界的、实践理性的真正客体。③ 不过遗憾的是，康德对于这种自足的福似并未过多着墨。从一个比较哲学的视野来看，康德对自我满意或理智的满意之论述，很容易让人想起儒家关于"自慊"的一些论述，如孔子讲伯夷、叔齐是"求仁而得仁，又何怨"（《论语·述而》7.14）；孟子的"行有不慊于心，则馁矣"（《孟子·公孙丑上》3.2）。这里所引孔孟的话都包含了一种必然伴随德性的、对自我实存的自我满意，至于孔子夸颜回"人不堪其忧，回也不改其乐"（《论语·雍也》6.7）时，岂不明显是对偏好的独立，是不基于任何特殊情感的满意？康德所讲的那种类似于永福的自我满意或理智的满意，可以说在儒家那里得到了很大的彰显，宋儒对孔颜乐处的玩味即是明证。

这种自我满意与永福，就其来源来说是相同的——不来自于经验现象界，但是就强度而言，显然有异，因为永福要求有对于偏好与欲求的完全独立性。而在康德看来，这种完全的独立性并不为有限的人类所能具有，而只属于上帝。"永福是理性用来表示

---

① 康德：《实践理性批判》，李秋零译注，中国人民大学出版社，2010，第110~111页。

② 康德：《实践理性批判》，李秋零译注，中国人民大学出版社，2010，第111页。

③ 丁宁：《论康德的至善学说》，《东方论坛》2009年第4期，第22页。

一种不依赖于尘世中一切偶然原因的完备福祉的术语，这种福祉与神圣性一样，是一个只能包含在一种无限的进步及其总体性之中的，因而永远不为造物完全达到的理念。"① 在此，不为有限的人类所具有的永福，开始在无限的进程之总体中而拥有，也就是为一个不朽的灵魂所拥有。但是，假如人类在这有生之年能达到完全的神圣性，那么永福为人类所享有就是可能的了。在这有生之年达到完全的神圣性，这在基督教的传统下当然是离经叛道的，但是在儒家，这却始终是一坚定的信念，所谓"人皆可以为尧舜"，在此生即可实现。孟子讲："万物皆备于我矣。反身而诚，乐莫大焉。强恕而行，求仁莫近焉。"（《孟子·尽心上》13.4）"诚"就是完全的神圣性，而"乐"即永福。"是故诚者，天之道也。"（《孟子·离娄上》7.12）孟子以诚为天道，而《中庸》进一步讲，"诚"是"不勉而中，不思而得，从容中道"，这就是完全独立性的体现，即是说诚具有完全的神圣性；从而，由诚而有之乐当然具有对偏好与欲求的完全独立性，这通过"莫大焉"的形容也可以见出；而"万物皆备于我"所表明的则是自我的完全自足性，乐非自外在的经验感觉所致。

　　基督教的道德学说通过把理性存在者在其中尽心尽意地献身于道德法则的世界描绘为一个上帝之国而弥补了这一（至善的第二个不可或缺的成分的）欠缺，在上帝之国中，通过一位使派生的至善成为可能的神圣创造者，自然与道德达到了一种对二者中的每一个单独说来都不具有的和谐。道德的神圣性已经被指定为他们此生的准绳，但与这种神圣性成正比的福祉，亦即永福，却仅仅被表象为在一种永恒中可达到的，因为前者在任何状况中都必须始终是他们的行为的原型，……而后者则在这个尘世中却是不能以幸福的名义达到的（就取决于我们的能力而言），因而仅仅被当做希望的对象。②

　　当康德如此说永福时，他所谓必然地与德性相结合的福是永福而非现象义的幸福，而且只是希望的对象，这一点已甚明显。他所说的至善的第一个因素即德性，是神圣的道德性——在基督教的传统中需要预设灵魂不朽以达到，而第二个因素即福，因为它寄托于存在界——为上帝所创造以与神圣的道德相匹配，所以此时的福就不再是现

象义的幸福了——因为上帝不创造现象，而是永福。这就是说，康德开始所意指的、与德性必然地相结合的福，按其最初的设想是幸福，但是随着他将解决方案追寻至超感性界，该幸福的含义已悄然改变，永福是其势所必至的含义。"幸福"这个概念，就其为现象界的而言，注定是不可能与德性必然地相结合的。下面的论述将进一步表明这一结论的不可避免性。

二　康德之言德福关联

前面我们已经初步地考察了康德的福的含义，而这种福的含义并不能仅仅完全独立地去考察，而需进一步从其与德关联去考察、确定其含义，下面的论述将证明这一点。

（一）从现象界追寻至本体界找根据

从前面对幸福概念的考察来看，它是现象界的概念，它依赖于一个对象的实存与我们主体的易感性，但这也是我们作为有限的理性存在者所必需的。而至善的另一个方面，即德性，却是本体界的。从康德最初设定的幸福概念来看，他想要建立的是现象界的幸福与本体界的德性之间的必然联系。

> 幸福和道德是至善的两个在种类上完全不同的要素，因而它们的结合不能被分析地认识到，而是这两个概念的一种综合。但是，由于这种结合被认为是先天的，因而在实践上是必然的，从而不是从经验中派生出来的，而至善的可能性不基于任何经验性的原则，所以，这个概念的演绎就必须是先验的。通过意志的自由产生出至善，这是先天地（在道德上）必然的；因此，至善的可能性的条件也必须仅仅基于先天的知识根据。①

幸福是一个经验（现象界）的概念，但是它与德性的必然联系即至善，却不是因为任何的经验原则而可能——经验原则不可能产生严格的普遍必然性。所以，尽管两者分属现象与本体（物自身）两界，但是其必然联系的根据却不能在现象界去寻找，

---

① 康德：《实践理性批判》，李秋零译注，中国人民大学出版社，2010，第106页。

而需要去本体界寻找。

> 眼前的纯粹实践理性的二论背反正是这种情况。这两个命题中的第一个命题，即对幸福的追求产生出有德性的意向的一个根据，是绝对错误的；但第二个命题，即德性意向必然地产生幸福，则并不是绝对错误的，而是仅仅就德性意向被视为感官世界中的因果性的形式而言，因而当我把感官世界中的存在当做理性存在者的唯一实存方式时，才是错误的，因而只是有条件地错误的。但是，既然我不仅有权把我的存在也设想为一个知性世界中的本体，而且甚至在道德法则上拥有我的（感官世界中的）因果性的一个纯粹理智的规定根据，所以，意向的道德性作为原因，而与作为感官世界中的结果的幸福拥有一种即便不是直接的，但也毕竟是间接的（以自然的一个理智的创造者为中介），而且是必然的联系，这并非不可能。①

虽说德性与幸福是至善的两个因素，但是两者的地位却不是一样的，即前者必须是后者的先决条件。康德认为实践理性中的二论背反之第二个命题，其性质与第一个命题并不一样，而只是有条件的错误，只要我们不把德性与幸福完全看做现象界的关系，而是看成本体与现象间的关系，则仍有对的可能——基于一个"自然的理智的创造者"为中介。不过这里仍有一个问题，即"自然的理智的创造者"所创造的自然是"物自身意义上的自然"，那么，这个创造者是使德性与"物自身意义上的自然"必然地协调，还是与"现象意义上的自然"必然地协调呢？从幸福的概念来看，康德是想要后面的那种协调，但问题是这个创造者所能做到的显然只能是前面的协调，因为他不是现象的创造者。正是因为如此，所以如前所引，康德在谈到"上帝王国"的"至善"时，"永福"代替了"幸福"，成为期望的对象。而永福显然不属于感性世界的，而属于物自身界。

在此，关于上帝只是创造物自身意义上的自然，可以有进一步的说明。为了拯救自由，康德说：

> 上述困难的解决简明扼要地以如下方式进行：如果在时间中的实存是世界上

---

① 康德：《实践理性批判》，李秋零译注，中国人民大学出版社，2010，第107~108页。

的能思维的存在者的一种纯然的感性表象方式，因而并不涉及作为物自身的这些存在者，那么，对这些存在者的创造就是对物自身的创造，因为一种创造的概念并不属于实存的感性表象方式，不属于因果性，而只能与本体相关。……因此，就像说上帝是显象的创造者就会是一个矛盾一样。①

一方面，如果上帝是现象（显象）的创造者，那么，人类的自由就无法可能，人类只不过是上帝的玩偶而已，完全是被决定的。另一方面，如果上帝能够创造现象，上帝也将陷于现象界而无法自拔。带有时间形式的只是现象而非物自身，现象界无创造，上帝创造物自身并不会破坏人的自由，这就是康德关于现象与物自身区分的重大意义。上帝既然无法创造现象，而只能创造物自身，那么，作为中介的上帝是否还能在本体界的德性与现象界的幸福之间建立必然联系，就是值得怀疑的。恐怕我们顶多只能说，上帝能使德性与物自身意义上的幸福有必然的联系。

（二）基督教式的方案

尽管康德知道德福一致的可能根据只能在超感性（本体）世界中找到，但是由于他限于基督教的背景，而认为人在今世不可能达到完全的神圣性，所以，他为了使至善成为可能，在自由意志之外，还悬设了众所周知的灵魂不朽与上帝存在。康德所言之至善，其德性一方面之条件是"至德"，为此，康德预设了灵魂不朽，以便其在无限的进程中无限地进步——有生之年是达不到至德的；而灵魂为什么能够有如此的坚定性，即不断进步以完全符合道德法则，康德给出的依据是在我们自己这方面的"圣灵"。② 康德所言之至善的另一方面是福，但是康德又认为，这种福"在这个尘世中却是不能以幸福的名义达到的（就取决于我们的能力而言），因而仅仅被当做希望的对象"。也就是说，康德至善中的第二个要素"福"从最初的"幸福"滑转为"永福"了，并且这永福要靠上帝来保证，后者不但代表至德，而且也是自然的创造者。

康德的这个基督教式方案存在很多问题，其中一个比较普遍的质疑是：人死之后，

---

① 康德：《实践理性批判》，李秋零译注，中国人民大学出版社，2010，第96页。
② 康德：《实践理性批判》，李秋零译注，中国人民大学出版社，2010，第116页脚注。

灵魂虽存，但肉体已不在，那么，幸福对于我们的意义何在？因为根据康德，幸福是与我们的感性相关的，假如死后灵肉分离，则幸福于我们而言就不是必需的了。这无异于消解了德福一致这个问题。① 也就是说，我们只有生前才需要幸福——但此生却达不到德福一致，死后不需要幸福——上帝保证的永福来得太迟。

三　牟宗三之东方式的方案

牟宗三承接了康德的以自由意志中心的那个必然的至善难题，并且在解决方式方面也基本上遵循了康德的思路，即一方面要求德性之完全的神圣性，另一方面从超感性（本体）世界去寻找德福一致的根据，但是在具体的方案上却异于以基督教为背景的康德，实际是弥缝了道德与宗教的距离，使之合而为一了。

不同于基督教的传统，牟宗三的背景是传统中国的儒释道，而在三教中，基于良知、道心、佛性的真实性与古往今来先圣们神圣的体证，成圣、成真人、成佛都是在此生可以达到的，圣格意味着的是完全的神圣性，也就是达到了康德至善的第一个要素"至德"。如此一来，不但灵魂不朽的悬设成为不必要，即便上帝也与自由意志融而为一了。

> 若就儒家而言，即使在"是否完全无疵地欲"这一问题上亦不涉及灵魂不灭这一设准。说完全无疵的欲在"无限进程"中可能可，说它"顿"时可能亦可。两者并不冲突。②

> 神圣的意志，康德在别处说为其格言不可能与道德发展相冲突，此亦就是意志之完全符顺于道德法则，此等于孟子所谓"尧舜性之也"，后来理学家所谓纯合天理的意志，天理流行的意志。③

> 此相连而生的两义（灵魂不朽与意志达到神圣性）是东西方宗教根本不同的地方。依儒释道三教说，第一，即使说无限进程亦不必靠灵魂不灭之设定，他们

---

① 张传有：《对康德德福一致至善论的反思》，《道德与文明》2012 年第 3 期，第 80 页。
② 牟宗三：《圆善论》，《牟宗三先生全集 22》，联经出版公司，2003，第 206 页。
③ 牟宗三：《圆善论》，《牟宗三先生全集 22》，联经出版公司，2003，第 209 页。

有另一种讲法；第二，说在无限进程中始可达到意志之完全符顺于道德法则，这实等于说永远不能达到，因为康德无顿悟义故，而依儒释道三教，则顿渐两义同时成立故。①

在康德看来，人类这有限的理性存在者只能达到"德性"——这个词意味着有限的道德，而不能达到完全的神圣性，否则便是通神论了。但是从牟宗三的论述与先贤们的体证来看，传统中国的学问无疑是通神论了。在牟宗三看来，康德没有"顿悟"的视野，因而无法了解人类完全的神圣性可以在此生达到。"顿悟"其实并不是别的，就是孟子所说的那个"反身而诚"，其中便有"顿"的含义，这都是仁熟义精的工夫所达至的"沛然莫御"，并不神秘。平时的工夫固然是"渐"，工夫纯熟之后便能"顿"，这就是顿渐的同时成立。孟子说："可欲之谓善，有诸己之谓信，充实之谓美，充实而有光辉之谓大，大而化之之谓圣，圣而不可知之之谓神。"（《孟子·尽心下》14.25）"大化之圣"，大无大相，这就是完全的神圣性。你可以说，在现实中，这里面的工夫非常艰辛，但却不能在理论上否认完全的神圣性在此生可以完全达到。

> 他只说一坚定性，但并未能明此坚定性究何以可能。虽肯定灵魂不灭，说无限进程，然神圣性与天福究不能为人所达到。这显然与说实践理性之动力有关。动力，如康德所说者那样，是并不足够的，一如唯识宗之以无漏种为动力之为不足够，如朱子之只说性即理不说心即理之为不足够。但康德系统中，已有了灵魂不灭，有了无底止的相续，并有了上帝之智的直觉之一目了然。凡此，俱可依儒释道三教之模式而重新予以消化与重铸，以期究竟了义之达成。②

其实康德有提到此处所说的那个"坚定性"（源自于"圣灵"），③ 只是没有详备的论述，这才导致牟宗三说他实践理性动力不够，而中国的学问正好可以弥补这一缺憾。这个作为"坚定性"根据的"圣灵"倒是可通于儒家的恻隐之心或良知，只是康德否定了人类可因为这个圣灵而在此生达到完全的神圣性，因而也无法享有"永福"（天福）。

---

① 牟宗三：《圆善论》，《牟宗三先生全集22》，联经出版公司，2003，第211页。
② 牟宗三：《圆善论》，《牟宗三先生全集22》，联经出版公司，2003，第220～221页。
③ 康德：《实践理性批判》，李秋零译注，中国人民大学出版社，2010，第116页脚注。

牟宗三顺康德哲学讲至本心之自律与觉润无方，物随心转，即已解答圆善何以可能的问题，即已足够。因为顿悟之意志即一神圣之意志，此一神圣的意志视万物皆为目的本身，即万物皆以物自身的姿态来照面而为此神圣意志所创造，① 当然也与此神圣意志相协和。然而牟宗三不满足于此，以为这只是开启了德福一致何以可能之机，真正彻底明白还需讲圆教，因为后者有更亲切的圣证，非只是思辨之推理。而所谓圆教、圆善，则是表明永福之无所不在，即一切现象意义上的苦与乐皆可以是永福之所在。

四　牟宗三之言幸福及其滑转

与康德一样，牟宗三的幸福概念也有着与康德类似的滑转，他的幸福概念最开始也是现象义的，但是随着解答程序的推进，该概念的内涵就开始发生了微妙的、恐怕连牟宗三自己都不曾自觉意识到的转变。

（一）现象义之福

牟宗三对与德性匹配的幸福概念的讨论是从孟子的相关论述开始的，此即"所欲、所乐、三乐"等说法，这些欲求与快乐无疑是属于幸福的范围，合乎康德最开始对幸福的定义。

> 所欲、所乐，乃至基本之三乐，总归是属于幸福者。然则何以必要求于幸福？幸福是属于"存在"（个体存在）之事，不属于"理性"之事。就个人言，我既有此生（个体存在），我即应保全之而使之畅遂。人不应自杀，即是"尊生保命"之义。……（杀生成仁，壮士断腕，是另一义，与此不同。）然尊生保命需要种种条件。得之则为幸福，不得则为无幸福。……既属于存在之事，则不能保其必得，是故得不得有命存焉。②

---

① 相关的论述可参见拙文《牟宗三哲学中的"寂感"思想之论析》，《周易研究》2016 年第 5 期，第 93 页；《牟宗三论证道德的形上学之结构》，《哲学评论》2014 年第 2 期（总第 13 辑），第 149～150 页。

② 牟宗三：《圆善论》，《牟宗三先生全集 22》，联经出版公司，2003，第 164～165 页。

在此，牟宗三以孟子所言之"广土众民""中天下而立"为幸福而属于"存在"之事，此两处所言之福显然是现象界的幸福，因为所欲、所乐之事皆有待于感性世界中对象的现实性，即此"存在"肯定是现象义的存在，而非物自身义的存在，故有"存在方面之限制"的说法——物自身义的存在则因无时空之限制而为"自由无限的"。而"杀身成仁""壮士断腕"实际上说明的是，现象义的幸福与德性往往不匹配，乃至相反。

在讨论现象界的幸福概念时，牟宗三甚至也注意到了幸福之层次问题，但这种分层显然也只是现象界内部的，而非现象与本体界之为超越的（transcendental）区分，他说："至于基本之三乐则比较属于精神生活者，亦即属于较高级之幸福。虽是较高级之幸福，但既亦属于幸福，故亦涉及存在方面之限制。"[1] 尽管是比较属于精神生活的、较高级的，但这仍不是物自身意义上的福，而仍是现象义上的幸福——有存在方面的限制是其标志。其中俯仰无愧类似于康德的自我满意，因而较其他二乐更接近于永福。牟宗三虽然有论及俯仰无愧之乐，但主要强调了其亦有客观限制，也就是主要要往幸福那面讲，而认为那种自得自足之乐（类似于永福）没有独立意义——与德性是分析的关系。[2] 至此，牟宗三无疑都还是在现象的意义上使用"幸福"一概念，但是随着解答步骤的推进，这个概念的含义就开始悄然改变了。

（二）物自身义之福

牟宗三根据中国的学问传统，肯定无限智心、智的直觉，人类在今世即可达到完全的神圣性，从而也使人类成为"自然的一个理智的创造者"，这使得与德性一致的"福"只能是"永福"而非"幸福"这一点更加明显而无疑，并且使我们更加明确地看到：幸福与永福之别并非程度上的，而是超越的（先验的 transcendental）。

　　圆圣依无限智心之自律天理而行即是德，此为目的王国；无限智心于神感神应中润物、生物，使物之存在随心转，此即是福，此为自然王国（此自然是物自

---

① 牟宗三：《圆善论》，《牟宗三先生全集 22》，联经出版公司，2003，第 165 页。
② 牟宗三：《圆善论》，《牟宗三先生全集 22》，联经出版公司，2003，第 160～161 页。

身层之自然，非现象层之自然，康德亦说上帝创造自然是创造物自身之自然，不创造现象义的自然）。①

在此，牟宗三明确说，与福对应的"自然"是物自身义的而非现象义，因为随心而转的存在是"物自身义的存在"，福当然也是物自身意义上的，而非现象义的。如果我们仍以现象的眼光去看待这"物自身义的存在"，我们所得的恐怕就不是幸福了，而是有可能是痛苦，牟宗三下面的话即可证明这一点。

　　若不能解心无染，则地狱固苦，即华堂大厦亦未必是福。②

说地狱苦、华堂大厦舒服，这无疑是世俗的、现象义上的苦与幸福，因为这依赖于对象的实存与我们主体的易感性。"解心无染"即是独立于感性欲求、偏好而不受其影响，从而"解心无染"无疑是超越了现象界，进入了物自身（本体）界，所以才有"自足的""无限的"永福。但是在圣者看来是永福所在的地方，在常人（或现象地）看来却可能是痛苦，如地狱即是。这当然说明了"永福"的"主观性""境界性"。有学者因此谓牟宗三是走回分析的老路，而认为幸福概念即便含糊，至少也有其底线的标准。③根据本文的分析，牟宗三的"福"概念确实有其含糊性，即经常是"幸福"与"永福"夹着讲，中间发生滑转亦不自觉，是以让人产生误会。

又，牟宗三在讲道家的圆教时亦说：

　　然而在四无中则无命义，因命已被超化故。尽管圣人亦奉天时，圣人亦有死（指自然生命言），然不管怎样死，怎样奉天时，一切天时之变，生死之化，尽皆其迹用。纵使一切迹用，自外观之，是天刑，然天刑即是福，盖迹而能冥迹本圆融故。天刑即是福，则无"命"义。一切迹用尽皆是随心转之如如之天定，故迹用即是福。④

---

①　牟宗三：《圆善论》，《牟宗三先生全集22》，联经出版公司，2003，第323~324页。
②　牟宗三：《圆善论》，《牟宗三先生全集22》，联经出版公司，2003，第272页。
③　郑宗义：《徘徊在绝对与多元之间——论牟宗三先生的"判教"》，收入氏著《儒学、哲学与现代世界》，河北人民出版社，2010，第278页。
④　牟宗三：《圆善论》，《牟宗三先生全集22》，联经出版公司，2003，第317页。

这段话非常明确地表达了现象义的幸福与物自身义的永福完全是两码事，是异质的两层。所谓"自外观之"，即是现象地观之，这时"迹用"是"天刑"，这就是它的客观意义。这里有"命"，这是哪怕是圣者也无法超越的，不然就不会去改善现象义的存在了。只是圣者多了一种眼光，即本体或物自身的眼光，而且这才是主宰性的，从而使现象义的一切存在皆可转为物自身义的存在而被超化。所以，牟宗三最终所达到的、与德一致的永福并不就是现象义的幸福，这是很明显的，永福是自足的、由内而外的，而幸福则涉及现象界的实存之改变，如地狱之改善。有人因此而指责牟宗三并没有解决实际问题，而只是转换了问题，对此，笔者的回应是：牟宗三是忠实于康德的，也合理地解答了他的问题；至于现象义的幸福，则非德性所能单独地决定的，而需另行索解。

（三）幸福含义的摇摆

尽管如上文所述，牟宗三已经很明确地把幸福的含义转换了，但是他也还自觉或不自觉地徘徊于两者之间，如在《圆善论》的附录部分所示，[1] 至于他自己是否已经意识到，则不得而知。

> 德、福是两个独立的概念，有德并不一定有福。例如耶稣要上十字架；孔子希望成为圣王的心愿也不能达到；释迦牟尼佛有福，但他不要，他宁愿出家修道。我们不能从德中把福分析出来，更不能从福方面把德分析出来，许多有福的人都没有道德。[2]

> 我们所说的德福的"福"，是我们现实人生自然界的事，我们所说的现实人生、自然界等都是些现象。这个体被造后所遇那些变化既然是在时间过程中，自然行程内，便全都是现象。因为物自身不在时间中，不在空间中，也不在十二范畴中。"福"既是寄托于自然界，因此，"福"是现象，上帝是管不着的。"德"是我们的事，上帝当然更管不着。[3]

---

① 在第十二届当代新儒学国际学术会议上，复旦大学徐波博士告知笔者，《圆善论》附录系牟宗三完成《圆善论》后写的。由此可见，牟宗三本人确实对于"福"这个概念，在现象界与本体界之间是有所摇摆的。

② 牟宗三：《圆善论》，《牟宗三先生全集22》，联经出版公司，2003，第335页。

③ 牟宗三：《圆善论》，《牟宗三先生全集22》，联经出版公司，2003，第338页。

第一段话，牟宗三是在确认德、福是两个独立的概念，并非分析的关系。而从三位圣者的遭遇来看，耶稣是有德而无幸福；孔子作为一个完全神圣的存在者，照本文的说法，是有永福而无幸福——未能成为圣王；佛陀则在他未出家之前是有幸福而无永福的。至于那些"许多人"，当然是有幸福而无德性，当然也没永福。但是牟宗三显然没有这样区分幸福与永福去说这三位圣者与"许多人"。在第二段话中，牟宗三更是强调"福"是现象义的。所以笔者认为，牟宗三虽然有明确的永福倾向，但是未免又摇摆于永福与幸福之间。

结语：现象义之福被冷落及其出路

无论是康德，还是牟宗三，尽管在至善问题提出之初，所要解答的、与德性一致的是幸福，但是随着解决问题的步骤的推进，此种福已非他们所能左右而转变为永福了，也就是说，在问题的解决进程中，现象义的幸福逐渐被冷落了。正因为如此，牟宗三的圆善论受到了诸多指责，而康德则因为其滑转不够明显而免受牵连，但正如本文所指出的，牟宗三其实是顺着康德的意思继续往前走的。

现在，通过本文的探讨而知道，能与神圣的德性必然结合的福只能是永福，那么，要在最初所预定的幸福与德性之间建立联系则需另辟蹊径，即落入现象界、回归自然因果，而且也不能再期望两者能有必然的联系，即"有命焉"。这样一来，至善问题便被转为（明确为）如何使一个有德者有现象义的幸福，而作为其原因，则非物自身界的德性所能独自担负——而且能在现象界起作用的是其物理行为而非其内在动机。除由德性所产生的行为外，幸福之促成还需要对现象因果的了解，即需要知识——关于自然与人的——前者即科学知识，后者则是社会政治等知识。如科技的发达可以使所有人受其恩惠——当然也要承受其副作用，再如制度的公正不至于使有德者受迫害，或阻碍其晋升之道。后期康德所努力的方向即是如此，他的《论永久和平》即关注到现世的幸福——通过伦理共同体来使上帝之国在人间落实。① 不过，伦理共同体虽然

---

① 相关研究可参见高原《论康德的至善学说》，吉林大学博士学位论文，2013，第 84、86～88、89 页；张会永《作为永久和平的至善——康德历史目的论中的道德与政治之辨》，《科学·经济·社会》2011 年第 3 期，第 118 页。

部分地实现了德福一致，但显然仍然无法建立必然的联系。这就是说，既然与德性搭配的是现象义的幸福，那么它们之间的不完全一致性也是我们必须忍受的，如今科技发达，社会福利比之古代大大提高，其政治经济制度亦然，人们的选择亦多于古人，其幸福程度显然远高于古人。但是，具体到个人，其德性却未必高于古人。这岂非德福之不一致么。总之，我们既然认为与德性必然一致的永福是不够的，那么我们也要接受幸福只能与德性有偶然的关系这一事实，也就是回到孟子的"求之有道，得之有命"，这就是现象世界的真实情况。

德福一致的再讨论

——以牟宗三论庄子思想的圆教境界为中心

张华勇[*]

摘　要　德福问题一直是学界所讨论的重点之一，牟宗三在阐发庄子思想的圆教境界时开显出了另一条通达德福一致的路径。牟宗三认为儒释道三家皆以各自不同的方式达成圆教，在庄子这里则具体表现为浑化之境界，德福一致的可能性存在于此。德福的相即而不离在实践过程中就展现为迹本圆融，个人与物相接又不为物所累，如此在俗迹中亦可追求至德。圣人之德可以在迹中呈现，而又能将迹与冥相融合，由此迹与所以迹就不会割裂开，圣人也以此遍润万物。一切存在在圣人无限智心之朗照下随德而转，彼此皆顺适无碍，这就表现出了圆善中的福的内容。在圆教之境界中，德福一致得以实现。

关键词　德福一致　牟宗三　庄子　圆教境界　迹本圆融

德福一致问题始终为儒释道三家所重视，每一家的论说皆有不同，牟宗三在阐发庄子的圆教境界时开显一条庄子视域下通达德福一致的路径。这一路径的展现使得德福一致再次成为可能。所谓圆教，"凡圣人之所说为教，一般言之，凡能启发人之理性，使人运用其理性从事于道德的实践，或解脱的实践，或纯净化或圣洁化，或生命之实践，以达至最高的理想之境者为教。圆教即是圆满之教。圆者满义，无虚歉谓之满。圆满之教即是如理而实说之教，凡所说者皆无一毫虚歉处。故圆满之教亦曰圆实之教。凡未达此圆满之境者皆是方便之权说，即对机而指点地，对治地，或偏而有局

---

* 张华勇，浙江温岭人，哲学博士，华侨大学哲学与社会发展学院、国际儒学研究院讲师，主要从事先秦哲学研究。

限地姑如此说，非如理之实说"。① 圆教也就是不执于某一点，将自己的认识限定在一处，有限定就意味着不圆满，执着于一己的主观观念而有所偏，这些就不能达圆满之境。各种不同的说法在其相应的领域中是可以达到如理而实说的，只因其僭越出了这一领域而仍执着此学说，这样才出现各种纷争，而圆满之教则可以统观不同的说法，将其作适当的安排，如此各种权说就不会偏。牟宗三指出中国的儒释道三家皆是圆满之教，儒家之"知体明觉"、佛家之"般若智心"、道家之"道心玄智"都可开显出圆满之境，人们通过在世的实践，化除各种限定，就可与大道相契合。庄子所言之逍遥无待境界就是道心观照万物，而使得每一物各居其位，各得其性，是其所是，从而万物得以回归自身，物物皆可达至圆教之境界。此时的每一物才真实地保有自身的存在，而不为他物所限定，道心在其自身之中呈现，圆融无碍，从而能够自得自在。顺物而与物无对，在此无待之境界中德福一致才可能实现。

一　圆教之存有论

在牟宗三看来，讨论德福问题首先要观照万物是如何存在的，从存有论层面接近此问题。道家以道心玄智来保有事物的存在，其保存的具体方式是使物归根复命，识得自身存在之根本，而非向外寻求存在的意义和价值，事物自身就具备了一切德，因此当处于自然自在的状态时，万物就以此而保存了自己。牟宗三认为道家虽试图以有无来论述万物的存在，以道来表明其发生的根源，然其成全万物的方式是从作用上来说的，因此，牟宗三说道，万物的存在是"道心玄智之作用地成全之。在此作用的圆中保住一切德，亦保住天地万物之存在，此可曰道家式的圆教中之存有论"。② 道家看似要去除仁、义、智这些德，将自从人类社会中消灭掉，实则是要在"无执的存有论"层面上保存这些德，所要化除人们对这些德的执着。一旦落到"执的存有论"这一层面，这些德只是成为规范中的名目而限定人们的活动，并没有真正深入到人们的内心，由此人的存在就是不完满的，无法消融这些人为的局限。原本是由人创造出来的、以培养个人性情的德目反过来阻碍了人们对美好德性的追求，体现个人品德的评价标准

---

① 牟宗三：《圆善论》，吉林出版集团，2010，第 206 页。
② 牟宗三：《圆善论》，吉林出版集团，2010，第 217 页。

实际上远离了人们真实的生活境域，成了一个空架子，只是为追求名利者提供了捷径。因此，社会所提倡的德目就成了造作之物，甚至成了外界以此来塑造人们品性的工具，从而束缚了人们的自我发展。

儒家是从存有论层面上肯定道德的，也就是说是人们实践活动中所体现出来的道德意志保有了人们的存在，对儒家而言人们的圆满境界是在道德中实现的。儒家所言的"良知明觉"是自身为道德立法的，当个人与他人、他物相遇，其良知明觉是能够自发透显出来的，会采取具体的道德行为，因而儒家是实有形态的圆境。当人们不行德之实，而执着于德之名，是因为人们的良知明觉为外物所遮蔽，去除物欲对本心的遮蔽，人本所具有的良知明觉就会自然呈现。佛家以般若心智亦可保有一圆教之存有论。儒释道三家以不同的方式达成圆教而保住事物的存在，同时又化除了心物的对立，融通了本体和现象，三家各成一系统而不执于此，可见"'圆教'之所以为'圆教'还在于它虽是系统而无系统相"。① 三家皆不执于现象，而能超越上达，因此能同时保有事物及其根源。若滞于系统相，则无法将现象和本体相融合。

牟宗三认为在庄子这里，圆实之教具体就表现为浑化之境界。牟宗三引庄子《天下篇》"忽漠无形，变化无常。死与生与？天地并与？神明往与？芒乎何之？忽乎何适？万物毕罗，莫足以归"以呈现物之真实存在的状况，指出这是"庄子所悦者"，"此即最高最圆满之境界，亦即浑化之境界"，② 万物处于浑化之中，不受他物的限定，同时也不向外执着，顺应自身的本性而生长，以自己的方式保住自身的存在。在此境界中不存在一个在上者以其积极的作为保有一切物的存在，制定规范让人们来遵循，而是排除了这一可能，拒绝了这么一个试图以个人意志主宰他人的统治者，万物唯一所要遵循的就是天道，而天道"忽漠无形，变化无常"，因此万物所能依靠的只有自己，回归到自身之中也就是依道而行。在浑化之中，人们得以忘去彼此之间的利害关系，不为世俗的无尽潮流所推动着而身不由己，由此才可能在日常生活中透显出超脱利害关系的自得自乐的心境。牟宗三认为中国人的人情味太重，这有时恰恰成为人的一种束缚，他说："庄子就是认为若天下有道，人就可以相忘；而当天下无道时，人才

---

① 程志华：《牟宗三哲学研究——道德的形上学之可能》，人民出版社，2009，第357页。
② 牟宗三：《圆善论》，吉林出版集团，2010，第218页。

要各寻其类、各结其党，那就不能相忘，而在痛苦之中。"① 当人们重视人与人的关系，必然会将自身置于各种有往有来的人情之中，而一旦牵涉到利害关系，就会引起纷争，人们由此往往会去寻类结党，可见相忘、浑化的境界是很难达到的。那又当如何与他人相处呢，对庄子而言，"顺物""与物无对"是一种恰当的相处方式，人与人的关系既不应过于密切，也不能完全疏远，这其中的任何一种都是偏至型态，相互之间保有自由自得的空间，又保持着一定的联系，其实也就是要恢复到一种自然的状态，达到融化之圆境。牟宗三以"既超越而又内在"来表达，他说："既超越而又内在的，超越内在通而为一，就是圆教的型态。"② 内在就是要将实践活动落实于世俗社会中，但又能认识到其中的不足，从中超越出来，将两者融合，不偏于一面，这才能达至圆融的境界。

庄子所言之"真人"就是保有自己真实存在的人，其生命不落于造作之中，不去追逐名利，同时也不一味出世，这样的人从其生命境界中所透出来的就是洒脱、自然。在真人之上的谓之为"天人"，天人虽身处世俗生活，然能遇相而化相，应世而与物无对，即使是那些造作的虚文在天人的视域中皆可以化去。牟宗三认为"化"字最能表达圆满之境界，孟子也曾说"大而化之之谓圣，圣而不可知之谓神"，现实生活中的各种表象妨碍着人们去认清人生的真相，而只有化去遮掩在外部的纷杂，才能显出自然的心境，这也是道之妙用。化掉那些虚伪和造作，牟宗三说道："不至于化，便不能圆，不能实，不能一切平平，无为无作。故'化'字是圆之所以为圆之最高亦是最后之判准。凡冰解冻释皆化也，是融化之化。不融化，则不免有局限，有情执，皆权教也，亦皆不能免于可净。但是此种融化之境界必须在诡谲的'即'中显示。以'即'字显示，此在庄子多含有之。"③ 在实践活动中若不能化，人的心思就会遇一物而滞于一物之上，一旦人的心境陷于一个特定的方向上，道之用就会有限定，而不可能妙用于万物之上了，牟宗三称之为"定用"。比如一个人将利作为其活动的全部目的，他的心境就会执着于这个利上，而无法妙用到其他地方，这样人的心灵自然就受到了很大的限定，不能认识到除利之外的那些方面。道之妙用的具体表现是脱离不开人们的实践活动的，当人们身处各种冲突和矛盾中时，其心思不能黏着固定在一个面上，因此

---

① 牟宗三：《中国哲学十九讲》，吉林出版集团，2010，第 200 页。

② 牟宗三：《中国哲学十九讲》，吉林出版集团，2010，第 202 页。

③ 牟宗三：《圆善论》，吉林出版集团，2010，第 218 页。

"即"能恰当地呈现这一境界，"即"可以显示人们在世的遭遇，从这一遭遇出发超脱而上达，个人的作为皆不离即。世间的名利时刻在冲击着人们的生活，很容易使得生命处于纷驰之中，存在之根随处飘荡，这样个人自然无法保有自身的存在，庄子则将这些不平融于化境。

人们在现实社会中的实践活动均是"迹"，圣人之生活亦在迹中，庄子所言的诡谲的"即"也是通过具体之迹来体现出的。但是只有迹那就是人们的日常生活，圣人有迹也有本，正是因为有本才不会完全落于迹中，而是能遇物而应物，无所不适。常人往往为世俗之常识而牵引，其生命的境界全然只有迹，而不知本之所在，不知本生命就无法超脱。常人以为圣人远离尘世，独自逍遥，圣人在世间是不留痕迹的，世俗之事与圣人无关，这显然是对圣人片面的认识，很多人以此来了解庄子所谓之圣人。牟宗三说："一般读逍遥游都认为庄子意在高抬许由，其实许由并不行，他只能算小乘，是偏至型态，只偏于冥的一面；尧才能代表圆教的境界。"① 郭象注庄透显出真正的圣人并非是离世而独立的，迹冥圆融者才是最高的境界。逃离现实生活，隐居山林，这其实与常人陷于世俗世界，追逐名利是方向一致的，皆是偏至，圆教的境界则是迹本圆融。"即"在向郭注庄中就显示为迹冥相融，"向郭注庄明说之为即于'迹'，乃提出迹冥论以说明此融化之圆境"②，迹与冥两者相即才成此圆融之境，这也是老子所言的"无为而无不为"，以"无为"为本，才可能达到"无不为"。圣人之生活表面上看全是迹，其接物而无所妨碍，因而其生活一如常人之生活，顺应所遇之物，然其应物皆以无为本，也就是说圣人在现实生活中实践了无，而不是在言无。圣人顺物而无不为，进退自如，与物相接则有迹，不执于物又可谓无为，正是在此过程中圣人保住了万物的存在，使得万物在其相应相交中不受他者的干预，保持物之自然本性，圣人也与此而至圆融之境。每一物皆有自身之迹，若不执于迹，顺乎自然，由迹而通无，这样每一物都能保有自身而不为他者所牵制，在迹中至圆融之化境，此正是圆教之存有论所述说之义。

二　迹本圆融

道家的圆教境界中隐藏着迹本圆融这一层意涵，道家所谓之圣人并非遗世而独立，

---

① 牟宗三：《中国哲学十九讲》，吉林出版集团，2010，第 202 页。
② 牟宗三：《圆善论》，吉林出版集团，2010，第 218 页。

而强调离群索居的人没有入圣人之境界，属于偏至型态，只讲本，而不见迹。对道家而言，若不能圆融俗迹与至德之间所存在的张力，就无法使得常人在不离世俗生活的情况下上达至德之境，因为人们的全部生命必然要通过生活实践来彰显其意义。世俗生活关乎着人们的幸福体验，在此俗迹中如何透显出至德，德福问题在迹与本的探讨中加深了一层。在牟宗三看来，最初将迹与本两者皆纳入到个人生命中的由王弼对孔老会通所阐发出来的。王弼在解释道是无而圣人又不讲无时说道："圣人体无，无又不可以训，故不说也。老子是有者也，故恒言其所不足。"（何劭《王弼传》）圣人以身体力行体现无，因此虽不言无，但其生活之迹皆以无为本，由此可以顺乎万物而不执。老子可以通过语言来解释无的意思，将无这一层的内容揭示给人们，人们可以经由有的言说而去体会无的存在，但老子本身的修行没有抵达无，还是身处"有"的境界中。但这并不意味着老子就不能言无，只有将"无"道说清楚，人们才能认识到现实生活不只是迹，还要在其活动过程中将无体现出来。圣人不言无是要人们透过圣人的现实生活之迹来体察到无的境界，无为无执就落在圣人的实践活动中。牟宗三说道："现实的日常生活是'迹'，而无是'本'，这就是'迹本论'。"① 王弼以此来会通儒道的冲突。王弼同时也指出圣人亦有人之情，并不是没有喜怒哀乐，只是圣人之情在应物的过程中无累于物，当人们见到圣人不拘泥于物就以为圣人是一味出世，这恰恰并未认识到圣人应物而不为物所牵制的一面。世间万物皆有情，圣人具五情而应物，只是无执于物而已。向、郭注庄则言由迹而见本，迹本圆融，将迹以及所以迹相互贯通。

在对庄子《逍遥游》"尧让天下于许由"这段文字的解读，一般人都认为是在抬许由而贬尧，牟宗三则赞成郭向的理解，尧让天下于许由，而许由不受，"许由有对，而尧无对。独立高山，虽时显无以为本，而不能顺物无对，则滞于无而无亦成有。尧虽治天下，而'以不治治之'，如以无为为之，则无心而成化，是则圆境必在尧而不在许由也"。② 许由以隐者的身份不受天下，将治天下视为劳心累形的俗事，一味出世，这样就滞于无，此心境执在了出世上，出世就成了有，成了一物，因而许由不能应物而顺于物。尧虽处世俗之中，然能顺物而不累于物，尧治理天下的方式是以不治治之，也就是说并非是要将民众纳入到一个已设计好的社会秩序中，而是促成万物的自治，

---

① 牟宗三：《中国哲学十九讲》，吉林出版集团，2010，第 201 页。
② 牟宗三：《圆善论》，吉林出版集团，2010，第 224 页。

因此尧无心治天下而天下自安。可见尧身处天下而依然能达至圆境，许由执着于无，将无作为一有为之事看待，如此陷于有之中。牟宗三指出："即俗迹而见至德，至德亦不离乎俗迹，岂不更为圆圣乎？称许由者乃分解地单显'不即迹'之德耳，同非圆境也。向、郭注庄即盛发此义。"① 本不离迹，至德是要体现于俗迹中的，逃出尘世以为就可以解脱了，这是以避世来消灭迹，则不可能迹本圆融。尧与民同行，虽身在庙堂之中，其心仍可处于山林之间，世人只见尧之世俗之迹，而不见其所以迹。

圣人之所以迹体现于应物而与物无对中，至远与至近皆为一，纷杂之庙堂亦可为无人之山林，圣人之所行处无不是迹，而能冥此迹则迹就是本。牟宗三说："至远而至近，冥体之无即在圣人顺物之迹中当下呈现而亦无形无状人所无由识，此是具体而真实的冥体之无；而'圣人体无'亦是迹本最圆之化境。迹本圆融亦名曰'体化合变'，会通万物而无隔。"② 圣人在与物打交道的过程中，不试图是规定物之生长方向，主导万物的成形，只是以无名的化的方式引导事物行走在适合自身的道路之上，因此圣人之迹是在与物相应时呈现的，圣人不累于物的同时也为物之自生让渡出了一片空间。圣人不将精力花费在为事物的发展作各种安排之上，自然就会无心于物而自得，顺着物之本性而使其成为自身，因此圣人不论处于方内还是方外皆可游，"此内外相冥所显示之迹冥论，由迹冥论所显示之迹本圆融（迹冥即于本，本冥即于迹）"。③ 内外都融于迹中，而丝毫不将内外分别对待。那些隐者则把迹与本对立起来，以为只有离开了迹本才能透显出来，事实上，没有了迹这个本也就虚空了，成了独立的存在物，这样一个本更多时候是由人为所构造出来的。对圣人而言，此世间就是其展开实践活动的场所，万物皆在这一空间中存在着，离开现实的社会圣人之迹也就无法得以呈现。

刻意远离俗世的修道者其所修之道还只是初级的，以为避世可以不受人事的干扰而清净修为，游于方外，这样的修道是有意为之，其结果就会执着于无，而不知无不为所指何物。道并不远离尘世，而是落在俗迹之中，方内和方外对有道的人来说不相分离，方内也即方外，能将内外相冥道才会在其中呈现，因此牟宗三认郭注庄所表露

---

① 牟宗三：《圆善论》，吉林出版集团，2010，第 224 页。
② 牟宗三：《圆善论》，吉林出版集团，2010，第 226 页。
③ 牟宗三：《圆善论》，吉林出版集团，2010，第 230 页。

出的是尧是真正的体道之人。

　　天下之人顺其自性而生活，《庄子·逍遥游》云："尧治天下之民，平海内之政，往见四子藐姑射之山，汾水之阳，杳然丧其天下焉。"郭象注之云："夫尧之无用天下为，亦犹越人之无所用章甫耳。然遗天下者固天下之所宗。天下虽宗尧，而尧未尝有天下也，故杳然丧之，而尝游心于绝冥之境；虽寄坐万物之上，而未始不逍遥也。四子者盖寄言以明尧之不一于尧耳。夫尧实冥也，其迹则尧也。自迹观冥，内外异域，未足怪也。世徒见尧之为尧，识其冥哉？故将求四子于海外，而据尧于所见，因谓与物同波者失其所以逍遥也。然未知至远之迹顺者更近，而至高之所会者反下也。若乃厉然以独高为至而不夷乎俗累，斯山谷之士，非无待者也。"尧平治天下，而不以天下为己有，仍游心于天下之外，不为天下所累，因此尧所处之地无所不适，亦无待。山谷之士以俗事为累，身处山林之中以此为无待，实则远离尘世亦是有待，有待于山林之存在。尧则有无山林皆可顺物而无对，物自济自成并非尧之功，尧不去把持物之生长，其所为之事只是要为事物的自为让出空间，因此无论何物居于天下之中自在地生长。因此，"牟先生认为向郭注之一大贡献就是将《庄子》之'诡辞为用'玄智模型，发展为迹冥圆融论"。① 尧就是将迹冥相圆融，尧平治天下是其所为之迹，而又无心于天下，天下之物自新不已，圣人之迹皆化于冥中。圣人道心之妙用遍润万物，不滞于一物之上，不与物接，则天下不能平，事物之间可能会相互侵害，道应有妙用之一面，由此维护天下之物自正自成的境域，同时又不去干涉物之自生的过程。② 圣人的无限自由心必然要落在事物之中的，心所接之物是心之显，此心若不应物则不能透显心之无限自由，心与物相接而无碍，也就意味着迹本圆融。

　　迹本圆融是在圣人的实践过程中展现出来的，迹本不相离，才不会落于任何一边，此一实践既可让事物自作主宰、自正其身，不至于因完全重迹而夺去事物自我

---

① 颜炳罡：《整合与重铸——牟宗三哲学思想研究》，北京大学出版社，2012，第 82 页。

② 圣人之所以能够顺物而与物无对，正是因圣人认识到天下之物皆可以依照天所与之的自然之性成长，自生自成，圣人之迹亦只是顺物自然，使物自正，万物生生不已之气机当下呈现。圣人之迹与物相冥，以此方式化成万物，严家凤认为"圣人能顺物、应物而与物无对，虽不废学礼却能解心无染，虽无心于迹却能随迹而冥，迹即于本，本亦即于迹，可谓迹本圆"。迹与本相合，圣人之所为也正是无为。参见严家凤《牟宗三"圆善论"及其现代意义研究》，安徽大学博士学位论文，2014，第 125 页。

发展的权利，同时圣人也不为俗事所累，在平治天下时有个适当的位置。道心玄智之妙用使得万物能够依照自身之性命自然成长，寻找到适合自己的那条道路，每一物都保有自己独有的形态，而不为他者所宰制。有迹，也就有所以迹，道心及其妙用本就是一回事，妙用是道心的具体呈现，相即而不离，"无为是本，是冥，是'所以迹'；'无不为'是末，是迹；迹与冥或曰迹与所以迹，不是截然之两途，而是具体地圆融在一起"。① 由此，无为而无不为才能得以实现，因为圣人以与物无对的方式应物，也就不会与物相隔，事物能够各得其所，圣人通过自身的实践活动得以回归到自身之中，不滞于物则不为物所牵制。"在圣人之实践中，万物摄于圣人之迹而即在圣人之迹中呈现（圣人之心顺物正物最后遍润一切存在而使之生生不息即是圣人功化之迹），迹本圆融。"② 圣人以其迹与万物相接，同时化成万物，圣人之功就在于让物通过自身的实践自正其身。身处尘世中的人们如能不因迹而忘本，把迹作为生活的目的，而是明觉到与迹一同存在的本，在其实践活动中时时意识到迹亦是本，从而达至迹本圆融，如此就可在俗迹中追求至德，幸福与德性在迹本圆融中相统一。

三　德福一致的园善论

德福关系在牟宗三的圆善论中再次得到了阐发，也是圆善论所重点讨论的问题，在中国传统文化中儒释道三家对此皆有阐发，并认为德福在圆教之境界中是可以一致的。在西方则以康德对此论述较多，康德将德与福视为综合关系，并非是分析关系，因而德与福不是必然就一致的。德由人的自由意志所决定，意志为自身立法，自由意志为自身的德性负责，而幸福则不是由意志所能决定的，是个实然状态的事件。如孟子所言"求之有道，得之有命；是求无益于得也，求在外者也"，所以实践理性所能决定的只是人的德行。但德福之间依然要有所配合，要不然人们为何要去实践德行呢。因此，康德还提出了上帝存在和灵魂不朽来保障人们去实践德行。在牟宗三看来，康德这一理解只是一分别说，是权教，也就是说康德依然将德与福作两截看，"德福一致

---

① 颜炳罡：《整合与重铸——牟宗三哲学思想研究》，北京大学出版社，2012，第82页。
② 牟宗三：《圆善论》，吉林出版集团，2010，第248页。

本是可直觉的，不是感性界中的关系，而是超感性的关系。因此，其真实的可能性必须转至超越域而求超越者来保证"。① 这样是无法达到圆教的。康德不认为人可具有无限智心，人们对自然王国和目的王国分别有所知，知性为自然立法，自由意志为道德立法，个人无法统摄这两者，因此在康德那里只有纯善，而没有圆善。纯善是个人纯然依照道德法则行动，这样的善是与恶相对立的，而圆善则不与恶相对待，圆善是无善无恶的。纯德之善只是一种行动的原因，但其结果是否就与幸福相联系却是不必然的，其结果若与行动之出发点相符合则可使个体实然之存在顺适调畅，此有助于个人之幸福，而不相符合则个体可能处于不幸福之中，可见纯德之行与幸福的结合是偶然的。

　　牟宗三认为康德将德与福判为两截，彼此只是偶然的关系，这样就无法促进人们的纯德行为，道德法则也会落空，这也是康德否认个人具有无限智心的结果。中国传统中的儒释道三家则肯定个人有无限智心，也即是智的直觉，由此圆满之善才有了可能，而圆善落实到实践活动中就自然可以把德福结合在一起。

　　儒释道三家皆有无限智心，分别言之，儒家是良知，道家则是道心玄智，佛家是般若智，三家之无限智心的径路虽有不同，然都可由个人发明，而不推至一外在对象之上，这是与康德之说最大的不同。三家由此可开德福一致之机，进而在圆教中实现。儒家所言之无限智心是扣着"仁"而说的，以仁心之不容已讲道德的创造，仁心遍润万物，使得每一物创发生机。个体生命以其纯乎不已之德性展开道德的实践活动，由此仁心则天地万物为一体，皆为此仁心所润泽，无不顺适调畅，无限智心通过道德实践而促成宇宙的化生，使得万物皆处于生生不息之化境中，引发每一物的创生性。万物在无限智心之润泽中由践仁而挺立自身，从而不仅保有了自己的存在，同时达至圆教境界。个人以仁心为道德实践之基，以此自觉行动，这便是德；物为仁心所遍润，物为无限智心所转，因此人与一切存在相互顺适，此就是福。德与福在仁心纯乎不已的道德实践和由此而引发的物随心转中相互浑化，以此达至德福一致。对道家而言，一切存在在道心之朗照中自正自化而顺畅生长，这也即是圆善中德的表现，一切存在又由此而随道心转，个人与他物相处融洽，此即是圆善中福的一面。牟宗三说道："故主观地就生命之'体冲和以通无'而言，即谓之为'德'；客观地就'体化合变顺物

---

　　① 牟宗三：《圆善论》，吉林出版集团，2010，第 157 页。

无对’而言，即谓之为‘福’。此即是‘德福一致’之圆善。”① 生命之德行的表现就在于与大化流行浑为一体，以道心观照万物，由此顺物而与物无对，每一物皆在此大化流行之境域中各得其所，依其自然本性而存在，此时德与福浑化而为一体。在庄子这里，德福一致之圆教境界是在迹本圆融中呈现的，人们的实然之存在由迹而显，同时又不离本，这两者的恰当关系可以由诡谲的“相即”来表达。“相即”不仅可以成全个体归根复命，避免完全落于俗迹之中，回归到其自身的真实生命中，同时亦可保住其他一切存在，使其不受他者的宰制，这也是由庄子之圆教境界所透显出来的。在万物处于彼此“相即”的过程中，不存在一个独立于这一过程的对象赋予一切存在德福一致的可能，而就处于现实的生活，圆教的意义才能得以明了。迹本圆融不能由思辨理性入，因思辨理性是通过认识能力中的知性去现实生活的认知过程中的，对世界抱着认知的态度就无法成全一切存在，而只是将此视为一认识对象，落入到了现象界中，因此说德福一致是要从实践理性上入的，从而才能讲意志自律，或者说由自身之实践来呈现道心玄智。

依牟宗三所言，庄子《大宗师》篇中孔子自称“天之戮民”，这正是诡谲的相即的一种表达方式，由此迹冥圆融，这主要是由郭象注庄所推明的。“天之戮民”意味着德福的实现是离不开现实世界的，将德福关系推至无限的未来，或者交由他者来实现，皆是不能真实实践德福一致的，只有在现实中挺立人的无限智心才可明彻圆教之境界。牟宗三说：“德福之诡谲的相即（德福同体）是依圆圣言。一切圆圣皆是‘天之戮民’，然其所受桎梏之戮（天刑）即是其福之所在，同时亦是其德之所在。盖桎梏天刑即是其一切存在状态之迹，即迹而冥之，迹即是其德之所在；迹随本转，则迹亦是其福之所在。”② 德与福一同存在于迹之中，但仅仅有迹仍不能实现德福同体，由迹而至冥，迹落于冥之中，德福在此种关系中相即。桎梏天刑是个人彰显美好德性的场所，个人之意志也由此分判是否是自律的，意志为自身所立之法能否贯穿自由意志的实践过程，此皆要在现实世界中得以辨明。若不存在任何约束，或者处于桎梏天刑之外，德行就不足以完全体现出来，因此言德福一致始终要从现实生活出发。但人们的实践活动也并非全然都是迹，而是要有所本，这样才不会为一切存在所牵制，不滞于物，

---

① 牟宗三：《圆善论》，吉林出版集团，2010，第233页。
② 牟宗三：《圆善论》，吉林出版集团，2010，第234页。

对庄子而言就是自然无待，以此德福才能相配称。"所谓'德福配称'实即'德'与自然的相一致、相谐和"，① 每一物在此状态中自然自得，各自的本性皆得以舒展，由此德福配称。诡谲的相即所表明的是世俗之迹是人们获得幸福的基础，但迹要化为冥才能将福与德结合起来，迹冥圆融也就意味着德福之间的关系是"相即"的，两者的贯通是很自然的，并非是因某一外在的事物使得其关联起来，至德是要落于实践处才能彰显出来的，与物相遇而能顺物之性有所作为，这种以无为为目的的作为将福带入到了具体的生活境域中，德行的展开也就自然包含着福的一面。人们修德于己，然德的实践内涵必然通过个人与他者、个人与他物的关系体现出来，幸福则与个人的存在状况相关，人们如何安顿自身，这都牵涉到个人对他人、他物的态度，不与物相对立，每一物皆能自正自化，由此德福才可能在此俗迹中一致。而将两者割裂来看待，任何一面都会是不完善的。

德福一致是要在迹本圆融中才能实现的，万物皆在此相冥浑化，圆满之境界才能达成。圆善之实现并非要依靠一个独立于尘世的存在者，以此将幸福与至德联系起来，而是就在人们当下彻明中，以各自的实践活动来彰显道之妙用，因而，圆善是真实，不是虚伪的，"'圆善'既是真的，亦是可能的，并且自始至终就是一种真可能"②，由此明道家圆教之意义。庄子之无限智心是依其作为境界形态的形上学而呈现出来的，也就是说无限智心虽不离俗迹而保有了一切存在，同时使得德福一致，但这一保有只体现在境界层面上，并没有探究存在的根源，对事物的实存性也未作一说明，"故只能即于一切存在而纯洁化之"③，因其不从创生之义言万物之存在，其所言之德就不是从道德层面出发的。从作用层上讲无限智心，其所成之圆教境界不对实有层产生影响，其所言之德是玄德，庄子以诡谲的言辞表达德福一致正是要由此切入体现出德福"相即"的关系。庄子言道心玄智所成之圆满是境界形态上的圆满，在此基础上达至德福一致之圆善。

① 程志华：《牟宗三哲学研究——道德的形上学之可能》，人民出版社，2009，第 376 页。

② 程志华：《牟宗三哲学研究——道德的形上学之可能》，人民出版社，2009，第 380 页。

③ 牟宗三：《圆善论》，吉林出版集团，2010，第 251 页。

从梁启超到牟宗三

——近代中国文化保守主义政治思想传统新探

李　强[*]

摘　要　牟宗三是现代新儒学思潮的中坚力量，而从此一思潮中跳出来看牟宗三，有否必要，是否可能？在肯定性回答的基础上，一条梁启超开其端，中经国家社会党张君劢、张东荪，最后到牟宗三的近代中国文化保守主义政治思想传统已呼之欲出。从文化、政治、经济三方面来看，此一政治思想传统的思想传承和逻辑演变，不仅对这一传统的可能性做了肯定性的回答，其理论资源和思想启发，也对我们当前大陆新儒学的发展、重建儒家政治哲学，有很重大的意义。

关键词　牟宗三　文化保守主义　民主社会主义

一　跳出现代新儒学看牟宗三？

如所周知，牟宗三是现代新儒家的代表人物，是现代新儒学思潮的中坚力量，他对中国传统儒释道的诠释、道德形上学哲学体系建构、中西哲学会通，乃至现实的社会政治关怀、文化关怀、政治哲学建构等，都应该放在现代新儒家阵营、现代新儒学思潮中来理解。而我们在此想要跳出现代新儒学来看牟宗三，更把他与梁启超、张君劢、张东荪等关联起来，进而论述一条异于现代新儒学传统的近代中国文化保守主义政治思想传统，有无必要性，是否在某些问题上面我们必须跳出现代新儒学来看牟宗

---

*　李强，陕西蒲城人，哲学博士，西北大学马克思主义学院讲师，研究方向为中国近代思想史。

三？接着的问题是此一探讨是否有其可能性，也即牟宗三与张君劢、张东荪乃至梁启超，是否有一种思想上的理论关联？这是我们在建构、发掘这条近代中国政治思想传统之前，必须首先回答的两个问题。如果说跳出新儒学来看牟宗三的所思所想没有必要，则此一探讨将是无事生非；而如果有其必要，但牟宗三与张君劢、张东荪乃至梁启超之间，并没有多少理论关联，则此一探讨则是无中生有。

我们首先来看跳出现代新儒学探讨牟宗三的必要性。牟宗三与他的新儒家前辈虽然有共同的学术背景和理论旨趣，但却不能掩盖他们之间在学术进路、学术资源上的差异，即就道德形上学体系建构、对中国传统儒释道的诠释而言，牟宗三主要是通过康德道德哲学进行的，而且在佛教中认同的是天台宗而非唯实宗，有学者即由此认为梁启超和张君劢更应该成为现代新儒学的倡导者和奠基者，因为在梁漱溟的儒学诠释中，他主要借助的是柏格森生命哲学、印度哲学，而熊十力则借助于佛教的唯实学。①

这还是在文化哲学、中国传统哲学诠释、道德形上学体系建构方面来说的，如果我们把焦点转移到牟宗三的社会政治哲学领域，则熊、梁在现代政治哲学建构，对民主、自由、人权、民族国家等现代价值观念的探讨，儒家政治思想的现代转型方面所做的理论思考，为牟宗三等的社会政治哲学建构提供的理论资源，并没有我们想象的那么多，与牟宗三之间的理论关联也没有他们同属于现代新儒家阵营那样看起来紧密。

---

① 有学者注意到梁启超重视陆王心学、建构了一个具有近代哲学意义的"心体"学说，从而认为梁启超为现代新儒学的倡导者，如《梁启超评传》的作者，见该书第 309～319 页，南京大学出版社，2005；也有学者从梁启超对康德哲学的译介和研究的角度，注意到了其与新儒家尤其是唐君毅和牟宗三之间的关系，如黄克武在《梁启超与康德》一文中的研究，见氏著《近代中国的思潮与人物》，九州出版社，2013，第 241 页；至于张君劢与第二代新儒家的关系，薛化元在《民主宪政与民族主义的辩证发展——张君劢思想研究》一书中说道："融合德国哲学、宋明理学与民主政治于一炉者，不是梁、熊，而是张君劢，因而，直到张君劢，新儒家思想的发展方向才算确立，新儒家的面貌也才浮现出来。"稻乡出版社，1993，第 3～4 页；另外，应奇亦注意到了张君劢捍卫心性之学、开启儒学与德国理想主义尤其是康德哲学相互比观、"修正的民主政治"建构与牟宗三、唐君毅等第二代新儒家之间的关系，见《论张君劢的政治哲学》一文，《浙江大学学报》1994年第 2 期。

梁漱溟的成名作是《东西文化及其哲学》，在其中，他以意欲为标准，对中西印三方的不同文化路向进行了分判，由此他认为西方政治哲学中的观念，例如自由、平等、民主、人权、民族国家等，与中国文化精神不符，所以并不适合中国社会，最后经过对比，他得出了中国既不能走西欧民主政治的道路，也不能走俄国社会主义的道路，而只能走乡村建设道路的结论。由此看来，梁漱溟给后来者留下了如何吸收落实西方近代政治价值观念的问题，而他对这些价值观念本身，则并没有多少原创力的思考，留给后来者可以继承的资源不多。至于熊十力，他的"体用不二"哲学架构，对牟宗三"内圣"与"新外王"之间不一不异，既相互独立，又有关联的定位，"内圣开出新外王"的政治主张，有直接的影响。此外熊十力认为儒家经典中有人道、自由、民主等现代价值观念萌芽的看法、民主政治对解决传统专制政治有积极的意义等，牟宗三对此完全赞同。但熊十力对这些现代政治价值观念本身，并没有多少直接的思考，留给牟宗三可借鉴吸收的地方也不多。①

质言之，就社会政治哲学建构来说，牟宗三从他的新儒家前辈那里继承的更多的是问题性，现代政治秩序如何建构、现代价值观念如自由、平等、民主、人权、民族国家等如何吸收和落实，与儒家价值观念之间应该如何融合，建立在儒家性善论基础上的现代政治哲学是否可能，都成为牟宗三等第二代新儒家亟待解决的理论和现实问题。那么，就政治哲学建构而言，跳出新儒学来看牟宗三从其他政治传统中所吸收的现代政治哲学资源即有其必要，而牟宗三等第二代新儒家在其政治哲学建构过程中直接或间接叙述到他们所吸收的政治哲学资源和所受到梁启超、张君劢、张东荪及罗隆基等政治哲学思考的启发，也为我们这一探寻提供了可能，从而也使得勾勒和探析一条近代文化保守主义政治思想传统成为可能。

二　从梁启超中经"二张"再到牟宗三的政治思想传统

具体到社会政治思想方面，许多学者已经注意到牟宗三与张君劢、张东荪，乃至

---

①　例如郭齐勇教授说："他（熊十力）用了许多新名词来解说历史上的制度与思想，而对这些新名词的内涵并没有准确地把握，这就闹了不少笑话。"（见《熊十力哲学研究》，人民出版社，2011，第169～170页）

与国家社会党之间的关系，例如上引薛化元、应奇的研究中，即注意到了张君劢与牟宗三之间不仅在道德哲学方面，也在民主政治建构方面有学术上的继承关系，牟宗三在社会政治思想方面的理论资源，即来源于张君劢。至于牟宗三与张东荪、罗隆基乃至国家社会党之间的关系，学界关注很少，只有魏万磊从"再生派学人群"的角度，论述了牟宗三、张东荪与罗隆基，皆属于国家社会党下面的再生派学人群，即表示他们之间有一定的学术交集，进而有一定的学术关联。①

梁启超与"二张"无论在私人交谊还是在学术传承之间的关系，学界论述比较多，不管是在梁启超研究的著作中、还是在"二张"的研究著作中，几乎都会涉及二者之间的关系。② 上述魏万磊在"再生派学人的历史谱系"中，亦详细叙述了梁启超与国家社会党、再生派学人群之间的关系，尤其是在政治活动方面的继承关系。③

至于梁启超与"二张"再到牟宗三在社会政治思想方面的学术关联，罗义俊《当代新儒家的自我定位与其政治学的现代展开》一文进行了详细的思想史梳理，惟其只在于平铺直叙，并没有看到他们之间的思想传承、可以构成有继承关系、有共同理论旨趣的一条政治思想传统，另外这篇文章亦没有看到张东荪在此一传统中的地位。④ 发现从梁启超中经"二张"，再到牟宗三等第二代新儒家之间有一条明显的政治思想传统的，是姚中秋的贡献，他并把近代此一传统称为"现代中国的保守－宪政主义传统"，"用以描述现代中国历史上的一种以儒家心智为基底，而致力于现代国家构建的思想与政治力量"。⑤ 在此一"保守－宪政主义传统"中，梁启超处于开创者和奠基者的地位，在梁启超身边，聚集了一批追随者，形成了一个"梁启超派士人群"，成为此

① 魏万磊：《20 世纪 30 年代"再生派"学人的民族复兴话语》，中国社会科学出版社，2011，第 63～74 页。

② 张朋园《梁启超与民国政治》一书第八章"青出于蓝的后起之秀"一节叙述了梁启超与张君劢、张东荪师友之间相互影响的关系，上海三联书店，2013，第 227～232 页；杨永干《张君劢传》从张君劢的角度叙述了其与梁任公的师友关系，参见该书第二章，唐山出版社，1993，第 20～51 页；张东荪的角度则可参见左玉河编著《张东荪年谱》，所在多有，不烦征引，群言出版社，2014。

③ 魏万磊：《20 世纪 30 年代"再生派"学人的民族复兴话语》，第 74～81 页。

④ 罗义俊：《当代新儒家的自我定位与其政治学的现代展开》，见氏著《生命存在与文化意识——当代新儒家史论》，学林出版社，2009，第 95～98 页。

⑤ 姚中秋：《现代中国的立国之道：以张君劢为中心》，法律出版社，2010，第 515 页。

一传统的第二代，在这一群体中，包括张君劢、张东荪、梁漱溟、丁文江、蒋百里、林宰平、曾琦、李璜等，第三代则包括牟宗三、徐复观和唐君毅，更年轻的一辈则为周德伟、余英时、林毓生、韦政通等。并且他认为在较为纯粹的思想学术领域，王国维、陈寅恪、吴宓、萧公权也可以包括在此一传统之中，在现代新儒家心性哲学、儒家道德形上学建构之外，形成了一个以民主建国为职志的"保守－宪政主义传统"，或者用张君劢的术语来说，即民主宪政"立国之道"的传统。①

把近代此一政治思想传统的传承谱系与理论宗旨勾勒和凸显出来，是姚中秋的贡献，但在所属人物方面，到底哪些人应该属于此一传统，他却给出了一大批在此前看来分属不同学派的人物，由此显得比较混乱。比如梁启超之后的人物中，梁漱溟、丁文江、蒋百里、林宰平等对于民主建国到底有多少理论思考，则是值得怀疑的，甚至把王国维、陈寅恪、吴宓、萧公权也包含进去，则使得此一传统变得了无意义。本文以为，为了方便入手、简明扼要起见，首先可以先从思想联系更为紧密、有明确学术继承关系的学者入手，考察此一思想传统的主张和特点，在此基础上逐渐加入有相同主张的人物。因此本文暂定这一政治思想传统以梁启超、国家社会党的"二张"以及现代新儒家第二代的牟宗三为代表，甚至徐复观、唐君毅也可以包含在内，此是一方面；另一方面，姚中秋把此一政治思想传统的主张概括为文化方面的保守主义和政治方面的民主主义，但在我看来，经济方面的社会主义，也是此一宪政立国传统的有机组成部分。

其实牟宗三在为张君劢所做的祝寿文章《中国数十年来的政治意识——寿张君劢先生七十大庆》一文中通过分析和评判近代中国的三种政治意识，即传统的革命意识、社会主义的意识和民主政体建国的意识之后，对此一从梁启超开端、中经张君劢再到其自己的民主政体建国意识的传统，已经有清晰的认识；他这篇文章及其几乎同时的"新外王三书"的写作，正表明他对此一政治思想传统有意识的继承和发扬。

牟宗三在这篇祝寿文章一开始即谈到了近代中国的三种政治意识，而只有民主政体建国的意识才是正宗的，原因何在？他认为只有民主政体的建国才是"近代的"，才能建立一个近代的民族国家。"民主政体之出现，在西方，有其历史文化之长期酝酿，

①　姚中秋：《现代中国的立国之道：以张君劢为中心》，第 517 页。

其本身亦有一定之观念，意识，与夫一定之轨道。而这一套正是所谓'近代的'。"①
此是一方面，在另处，牟宗三从儒家道德理想主义实践论的角度，认为其现代意义应
该是民主的和社会的，国家的和文化的，"国家是道德理性在客观精神的表现下而被肯
定被建立，法律则是道德理性的客观化，借客观精神的表现而客观化。国家及法律同
是表现道德理性的客观精神之所肯定"。② 这样即从道德理性的角度对国家的价值进行
了贞定，而我们与上所述"民主的"联系起来，这里的"国家"必然是建立在有宪法
保障基础上的民主政体的现代国家。牟宗三并且说一个人如果未能尽其性，就不算一
个人格的存在，同样，一个国家不能做到民主建国，也即是未能尽其民族之性。③ 由
此牟宗三论证了民主政体建国意识的"正宗性"，"数十年来中国之主要课题仍当是民
主政体建国之政治问题，此为一中心之所在。故政治意识离乎此者为歧出，相应乎此
者为正宗"。④

在此基础上，他论述了在近代中国首先相应于此民主政体建国意识、对此民主建
国有贡献的梁启超，并称他为此一传统的开创者和奠基者。牟宗三主要是根据袁世凯
复辟帝制时候梁启超的政治主张和政治活动来论述其看法的。

疾风知劲草，而当时真能保持民主政体建国之政治意识者，则为梁任公先生。
他于袁氏帝制嚣张之时，发表《异哉所谓国体问题》一文。文中明言政治家只问
政体，不问国体。其意是国体不可常动，虽有皇帝，亦可立宪而成民主，譬如英
日，故在清末，不主革命，而主君主立宪。现在既已革命矣，改国体为民国矣，
何又纷纷再事开倒车？故仍主民主，从事民主政体之充分实现。他这里虽分国体
与政体，实以作为内容之民主政体为主要。⑤

由此可以看出梁启超对于民主政体建国的贡献。其实不仅在倒袁时期，即是在此
之前与之后的所有政治活动与政治论述，都显示梁启超对于民主政体建国，有清醒的

---

① 牟宗三：《中国数十年来的政治意识——寿张君劢先生七十大庆》，《生命的学问》，三民书局，1984，第 46～47 页。

② 牟宗三：《道德的理想主义》，《牟宗三先生全集》第 9 册，第 83 页。

③ 牟宗三：《五十自述》，《牟宗三先生全集》第 32 册，第 80 页。

④ 牟宗三：《生命的学问》，第 51 页。

⑤ 牟宗三：《生命的学问》，第 47 页。

认识和不懈的坚持。倒袁之前梁启超的民主政体建国意识，主要表现为清末在东京与革命党人就立宪与革命进行的论战，之后则主要通过辨析"国体"与"政体"的区别和联系，来坚守其民主政体建国的政治意识，由此可见梁启超在此一民主政体建国意识的政治思想传统中开创者和奠基者的地位。①

接着，牟宗三论述了与梁启超不仅有紧密的私人情谊交往、更有紧密的学术承继关系的中国国家社会党创党领袖张君劢对于此一政治意识的继承、深化和发扬，后者对于民主宪政立国之道的信守和坚持，使其成为此一政治思想传统中居于承上启下地位的关键人物，我们后面可知，其对新儒家第二代牟宗三、徐复观、唐君毅的政治思想，都产生了巨大的影响。

> 对于民主政体建国之政治意识，一生信守而不渝，梁任公而外，惟张君劢先生能之。……他能保持西方理想主义之正音，他能毅然肯定宋明理学之价值。……他始终反对打天下之意识，而以政党政治之实现为己任。他实具有政治家之意识与风格，故其论民主政治决不囿于政治学教授之立场，而能通着历史文化以及哲学上之理想主义。此实为一实践的谋国以忠的民主政体建国之政治家的立场。②

这段话不仅谈到了张君劢在民主政体建国意识上对梁任公的继承，更有其深化的地方，即是他在中国文化中肯定了宋明理学、中国的唯心主义传统的价值，并认为民主政治必须有唯心主义的哲学基础；此与后来牟宗三的致思路径是一致的，即民主政治必须通着历史文化与哲学上的理想主义，惟其后者的思考更形深化与精微。

最后，牟宗三说到了他对现代政治的看法，如果说有一点点心得的话，也是得自张君劢的启发，俨然继承了此一民主政体建国意识的政治思想传统。"凡吾今日对于政治所有之一点知识，皆先生之所赐。目击而道存，故胜于读坊间之政治学也。"③

由此，我们隐然可以发现近代中国文化保守主义阵营中一条从梁启超中经张君劢再到牟宗三的民主政体建国意识的政治思想传统，或者称为"保守 - 宪政主义传统"，

---

① 姚中秋：《书牟宗三〈中国数十年来的政治意识——寿张君劢先生七十大庆〉文后》，陈明、朱汉民主编《原道》第 16 辑，首都师范大学出版社，2010，第 112~117 页。
② 牟宗三：《生命的学问》，第 50 页。
③ 牟宗三：《生命的学问》，第 51 页。

或者用张君劢的术语来说，即是"立国之道"的传统。惟其本于牟宗三此文的叙述，中国国家社会党的另一领导人物，与张君劢不仅思想立场一致，更情同手足，与梁启超也有学术继承关系的张东荪，则没有进入此一传统。其实牟宗三早年与张东荪的学术及私人关系，比张君劢更为密切，其加入国社党，即直接得于张东荪的介绍，但由于后者在抗战开始之后逐渐"左"倾，牟宗三即对其产生厌恶和不满，特别是在国共和谈和内战期间，他"虽得罪张东荪、梁漱溟诸先生而不辞"，[①] 最终没有把张东荪包含在此一政治传统之内。[②] 其实我们知道，张东荪与张君劢思想立场一致，同属于梁启超的"研究系"成员，也是国家社会党的创党领袖，理应包含在此一政治传统之内。

另外，由于唐君毅、徐复观也与张君劢有或直接或间接的关系，同样肯认梁任公对其学术精神的影响，最关重要者，则是他们亦对民主政治有极大的信念，并有其独到和深刻的思考，理应属于此一政治思想传统。[③]

大体勾勒了此一近代中国文化保守主义政治思想传统之后，接下来我们从文化、政治、经济等方面具体探讨此一传统的相关主张和看法，分析彼此之间可能的细微差异及其间的逻辑演变和发展轨迹，更进一步说明他们是有相似的思想观点、学术看法，可以形成一个思想传统的学术流派。

三　民主宪政的立国之道

此一传统的主张，姚中秋从保守和宪政主义两方面进行了论述，这也是他把此

---

① 牟宗三：《时代与感受》，《牟宗三先生全集》第 23 册，第 296 页；牟宗三详细的说明可以参见《五十自述》，《牟宗三先生全集》第 32 册，第 116～117 页。

② 关于张东荪的"左"倾以及与共产党的关系，杨奎松有详细的考辨，参见其《忍不住的"关怀"：1949 年前后的书生与政治》第一章第三节，广西师范大学出版社，2013，第 18～26 页。

③ 徐复观有《中国知识分子精神之回向——寿张君劢先生》一文，文中说："君劢先生，实一承儒林传统以争自由民主之人。"见《论知识分子》，九州出版社，2014，第 75 页；又有《略谈民主社会主义》一文，论述其民主社会主义的主张，同收入上书，第 260～263 页；唐君毅在《海外中国知识分子对当前时代之态度》一文中说："讲民主立宪制度，在中国近代思想中，我认为更要从康梁到张君劢这一传统中去找。"进而说："民主、自由、社会主义之观念，在基本上，亦原生根于中国之社会人文思想中。"见《说中华民族之花果飘零》，三民书局，1974，第 73、84 页。由此可见二先生与张君劢的思想关联。

一传统称为"保守－宪政主义传统"的原因。这两个词的具体含义，他认为保守"是指保守传统，尤其是保守中国传统，主要是儒家价值及由此价值体系塑造并支持的文化、社会结构"，而"宪政主义"，则指的是"在中国建立旨在保障人的自由和权利的宪政制度之意向、信念与观念、社会、政治实践"。① 也即是说，这里的保守并不是保守传统的一切制度文物、文化价值而不知变通的守旧，而是一种史华慈意义上的"文化保守主义"。② 但是在本文看来，姚中秋对保守的定义过于宽泛，不要说中国文化派别纷呈、儒释道各家主张互异，即就儒家价值而言，至少也有孟子、陆王心学的传统，荀子、汉儒、王通等的传统，更有叶适、陈亮、颜元、李塨的事功主义传统，到底此一传统倾向的是儒家哪一流派和观念，很有说清楚的必要。另一方面，姚中秋仅仅注意到此一政治思想传统文化方面、政治方面的主张及其相互关系，没有注意到他们在经济方面也有社会主义的共同诉求，这也是需要继续探讨的地方。

（一） 文化上的保守主义

我们先来看梁启超。按照研究者的说法，梁启超在儒家传统中认同的是从孟子开始的陆王一系的心学传统，并在此基础上，继承此一传统，建立了一个具有近代哲学意义的"心体"学说，成为他的政治思想、经济思想的哲学基础。关于此一具有儒家心学传统的"心体"学说，研究者对它的特点从三个方面进行了概括，它们分别是：一是在价值论和知识论的统一中，更重价值；二是在义利关系把握上，梁启超在两者统一中承认"生之谓性"，但反对为物欲所蔽；三是在客观规律与主观能动性的关系上，梁启超承认"有命"，但又不为命所拘。③ 由此梁启超的文化保守主义不仅认同于

---

① 姚中秋：《论现代中国的保守－宪政主义思想与政治传统》，见氏著《儒家宪政主义传统》，中国政法大学出版社，2013，第 202 页。

② "现代中国保守主义主要是'文化的保守主义'，根本上并不是墨守现行的社会政治现状的'社会政治的保守主义'。许多中国'文化的保守主义者'，多半很清楚哪些是该保存下来的文化要素。……在中国，当 20 世纪初期，我们发现很少善于表达的知识分子毫无保留地捍卫当时的社会政治秩序。"〔美〕史华慈：《论保守主义》，见傅乐诗等著《近代中国思想人物论——保守主义》，时报文化出版公司，1980，第 32 页。

③ 蒋广学：《梁启超评传》，第 313～317 页。

儒家传统，更认同和继承陆王的心学传统，并在此基础上建立了自己融合康德哲学的"心体"学说、唯心主义的哲学体系，成为其民主立宪政治主张、社会主义经济主张的心性论基础。

而张君劢对宋明理学的推崇和肯定，更是在其早年"科学与人生观"论战时候，即提出了"新宋学的复兴"的命题，而这里的"新宋学"，指的就是陆王的心学传统。① 至于张君劢对于心性之学的看法，我们完全可以以他与徐复观、牟宗三、唐君毅联名发表的《中国文化与世界》宣言中的论述来做说明。在这篇宣言的第六节，他们谈到了"中国心性之学的意义"，"正为中国学术思想之核心"。② 并且认为应该知道在此心性之学下，"人之外在的行为，实无不为：依据、亦兼成就内在的精神生活，亦无不兼为上达天德，而赞天地之化育者。此心性之学，乃通于人之生活之内与外及人与天之枢纽所在，亦即通贯社会之伦理礼法，内心修养，宗教精神，及形上学等而一之者"。③ 由此可以看出张君劢对于儒家心性之学的看法，其所保守的是儒家式的心性之学，并且他也通过康德哲学，对宋明理学的心性之学，进行了现代诠释，成为他的民主宪政立国之道的哲学基础。

最后则是牟宗三。我们知道，牟宗三早年研究西方哲学、知识论、逻辑学，抗战时候在熊十力、唐君毅等师友的影响和启发下，接上宋明理学心性之学的精神，倾向于陆王心学一派，并在此基础上，建构了他彻底的唯心主义的"道德的形上学"哲学体系，这些只要我们稍微接触过牟宗三哲学，都会有清晰的认识，不再赘述。

质言之，近代中国追求民主宪政立国之道的政治思想传统，在文化方面皆主张和肯认宋明理学的陆王心学，并在此基础上建构了各自的唯心主义哲学体系，丰富了近现代中国的"新心学"思想传统。并且可以说，此一心学传统的建构和肯认，正是此一政治思想传统被称为保守主义的地方，他们也正是通过建构各自的心学体系，为其政治方面的民主主义和经济方面的社会主义，奠定道德理想主义的根基。

---

① 见张君劢《再论人生观与科学并答丁在君》，见黄克剑、吴小龙编《张君劢集》，群言出版社，1993，第166页。

② 《中国文化与世界》，见唐君毅著《说中华民族之花果飘零》，三民书局，2005，第139页。

③ 《中国文化与世界》，见唐君毅著《说中华民族之花果飘零》，第143～144页。

（二）政治上的民主主义

近代中国民主宪政立国之道的政治思想传统，在政治上必然主张民主主义，并且其旨归在于建立民主宪政的现代国家。我们上一节在勾勒此一传统的时候，首先叙述了对民主政体建国之政治意识，一生信守而不渝的梁启超，他主要通过国体与政体两个概念的辨析，来论述其宪政民主建国主张的。

> 夫国体本无绝对之美，而惟以已成之事实为其成立存在之根原；欲凭学理为主奴而施人为的取舍于其间，宁非天下绝痴妄之事？……若在当时现行国体之下，而国民合群策群力以图政治之改革，则希望之遂，或尚有其期；旧国体一经破坏，而新国体未为人民所安习，则当骤然蜕变之数年间，其危险苦痛将不可思议。不幸则亡国恒于斯，即幸而不亡，而缘此沮政治改革之进行，则国家所蒙损失，其何由可赎？①

这里也从反面说明，若国体变幻莫定，人民即无所适从，并且政治变革所依赖的道德秩序、文化秩序、社会秩序、经济秩序等，都已改变破坏，也将不利于政体方面民主宪政秩序的建立，由此可见梁启超对于民主政体建国的坚持。正是从这个角度来说，梁启超无愧为这一民主宪政立国传统的开创者和奠基者。

而张君劢在政治上最重要的主张则是"修正的民主政治"。那么什么是"修正的民主政治"呢？它是针对什么而提出来的呢？先来看张君劢自己的叙述：

> 我们所想出的修正的拟案是什么？首先可说的便是：必须建立一种政治制度在原则上完全合乎民主政治的精神；在实施上必须使党派的操纵作用不能有所凭借。于是这种政治，在平时，不拘两党或多党都能运用，即假定无党亦可运用；而在紧急时候立刻可以集中全民的意思与力量，不分党派。我们相信这样制度不是不能创造的。②

这里张君劢"修正的民主政治"在于创造一种政治制度，其在原则上是合乎民主自由精神的，便于实际操作，防止党权的无限扩大，但又吸收了独裁政治的好处，即

---

① 梁启超：《饮冰室合集·专集》33，中华书局，1989，第86~87页。
② 《我们所要说的话》，《再生》创刊号，1932年5月20日。

是可以在紧急时候，集中全民的力量。由此我们可以看出，张君劢"修正的民主政治"，既不同于传统英美式的议会民主政治，当然也不同于独裁政治，而是吸收和集中两者的好处，形成一"第三种政治"。

与梁启超相同，张君劢不仅是一位坐而论道的思想家，对民主宪政立国有许多的构思，更是一位起而力行的宪政实践者，组织中国国家社会党，反抗国民党的一党专政，为中国的民主政治未来奔走各方，起草中华民国宪法草案，都是他对民主宪政建国的坚持和努力，也在在显示他在中国近代此一民主宪政立国传统中承上启下的关键性地位。

与张君劢一道共同创立中国国家社会党的张东荪，在政治方面亦主张民主主义，他认为中国未来的出路，即在于实行民主主义。"西方的学术思想本来极复杂。其中可宝贵者，尚有多种而大概与我们相比并不见得可贵。而唯独这个当做整个儿文化的民主主义却正是西方道统中最可宝贵的东西。我们接受西方文化亦只须取来这一点即足了。因为这不仅是西方的至宝乃且是人类的至宝。"① 由此我们可以看出张东荪对于民主政体建国的认识在中国政治现代化建设中的价值和意义，也说明他在政治方面完全是主张民主主义的。

至于牟宗三对中国未来政治方面的认识，他依然认为中国未来的出路，在政治的现代化，而政治的现代化，关键即在于建立现代民主政治的民族国家，并且从"保住人类及文化"的高度，论述了民主政治的可欲性，并把它提高到了从来儒者所期待的"自非圣人崛起，以至仁大义立千年人极的高度"。②

> 我们愿见中华民族各宗族都能和平而有秩序地共同生活在一个具有高度理性化制度化的政治体系中，我们愿见在国家政治中，政权的转移，各级政府负责人的继承，都有一个和平而理性的法律制度来安排。这，就今天说，非靠 constitutional democracy 出现不可。③

中国传统政治、传统社会中最根本的困结，也即"政权转移""宰相难处""王位

① 张东荪：《思想与社会》，上海商务印书馆，1946，第179~180页。
② 王夫之：《读通鉴论》，《船山全书》第10册，岳麓书社，2011，第728页。
③ 牟宗三：《时代与感受》，《牟宗三先生全集》第23册，第410~411页。

世袭"，必须要在民主政治下才能得到解决。牟宗三这里如此肯定民主政治对于解决中国传统政治困局的意义，乃至于有"民主政治是最后一种政治形态"的坚决说法。①

（三）经济上的社会主义

对于社会主义，梁启超认为提倡这种主义应该把精神和方法分开，"讲到国计民生上，社会主义自然是现代最有价值的学说"，"但我意见，提倡这种主义，精神和方法，不可并为一谈"。② 也即是说，社会主义的精神无疑是正确的和完全必要的，但至于实行此一精神价值的方法、运动，则各国应该各不相同。此处其实也已经隐含了梁启超所认同的社会主义，并不是苏俄式的社会主义，也即说，中国不能走俄国的道路，而应该走稳健的社会主义道路。

所谓稳健的社会主义道路，梁启超总结为两方面，即奖励生产和平均分配。"吾以为在今日之中国而言社会主义运动，有一公例当严守焉，曰：在奖励生产的范围内，为分配平均之运动。若专注分配而忘却生产，则其运动可谓毫无意义。"③ 通过这段话我们可以看出梁启超所主张的实现社会主义的方式，并不仅仅注意于分配，乃至于以阶级斗争的方式进行，而主要是集中精力于社会生产，增加社会财富，在此基础上，运用经济的手段，调节分配，实现公平。由此我们也可以看出来他所主张的社会主义，其实更接近于基尔特社会主义，而非苏俄的社会主义。质言之，梁启超此一社会主义主张，可以说开启了他们这一政治思想传统对于社会主义的认识，他们皆倾向于社会主义的精神，但却认为中国不能走苏俄式的社会主义道路，他们主张的无疑是民主社会主义。

基于其早年欧游的见闻和儒家求富求均的思想影响，张君劢对欧洲所产生的社会主义情有独钟，但正如梁启超一样，他在德国道路还是俄国道路之间，选择了德国渐进改良的社会主义道路，而排斥俄国阶级斗争的革命道路。"俄蓝宁（即列宁）辈之所为，震惊一世之力，可谓前无古人，然以为他人所可学或他人所能学，则吾未之敢信。"而对于德国的做法，张君劢说到，"德之革命则异乎是，建筑于五十年训练之上，酝酿于四年战争之中，有国民为之后盾。无一革再革之反覆。及新政府既成，以各方

---

① 牟宗三：《中国哲学十九讲》，《牟宗三先生全集》第 29 册，第 174、198 页。
② 梁启超：《饮冰室合集·专集》23，第 32～33 页。
③ 梁启超：《饮冰室合集·文集》36，第 3 页。

之交让，议定宪法，虽社会革命之理想，并未完全实现，然规模具在，循此轨道以行，则民意成熟自然水到渠成矣"。① 两相对比，张君劢倾向于德国的道路，可谓显然矣。而按照有学者的总结，张君劢主张通过"法律手段""议会策略"来实现社会主义的目的，与俄国通过阶级斗争的方式实现社会主义目的的方式完全不同，而此也正奠定了张君劢一生社会主义的基调，即是以民主的手段，实现社会主义的主张，也即是说，张君劢主张的是一种民主社会主义。② "社会主义的实现，尽可依民主政治原则行之，不必有无产阶级专政与之相辅而行。"③ 他认为在社会主义与民主政治之间并不存在矛盾不可调和之处，我们完全可以在民主政治制度下，通过经济的、政治的乃至于文化的手段，以渐进改良的方式，逐步实现社会主义。由此我们可以看到张君劢的社会主义主张，与梁启超有相似而继承之处。

"二张"中的另一位——张东荪，对社会主义亦有深入的研究，其关于社会主义的论述，亦可以说是一种民主社会主义，他曾经写过一本书，书名即为"民主主义与社会主义"，来探讨民主主义与社会主义结合的问题。他说："民主主义终必是社会主义，而真正的社会主义又必以民主主义为其精神。……社会主义离开了民主主义依然是不行的。……一切弊病都由于二者的分开，即有民主主义而无社会主义或有社会主义而无民主主义。"正是基于此一认识，张东荪主张把二者结合起来，建立一种民主社会主义的主张，"我敢说倘使今后而能造一个新文明，且为人类之真正起见，则只有由我们起来把真正的民主主义与社会主义合二为一"。④ 由此我们也可以看出来张东荪所认同的社会主义，与张君劢、梁启超相同，都是以民主主义作为基础的民主社会主义，而反对苏俄式的社会主义，最终实现政治民主和经济平等。

最后说到牟宗三关于社会主义的认识。他不仅有许多对社会主义的正面论述，而且其社会主义也是建立在民主主义基础上的，是一种民主社会主义。也就是说，在民主与社会主义两者之间何者为前提、何者为根本的问题上，他始终认为应该以民主主义为前提和基础，也即是在民主主义基础上吸收社会主义的做法，建立民主社会主义

---

① 翁贺凯编《中国近代思想家文库·张君劢卷》，中国人民大学出版社，2014，第 33 页。
② 参见翁贺凯《近代中国的自由民族主义：张君劢民族建国思想评传》，法律出版社，2010，第 136～137 页。
③ 《中国民主社会党》，档案出版社，1988，第 228 页。
④ 张东荪：《思想与社会》，岳麓书社，2010，第 267 页。

的主张。并且不止于此，他更认为唯有儒家的道德理想主义，才能实现社会主义与民主主义的融合，也唯有在儒家的道德理想主义基础上，民主社会主义才有其精神上的、理上的根据，才能得到其最终的形上学证成。[①]

四　小结

以上我们扼要勾勒了此一政治思想传统文化、政治、经济方面的主张，每个学者各有其独特之处，也显示着他们之间相似而继承的关系，在此基础上，我们对这一传统作以下几点概括，以结束本文的论述。

首先，在此一传统的三个方面之间，文化的主张尤其是他们各自的哲学主张，无疑处于核心和基础性地位，贯穿和润泽在政治的民主主义和经济的社会主义之中，也决定着后两种主张的基调。具体地说，无论是民主主义还是社会主义，都是基于儒家道德理想主义精神，都有其唯心主义的哲学基础；而在民主主义与社会主义之间，他们皆主张要以民主主义为建国的目标，社会主义为其具体的内容，以民主主义为实现社会主义的手段。总之，在文化保守主义的笼罩下，文化、政治、经济三者之间有一种相辅相成、相互润泽的关系，共同构成了此一民主宪政立国之道政治思想传统的主要内容。

其次，我们归纳了近代中国此一由梁启超开端的政治思想传统，由此带来的一个问题是，之前多属于现代新儒家的人物，如张君劢、牟宗三、徐复观、唐君毅，现在则被归于这一传统，那么这两个思想潮流或者传统之间是一种怎么样的关系呢？在本文看来，这两个思想潮流或者传统，皆属于学界所说的近代中国文化保守主义思潮的主要内容。我们本文所述的政治思想传统，是此一保守主义思潮政治实践、政治哲学建构方面的努力，而现代新儒学思潮——后来几乎成为此一保守主义思潮的主要代表，则是文化哲学、本体论、形上学方面的重建与重构。并且在我们看来，这两个传统之间彼此各自的逻辑演变、思想发展也有一定的关联，共同构成了近代中国文化保守主义思潮的发展与推进。前者从梁启超开端，以现实政治问题、政治制度的建构、政治哲学的重建、民主宪政的立国和社会主义的诉求为关注重点，与此同时，开始逐渐思考政治制度、政治哲学的形上学根基，逐渐关注儒家道德理想主义、重建儒家心性论，

[①]　牟宗三：《道德的理想主义》，《牟宗三先生全集》第9册，第61~72页。

最后实现二者的融合。用儒家传统内圣外王的词汇来说，即是从外王的追求，逐渐逼显出内圣的关怀，最终实现外王与内圣的贯通与融合。这可以说是从梁启超开端中经"二张"，最后到牟宗三、唐君毅、徐复观的发展路径；而现代新儒学则与此相反，首先以文化哲学、本体论、心性论、儒家道德哲学的重建为思考重点，与此同时，逐渐关注现实政治问题、政治制度建构和政治哲学重建，最后实现二者的融合。对比于上一传统，现代新儒学从内圣的追求，逐渐开始外王的关怀，最终实现内圣与外王的贯通与融合。这可以说是从现代新儒学第一代到第二代的发展。也即是说，前者从外王出发，后者从内圣出发，最终皆指向了牟宗三等的儒家政治哲学与道德形而上学，也即内圣与外王的贯通与融合，可以看作一个圆圈的两个回环，殊途而同归，百虑而一致。

最后，按照郭齐勇教授的界定，大陆新儒学"是受到当代哲学思潮特别是现代新儒学思潮的影响，面对中国大陆改革开放以来社会生活的实际问题，在马克思主义哲学、中国哲学、西方哲学互动的背景下，以儒家哲学思想的学术研究为基础，积极调动以儒学为主体的中华优秀传统文化资源，促进儒学与现代社会相适应，并创造性地诠释儒学精义、推动儒学现代化与世界化的学派"。[1] 从中我们可以看出，大陆新儒学是现代新儒学面对当前大陆新的社会政治问题、吸收新的理论资源的发展，也可以说是上文所述近代中国文化保守主义思潮在当代的发展。郭齐勇教授并对其代表人物的代表性理论进行了概括：汤一介的天人、知行、情景"三个合一"论，庞朴的"一分为三"说，张立文的"和合学"，蒙培元的"情感儒学"，牟钟鉴的"新仁学构想"，陈来的"仁学本体论"等。这里我们可以看出，当前大陆新儒学的代表性理论，主要集中在本体论、心性论等道德哲学领域，面对大陆改革开放以来的社会政治问题以及儒家政治哲学重建的时代课题，大陆新儒家依然有进行理论探索的广阔天地。目前就儒家政治哲学重建来说，已经有"儒家正义论"、儒家自由主义、儒家社会主义等理论成果，但就大陆新儒学在儒家价值观念的现代转型、西方现代价值观念的吸收和落实及其与中国传统价值观念的融合、儒家政治哲学的重建而言，就其属于近代中国文化保守主义思潮的当代发展而言，上文所勾勒的以梁启超开端的政治思想传统，他们的问题意识、理论成果、经验教训，或许依然有其可资吸收和借鉴的地方，而"新梁启超主义"或许也是大陆新儒家政治哲学重建的可能道路。

---

① 郭齐勇：《当代新儒学思潮概览》，《光明日报》2016 年 9 月 11 日，第 5 版。

图书在版编目（CIP）数据

国际孔孟学刊. 第二辑 / 曾振宇主编 . -- 北京：
社会科学文献出版社，2018.12
ISBN 978 - 7 - 5201 - 3930 - 4

Ⅰ.①国… Ⅱ.①曾… Ⅲ.①儒学 - 文集 Ⅳ.
①B222.05 - 53

中国版本图书馆 CIP 数据核字（2018）第 264982 号

国际孔孟学刊（第二辑）

主　　编 / 曾振宇
副 主 编 / 冯　兵　杨少涵
执行主编 / 冯　兵

出 版 人 / 谢寿光
项目统筹 / 赵怀英
责任编辑 / 赵怀英　王玉敏

出　　版 / 社会科学文献出版社 · 独立编辑工作室(010)59366446
　　　　　　地址：北京市北三环中路甲 29 号院华龙大厦　邮编：100029
　　　　　　网址：www. ssap. com. cn
发　　行 / 市场营销中心（010）59367081　59367083
印　　装 / 三河市东方印刷有限公司

规　　格 / 开 本：889mm × 1194mm　1/16
　　　　　　印 张：13.75　字 数：243 千字
版　　次 / 2018 年 12 月第 1 版　2018 年 12 月第 1 次印刷
书　　号 / ISBN 978 - 7 - 5201 - 3930 - 4
定　　价 / 99.00 元

本书如有印装质量问题，请与读者服务中心（010 - 59367028）联系